わかりやすい
刑法講義

Criminal Law

総論・各論

General Part　　　　Specific Offences

轉法輪 慎治・菅原 由香 著
Tebori Shinji　　　Sugawara Yuka

エイデル研究所

はしがき

　本書は、大学で初めて刑法にふれる初学者向けに書いたものである。執筆者両名は、日頃授業で刑法総論や刑法各論を講じている。その折、幸いにもエイデル研究所出版部から執筆の機会を提供していただいた。せっかくなので題名にもあるように、わかりやすく書くことを心掛けて執筆した。そのルーツは、筆者（轉法輪）が学生時代、刑法講義で接した恩師をはじめ、多くの先生方のわかりやすい授業にある。最初でつまずくと、大変だったところ、幸いにも興味を持ち続けることができた。この経験を共有すべく、その一助として本書を活用していただければ幸いである。

　本書の構成は、オーソドックスなものとなっている。総論では、罪刑法定主義に続いて、構成要件論、違法性論、責任論と続き、未遂論や錯誤論、共犯論は独立した章で論じた。総論の分野は、各種犯罪に共通する理論や犯罪形態を学ぶので、理詰めで考える部分が多い。したがって、抽象的な説明になりがちであるが、箇所によっては簡潔すぎ、もう少し詳しく説明しなくてはならなかった所もあり、今後の課題としたい。

　これに対して各論は、個人的法益から社会的法益、国家的法益の順番で、条文の配列とは異なるが、初学者に理解しやすい順番で記述されている。各論の分野は、それぞれの犯罪を個別的・具体的に学ぶことから、学説もさることながら判例の立場も知らなければならない。そこで、判例も詳しく紹介されており学習に役立つものとなっている。

いずれにしても、テクニカルタームや学説・判例をマスターして、刑法の奥深さを知ってもらいたい。それが執筆者両名の願いである。

なお、自説はほとんど載せていない。入門書であるがゆえ、筆者の考えを押し付けないためと、読者自身で考えていただきたいからである。刑法（法学）が属する社会科学の分野では、意見が異なって当然。おおいに議論していただきたい。

最後になってしまったが、本書を執筆するに当たり、エイデル研究所出版部の山添路子さんには、大変お世話になった。特に、執筆が思うように進まなかったときでも、嫌な顔ひとつせず、見守っていただいたことが何より励みになった。あらためて、ここに感謝を申し上げる次第です。

2020年4月

転法輪 慎治

目　次

総　論

各　論

［凡　例］

◆参照判例・引用判例の略称

大判（決）	▶	大審院判決（決定）
最判（決）	▶	最高裁判所判決（決定）
最大判（決）	▶	最高裁判所大法廷判決（決定）
高判（決）	▶	高等裁判所判決（決定）
地判（決）	▶	地方裁判所判決（決定）

◆判例集・雑誌の略称

下刑集	▶	下級裁判所刑事裁判例集
刑月	▶	刑事裁判月報
刑集	▶	大審院（最高裁判所）刑事判例集
刑録	▶	大審院刑事判決録
高刑集	▶	高等裁判所刑事判例集
高刑速	▶	高等裁判所刑事判決速報集
裁特	▶	高等裁判所刑事裁判特報
東高刑時報	▶	東京高等裁判所刑事判決時報
判特	▶	高等裁判所刑事判決特報
判時	▶	判例時報
判タ	▶	判例タイムズ

第1部

総　論

General Part

第1章

刑法の基礎

● 刑法とは ●

　刑法とは犯罪と刑罰に関する法である。刑法は総論と各論とに分かれる。総論（第1編・総則、1条から72条）は犯罪が成立するにはどのような要件が必要か、各要件にはどのような要素が含まれるか、また刑罰にはどのような種類があるかなどを扱う。一方、各論（第2編・罪、77条から264条）では具体的にどのような行為を行うと何罪に当たるか、また法定刑すなわち刑罰の重さはどのようになっているかなどを扱う。刑法は本来、全264条から成る狭い意味での刑法のみを指すが（狭義の刑法・形式的意義における刑法）、例えば法人税法・所得税法といった税法違反や道路交通法といった行政法違反、あるいは金融商品取引法・会社法の中にも違反をすると刑事罰が与えられるものがある。これらも刑法の特別法として、広い意味での刑法である（広義の刑法・実質的意義における刑法）。近年においては、コンピューター犯罪のように刑法に条文を付け加えたり、逆に危険運転致死傷罪のように、刑法から独立させ特別法（自動車運転処罰法）として新設する動きもみられる。

　次に刑法の規範はどのような構造になっているであろうか。例えば、窃盗罪の条文は「他人の財物を窃取した者は窃盗の罪とし、十年以下の懲役又は五十万円以下の罰金に処する」（235条）である。この中で、前半の「他人の財物を窃取した者」が、法律要件・構成要件と呼ばれる。後半の「十年以下の懲役又は五十万円以下の罰金」が法律効果を表している。さらに、「他人の財物を窃取した」部分から他人の財物を窃取してはならないことを我々国民に示している。これを禁止規範という（不作為犯のように命令規範の場合もある）。「～してはならない」と禁止したり、「～しなければならない」と命令する行動の規範を示している。他方では、窃盗行為があれば「十年以下

の懲役又は五十万円以下の罰金」を科さなければならない。これは誰に向けられたものかというと、裁判官に向けられている。従って、これは裁判規範と呼ばれる。刑法の条文全てではないが、1つの条文に行動規範と裁判規範が存在する。なお、犯罪は自然犯（刑事犯）と法定犯（行政犯）、普通犯と政治犯、親告罪と非親告罪に分類されることがある。また現行刑法では廃止されたが、旧刑法および諸外国では重罪、軽罪、違警罪の分類もある。

🔴━　刑法の役割　━🔴

　私たちは1人では生活できない。無人島の1人暮らしや山奥の仙人のように他人との関係を断って生活するなら別だが、基本的には他人と何らかの関わりを持って生きていくのが普通である。従って、法律も他人との関わりの中で意味を持つ。法律は、共同生活をするにあたって非常に大切な社会秩序の維持を目指すものであるが、特に刑法は犯罪とそれに対する刑罰という点で重要な役割を持つ。社会秩序の維持は、行為規範の存在を前提にそれを守ることにある。刑法は、ある意味一番迷惑のかかる行為・犯罪行為を統一された力で対処する、すなわち法の支配にとって重要な分野である。

　しかし、刑法は劇薬であることを忘れてはならない。これは、洋の東西を問わず歴史が物語っている。特に絶対君主制と呼ばれた中世の時代において、独裁的な統治をしていた者も多かった。そのような国で国王が恐れていたことは何か。それは反逆者に国を奪われることであった。そこで用いたのが刑法である。反逆者や自分の意に沿わない者を犯罪者に仕立て、命を奪ったり追放することで自らは安泰となるのである。これらは誤った・危険な刑法の使い方である。他の法律と違って、刑罰という強い制裁を持つ刑法は、その使い手がしっかりしていないと良薬にも毒薬にもなるのである。もちろん現在わが国では、独裁者が刑法を恣意的に適用することは国の制度上有り得ない。しかし、刑法は劇薬であるという性質は今も変わっていない。

🔴━　公法としての刑法　━🔴

　刑法は公法であるか、私法であるか。この問いに意外にも私法と答える人が多いのではないだろうか。その理由を、例えばAさんがBさんを殴ってけがを負わせたという事例から考えてみよう。この傷害事件、加害者Aさんと被害者Bさんの個人対個人のトラブルで発生した事件と考えれば、なるほど私法の問題と答えてしまいそうであ

る。しかし、刑法は公法の一種である。それは、この事件が発生した後の展開を考えればわかる。

いったん犯罪が発生したら、それを端緒に後は警察が犯罪捜査を行うのである。この時点から被害者Bさんは登場しなくなる。つまり、被害者（あるいは遺族）が犯人を捜し出して、制裁を加えるといったことは聞いたことがないし、そもそも私的制裁を加えるとなると犯罪である。警察官や検察官という公務員が代表して犯罪の当事者となり捜査・捜索が進められる。また検察官が起訴した後は、刑事裁判として公務員の裁判官が裁くことからも国家が当事者となる公法の意味合いが強い。

同様に、犯罪は国家に対する挑戦であるということもいえる。これは被害者がたとえ個人であっても、それは一個人に留まらず国家に対しても損害を及ぼしていると考えられるからである。国家にとって恐ろしいこと、それは犯罪が蔓延して無法国家になってしまうことである。治安が悪い状態は国家崩壊に繋がる危険性がある。そこで政府は犯罪対策に力を入れる。新しく内閣が誕生したり閣僚が代わったりした時、総理大臣や法務大臣に犯罪対策についての質問が及ぶのはそのためである。

● ─ 刑法の歴史 ─ ●

犯罪に対して、古代では「天津罪・国津罪」の概念があり、自然現象を含めた日常と違うことも犯罪とされ制裁が存在した。大化の改新後は中国の「律令制度」が導入され、律が刑法の分野であった。しかし、中国の律をそのまま使うのではなく、日本の国情に合わせて多くの部分が修正された。刑罰は、全体的に中国の律と比べて軽減されたが、逆に重くされたものもあった。平安時代になると、律が廃れるようになり、変わって検非違使庁の「庁例」が用いられるようになった。朝廷が関与する範囲内で、死刑が300年以上行われなかったのもこの時代である。

鎌倉時代に入ると、慣習を法源とし成文化された武士の法・「御成敗式目（貞永式目）」が成立した。式目は、律とは異なり体系的に犯罪や刑罰が網羅されていたわけではなく、殺人や強盗など特定のものしか規定されていなかった。それ以外の犯罪については、その都度付加される形で対応されたものであった。一方、戦国時代になると、各地の大名が領土内を支配するため作られた分国法の時代となるが、刑法も地域ごとに規定された。その中にあって、陸奥の国・伊達稙宗氏の分国法「塵芥集」は全体の3割を刑法が占めたが、御成敗式目の影響を強く受けていた。なお、戦国の時代や特に織田・豊臣時代を経て江戸時代の初めごろまでは、刑罰の過酷さが際立っていた時代でもあった。

　江戸時代になると、8代将軍吉宗が「公事方御定書」の下巻「御定書百箇条」を編纂し、藩幕刑法として各藩に大きな影響を与えた。しかし一部の藩では、それまで公家の法として残っていた律を法源としていたところもあった。江戸時代の刑罰（御仕置）は死刑・身体刑・自由刑・財産刑などあり、それぞれ多種多様の内容を含んでいた。やがて江戸時代末期となり、開国を迫られた日本は、明治時代になって欧米各国に並ぶため軍事・技術的近代化の道を歩むことになる。また天皇中心の中央集権国家を作るにあたり、法律の整備も急がれた。この時代、刑法は公事方御定書や律を参考に「仮刑律」「新律綱領」が編纂されたが、自由民権運動を機に西欧の近代法を継受する必要があった。

　最初にフランス刑法を手本としてボアソナードの助言ももらい完成したのが旧刑法である。明治15年の施行であった。しかし、施行当初から刑法はその当時最先端の理論を持つドイツ刑法を手本とすべしとの意見が多く、政府も改正作業に入ろうとしたが、ボアソナードをはじめ反対する者もいた。結局は明治30年になされた刑法草案が元となり、幾多の修正を経て、明治40年に成立・翌41年に施行された新刑法が、今日まで続くこととなった。

● 学派の争い ●

　刑法には学派の争いがある。これは19世紀から20世紀にかけてヨーロッパ、とりわけドイツで論争になった古典学派（旧派）と近代学派（新派）の争いを指す。一般的には古典学派は、犯罪の基礎を見える形で外部的に表に出る行為に求める（客観主義）のに対して、近代学派は、犯罪者の反社会的性格・社会的危険性に求める（主観主義）とされる。犯罪論と刑罰論に表れるそれぞれの特徴を概観する。

　古典学派は、①法益侵害や規範違反の観点から違法性を考える、②自由意思を背景に非難可能性（道義的責任）を責任の本質とする、③是非弁別能力やそれに従って行動する能力を責任能力とする、④未遂の処罰は一般的に既遂より軽く処罰する、⑤刑罰の本質は自ら行った犯罪行為に対し見合った責任をとること（応報刑）、⑥刑罰を科すことは不特定多数人に対する犯罪抑止と考える（一般予防）。

　これに対して、近代学派は、①個々人の反社会性や社会的常軌からの逸脱を重視する観点から違法性を考える、②犯罪を行おうとする危険な性格に対する矯正を受けなければならない身分（社会的責任）を責任の本質とする、③刑罰によって改善されるであろう適格性、適応性を意味する刑罰適応性を責任能力とする、④未遂につき、犯

罪を行う主観的側面からは結果が生じたかどうかは関係ないので既遂と同様に処罰する、⑤犯罪者の危険な性格が除去されるよう教育・改善して復帰させること（教育刑）、⑥刑罰を科すことは、実際に犯罪を犯し処罰された者に対する再犯防止と考える（個別予防）。

なお、古典学派・客観主義が多数的地位を占める現在においては、かつてほど両派の争いは目立たない。しかし、後述するように、主観的側面の扱いをめぐって客観主義の内部で考え方の差異が生じ、結果的に主観主義に近い考え方が生まれたこともあった。

第2節　刑事法の体系

●― 刑法に関係する他の刑事法分野 ―●

どの学問もそうであろうが、学問には体系があり、そのことがまた重要である。そこで刑事法全体の体系を見ていくこととする。これはすなわち、刑事法の分野にはどのような法律が存在しているかを知り、刑法をはじめそれ以外の法律がどのような役割を担っているのかを考えることに他ならない。

刑事法分野は、刑法・刑事訴訟法・刑事政策の3つに大別される。まず刑法は前節で述べたように犯罪と刑罰を定める法律であり、最初にこの部分が定まっていないと、わが国で何が犯罪とされるか、どのような刑罰が用意されているかわからないこととなる。従って、刑法は犯罪や刑罰の実体を表す実定法とされる。

次に、実際に犯罪が発生した場合、取り締まる法律がないと刑法は単なる「絵に描いた餅」になってしまう。そこで罪を犯したと考えられる人（被疑者）を捕まえ、取り調べをし、証拠となる物や人などを集める必要性が出てくる。そのような犯罪捜査の部分と、他方で起訴をして刑事裁判を行い有罪・無罪を争う公判の部分に分かれているが、これらをどのように行っていくか一連の手続きを定める法律が刑事訴訟法である。従って刑事訴訟法は手続法ということになる。実定法と手続法が両輪となって犯罪に対処していくことになる。

ところが、刑事裁判で有罪となっても、その後被告人がどのように扱われるか、処遇についての取り決めがないと我々国民は心配である。刑罰の効果を誰しもが期待する。実際、刑務所に入る者は有罪確定者の一部であるが、刑務所での処遇をどう行うのか（犯罪者処遇法）、刑務所に入らない者はどう扱うのか、犯罪確定者の処遇に関する分野が

刑事政策である。刑事政策はこれ以外にも、「政策」と名付けられていることからもわかるように、そもそも犯罪はなぜ起きるのか、どのように対処したらよいかなど、犯罪の原因と対策についても考察する学問である。原因がわかれば対策を練ることもできるので、犯罪の予防を考える上で重要な学問領域である。

●─　刑事法の体系　─●

刑事法の体系を犯罪の発生から処遇まで、簡単に時系列で図を示すと次のようになる。

図1　刑事法の体系

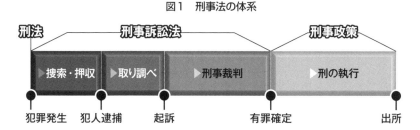

この図から言えることは、刑法は瞬間的にしか見えないことである。時系列だと少しの出番しか感じられないかもしれない。しかし先にも述べたように刑法が犯罪を認定しなければ、その先には進んでいかない。刑事法の体系として重要な鍵を握っている法律が刑法である。

●─　その他の分野　─●

刑事法に隣接する他の分野には次のようなものがある。

ⅰ　少年法：未成年で犯罪や非行を行った者に対する手続きや処遇に関する法律。正確には隣接ではなく、刑事法の一分野である。

ⅱ　犯罪社会学：犯罪を1つの社会現象として研究する社会学の一分野。また社会学には社会病理学もある。

ⅲ　犯罪心理学：犯罪者と犯罪行動を心理学的に研究する。またプロファイリングといった捜査心理学もある。

iv　犯罪精神医学：精神障害と犯罪との関係を研究する。また、犯罪心理学とともに精神鑑定で責任能力が問えるか判断する。

v　医事刑法：医療と法の関係を考察する医事法の中で、安楽死や尊厳死、医療過誤といった刑法に関する研究をする。

　以上のように、犯罪を研究対象とする学問領域はとても広く、単なる法学の一分野に留まらない。今後もさらにいろいろな分野で研究が進んでいくであろう。

第3節　犯罪成立要件

● 犯罪成立要件 ●

　犯罪が成立するにはどのような要件が必要か。これはすなわち、刑法における犯罪論の体系を意味する。犯罪が成立するためには、まず構成要件に該当し、それが違法性を帯び、さらに責任もあることが必要である。構成要件・違法性・責任の3要件のどれか1つでも欠ける（阻却事由がある）と、犯罪は不成立となる。これを三分説という。ドイツや日本で採用されている。

　三分説によると、最初の構成要件はいわば商品のカタログ・メニューである。ただし、ここでは悪い行為のカタログとして示される。例えば殺人行為とは何か、窃盗行為とは何か、強盗行為とは何か、刑法各論で示されるそれぞれの犯罪類型に当てはまるかどうかを考察するのが構成要件である。

　次に、一旦構成要件に該当した行為は、違法といえるかを考えなければならない。違法とは法に照らして許されないこと・違反していることを指す。通常は構成要件に該当すれば違法との評価が下されるように思える。しかし、人を段ってけがを負わせたという場合、実は相手が最初に殴りかかってきたとしたらどうであろう。反撃しないと自分がやられっぱなしになってしまう。自分の身を防ぐために相手を段る行為を果たして刑法は処罰の対象としているのか。これは、正当防衛として違法性が阻却され無罪となる。相手を段った時点で、傷害罪の構成要件（第204条・人の身体を傷害した）に当てはまるが、正当防衛の形なので違法性が消滅するわけである（違法性阻却事由）。

　次に、正当防衛の状況は特になかった、単に相手を段りけがをさせたという場合、構成要件に該当し違法性もあると考えられる。しかし、実はもし段った行為者が薬物を使

用中で、自分の行為の是非善悪の区別がつかない状態であったらどうであろうか。最後に検討するのが責任論である。当該行為者の有責性まで認められて、はじめて犯罪が成立するのである。この場合、違法性まではあるが非難可能性は認められないとして責任が消滅する（責任阻却事由）。

　そして構成要件・違法性・責任という順序で検討していくことが重要である。かつては、責任さえあれば処罰すべきと考えられていた。しかし、非難を浴びせられない是非善悪の区別がつかない場合と正当防衛の場合とを比較して、後者は非難を浴びせられない以前に、そもそも法秩序的に許されている。そうすると、同じ無罪でも意味合いが違ってくる。そこから責任と違法性の分離がなされた。さらに違法性の概念が発達しても、法的に許されない行為とは何を指すのか、曖昧となるのは否めない。そこで、違法とされる行為をカタログで示すことにより、我々は何が刑法上犯罪なのか、が理解できる構成要件の概念が誕生したのである。

　犯罪論の体系を図にすると、以下のようになる。重要なのは、構成要件該当性の横幅が、違法性および違法性阻却の幅と等しいこと（構成要件に該当したら違法か違法性が阻却されるかのいずれか）である。同様に違法性の横幅が、責任と責任阻却の幅が等しいこと（違法性が認められれば有責か責任阻却かのいずれか）である。

図2　犯罪論の体系

その他の考え方

　以上のような犯罪論体系の考え方の他に、二分説や異なった三分説、四分説がある。二分説は、犯罪を内面的・主観的なものと外部的・客観的なものに二分し、それぞれを詳細に分析しながら犯罪の体系を考える。アメリカやフランスで採られている。

異なった三分説は、構成要件の代わりに行為を体系上据えて、行為・違法性（不法）・責任とする。これは、行為論を独立させ、構成要件と違法性を合わせた違法性ないし不法を考える。四分説は、行為・構成要件・違法性・責任とする。これは行為論から出発して（裸の行為論）、通常の三分説の流れで考えるものである。異なった三分説ないし四分説と通説的な三分説の違いは、行為論を独立させるかどうかだが、通説的三分説が行為論を軽視していることとは違う。構成要件の根底に当然行為があり、構成要件的行為として考えているのである。

なお、他方において、犯罪成立要件を満たしたとしても、刑罰を与える際、一定の条件を必要とする場合がある。これを客観的処罰条件という。例えば、事前収賄罪でまだ公務員でない者が公務員になったこと、詐欺による破産事例で破産手続き開始の決定が確定したことなどがあげられる。客観的処罰条件を犯罪成立要件に数える考え方もあるが、通説は単なる条件にすぎないので違法性や責任の根底にある概念として考えれば十分であるとしている。

第4節　刑法の適用範囲

●── 場所的適用範囲 ──●

刑法が適用される範囲はいかなる範囲か。これには場所的なものと人的なものに分けられる。場所的適用範囲とは、自国の刑法がどこまで及ぶか・効力の問題である。現代はグローバル社会であり、飛行機や船舶を使って外国との行き来が容易である。またインターネットが登場し、ネット上の犯罪となると国境のない混沌とした問題である。これらのルールはどうなっているのか。

①自国内で行われた犯罪に対しては、犯罪者の国籍を問わず自国の刑法を適用する。これを属地主義（国内犯・第1条第1項）という。従って、日本でアメリカ人がドイツ人をけがさせた場合、属地主義により日本刑法の傷害罪がアメリカ人に適用される。日本の主権が及ぶ領土（領空・領海）内で起きた犯罪であるから当然といえる。なお、構成要件に該当する事実の一部でも行われれば、行為が行われたとして、また結果が発生したとして自国の刑法が適用される。

さらに、犯罪の経由地として影響を及ぼしたような場合でも、自国の刑法が適用されるとする（遍在説）。しかし、インターネットを使った犯罪では、各国の犯罪類型が異

なる場合、この経由地での適用を困難にさせることもあると思われる。他方で、日本国籍の航空機内や船舶内は日本の領土とみなされる（国籍がなくとも所有であれば同様）。航空機や船舶は国境を越えて運用されるが、例えば、日本の航空機内の犯罪は世界中どこを飛んでいても、日本の刑法が適用される（旗国主義・第1条第2項）。

　②犯罪を犯した者が自国民であれば犯罪地を問わず、自国の刑法を適用する。これを属人主義（国民の国内犯・第3条）という。ただし、国外で行われた犯罪は限定されており、殺人や強盗、放火など重要な個人的法益や社会的法益を侵害した犯罪に対して適用される。例えば、アメリカで日本人がドイツ人をけがさせた場合、日本の刑法が適用される。

　③自国あるいは自国民の法益を侵害した犯罪に対しては、犯人の国籍や犯罪地を問わず、自国の刑法を適用する。これは保護主義（すべての者の国外犯・第2条、国民以外の国外犯・第3条の2）といわれる。1）自国の法益を侵害するとは、例えば、外患を誘致したり、日本の通貨を偽造・変造した場合、外国人、日本人を問わず日本の刑法が適用される。2）自国民の法益を侵害するとは、被害者が自国民であれば、自国の刑法を適用されるので、例えば、ドイツでアメリカ人が日本人を殺害した場合は、アメリカ人に対し日本の刑法が適用される。保護主義の対象となる犯罪は、1）は国家的法益や重要な社会的法益に関する犯罪であり、2）は個人的法益に関する犯罪となっている。また保護主義では、日本国外において看守者等による逃走援助や虚偽公文書作成等、各種収賄、特別公務員職権濫用等致死傷罪を犯した日本国の公務員に対しても日本の刑法が適用される（公務員の国外犯・第4条）。

　④自国の法益侵害いかんを問わず、世界各国に共通する一定の法益を侵害する犯罪に対し、犯人の国籍や犯罪地を問わず、各国がそれぞれ自国の刑法を適用する。世界主義（条約による国外犯・第4条の2）と呼ばれる。ハイジャックや人質、人身売買、麻薬売買などが対象とされる。それでは先に示した例のごとく、犯罪地・犯罪者・被害者それぞれが別の国籍であったなら、どの主義を採用するのか。犯罪地の国は属地主義、犯罪者の国は属人主義を、また被害者の国では保護主義を主張したらどうなるか。現実的には各国捜査権を持ってはいるが、捜査を行う犯罪地の刑法の適用・属地主義が優先されるであろう。その他の国は身柄の引き渡し要請による（国際司法共助）しかないが、困難な場合も非常に多い。

　なお、国外で確定判決のあった者でも、同一の犯罪行為に対し、さらに処罰が可能としている（外国判決の効力・第5条）。ただし、外国で言い渡された刑の全部または一部の刑の執行がすでになされている場合は、刑の執行が減軽または免除される。刑

事訴訟上の原則である一事不再理に反しないかが問題となるが、国外の判決なので裁判権が異なっており抵触しないとされる。すなわち、外国の判決効力を認めていない立場をとる。

人的適用範囲

　刑法はどのような人に対し適用されるのか。逆に言えば、適用されない人がいるのか。これが刑法の人的適用範囲の問題である。この点、第1条第1項で「罪を犯したすべての者に適用する」とされているので本来は誰に対しても適用される。しかし、国内法的には天皇・摂政・国会議員・国務大臣などが除外される。また国際法的には国家元首とその家族・外国の外交官あるいは使節とその家族などが除外される。ただし、列挙されたこれらの場合であっても、生まれながらにして除外されているわけではない。

　例えば、皇室典範で「摂政は、その在任中、訴追されない」（天皇も同様。退位後摂政となった場合、引き続き訴追されない）のをはじめ、国会議員は、憲法上「議院で行った演説、討論又は表決について、院外で責任を問われない」ことから人的処罰阻却とされる。また国務大臣にしても、在任中の訴追が内閣総理大臣の同意がない限り、なされないにすぎない。しかも、これがため、訴追の権利は、害されない。従って、国家元首含めて、適用除外の問題というよりも訴訟手続き上の除外問題・人的処罰阻却事由であると解されている（通説）。

第2章

罪刑法定主義

第1節　刑法の任務

●── 刑法の機能 ──●

　刑法の機能・働きは何か。これには、通常、次の3つの働きがあるとされる。まず保障的機能である。これは先に述べたように、権力者の恣意的な運用により刑法が毒薬として使われてしまった歴史の反省から、国民に自由を保障しようとする働きをいう。刑法によって国家の刑罰権の行使が限定され、国民は犯罪を行えばその限りで処罰されるが、犯罪を行わなければ処罰されないのである。その意味で、国民に行動の自由が与えられることになる。今日では当然のように思われるこの保障的機能であるが、刑罰は重大な権利侵害を伴う強力な制裁手段であるので、犯罪者の側からも刑法で定められた内容でしか刑罰が適用されない、不当な刑罰は科されないことになる。そして次節で述べる罪刑法定主義は保障的機能を具現化したものである。

　次に保護的機能がある。保護的機能とは、刑法で犯罪が確定し刑罰を科すことにより、犯罪によって侵害された側の利益を保護するという働きを指す。そして保護されている利益ないしは価値を法益と呼ぶので、保護的機能の保護するものは法益ということになる。なお刑法各論上、法益は国家的法益・社会的法益・個人的法益に分類される。国家的法益であれば国家の利益を守る犯罪、例えば内乱に関する罪や外患、国交、公務に関する犯罪がある。社会的法益には、騒乱や放火、偽造、わいせつに関する罪がある。また個人的法益には、代表的なものに殺人や傷害等生命や身体に関する罪や窃盗や強盗、詐欺等財産に関する罪が挙げられる。いずれにしても、法益を侵害する者から国民を守る意味で法益の保護が重要な働きを持つ。ところが、保障的機能と保護的機能は相反する作用をもたらす。自由を保障しようとすることと法益を守ることが、なにゆえ相反するのであろうか。

例えば、過去の歴史の反省の上に立ち、保障的機能を重視するとすれば、国民は行動の自由が保障されるが、それはすなわち犯罪とされる範囲が縮小される、狭くなることを意味する。逆に保護的機能を重視すれば、国民を守る法益が厚くなる、数が増えることになり、国民はそれだけ犯罪から守られることになる。しかしその分、国民の行動の自由は狭まってしまう。つまり、ある程度犯罪の種類を減らして国民の自由を重視するのか、それとも犯罪の種類を増やし犯罪から国民を守ることを重視するのか、どちらがよいのかという問題に他ならない。

　答えとしては、どちらか一方に偏るのではなく、両者とも刑法の任務として重要なのであるから、バランス良く考えなければならないであろう。例えば、薬物事犯の場合、わが国では禁止されている薬物でも、他国では合法というものもある。それはまさにその薬物を禁止すべきか否かについて、摂取する自由を与えるのか、害があるということで国民を保護するのか、その国の政策として考えるべき性質のものである。

　また、犯罪には被害者なき犯罪というものがある。ほとんどの犯罪は被害者が存在するが、例えば、賭博罪やわいせつ物頒布罪には被害者が存在しないとされる。これら被害者なき犯罪を処罰すべきか否かも、保障的機能と保護的機能の問題として考えられる。

● ─ その他の機能 ─ ●

　刑法の機能・働きは上記以外にもある。それが規制的機能である。規制的機能とは、犯罪に対する規範的評価を明らかにする機能をいう。犯罪と認定され、それに刑罰が科される場合、その行為は法的に価値が見出せない（無価値）、価値に反する（反価値）ことになり、それを評価する働きを刑法に持たせた。これを評価機能と呼ぶ。

　さらに評価するだけでなく、刑法は国民にそのような行為を行わないよう要求をする。そして、この一定の禁止行為に出ないよう意思決定すべく命令を下す行為規範としての機能がある。これを意思決定機能と呼ぶ。規制的機能は、これら評価をし（評価規範に結び付く）、その行為に出ない意思決定をさせる（意思決定規範に結び付く）という2つの働きがある。

第2節　罪刑法定主義

●── 罪刑法定主義の意義 ──●

　罪刑法定主義とは、ある行為を犯罪とし、それに対して刑罰を科すためには、あらかじめ法律により定めておかなければならないという、近代刑法の大原則である。通常「法律なければ犯罪なし」・「法律なければ刑罰なし」（法律なければ犯罪も刑罰もない）という標語で表される。

　罪刑法定主義は、すでに1215年・イギリス大憲章にその発芽が見られる。そして18世紀になると1787年・アメリカ合衆国憲法の「いかなる事後法も制定してはならない」、1789年のフランス人権宣言で「何人も犯罪の前に制定され、公布され、かつ適法に適用された法律によらなければ罰せられない」、また1791年・アメリカ合衆国憲法修正第5条では「何人も法律の適正な手続きによらなければ、生命、自由又は財産を奪われることはない」など、やがて各国の憲法や刑法に規定されるようになった。

　さらに国際法的にも、世界人権宣言で「何人も実行の時に国内法又は国際法により犯罪を構成しなかった作為又は不作為のために有罪とされることはない。犯罪が行われたときに適用される刑罰より重い刑罰を科せられない」とされ、国際人権規約も同様の規定が置かれている。このように、罪刑法定主義の精神は今日では広く認知されるに至っている。

●── 罪刑法定主義の背景 ──●

　罪刑法定主義が確立するにあたり、いくつかの思想的背景が存在する。まず、ロック、モンテスキュー、ベッカリーアなどによる国法思想的権力分立論である。国家権力は立法・司法・行政の各機関に分かれ、お互いがお互いを抑制することにより、権力が濫用された場合でも国民の自由が保障されると考えるものである。従って、立法府が定めた法律に裁判官が厳格に拘束されることで、裁判官の恣意的な適用を防げるとされる。

　次に、フォイエルバッハが提唱した心理強制説である。これは、人間というのは打算的に行動するので、欲望を抑え犯罪をしないことの不快と刑罰を受ける不快を比べて、どちらがより大きな不快かを考える。すると、刑罰を受ける不快の方が大きいであろうから、人間は刑罰を受けてまでも犯罪は行わないであろう、というのである。

このように、権力分立論は、かつての国王の恣意的運用に代わり、今日では裁判官の恣意的適用をいかに防ぐかという観点から罪刑法定主義を説明したものであり、他方、人間はより不快なことを自重するとの前提から、あらかじめ犯罪や刑罰が目に見える形で存在していれば、人は自重するであろうというのが心理強制説からの説明である。

●── わが国の罪刑法定主義 ──●

今日のわが国では、罪刑法定主義の規定はどうなっているであろうか。この点、旧刑法には次の規定があった。すなわち「法律ニ正条ナキ者は何等ノ所為ト雖モ之ヲ罰スルコトヲ得ズ」である。また旧憲法も「日本臣民ハ法律ニ依ルニ非ズシテ‥‥処罰ヲ受クルコトナシ」と規定し、刑法・憲法ともに罪刑法定主義が謳われていた。

しかし、現行刑法には罪刑法定主義の規定がない。現在、罪刑法定主義と考えられる規定は、憲法第31条があり「何人も法律の定める手続によらなければ、その生命若しくは自由を奪はれ、又はその他の刑罰を科せられない」と規定している。いわゆる適正手続きに関する条文である。手続きについての規定であるから、厳密な意味での罪刑法定主義を謳ったものではないとの考えもあるが、当然に実定法たる罪刑法定主義を含んでいるとの考え方が多数説である。その他にも、憲法第39条に「何人も実行の時に適法であった行為又は既に無罪とされた行為については、刑事上の責任は問はれない。」とする遡及禁止の条文がある。

なお、憲法第31条によれば法律の定める手続きによらなければ刑罰が科せられないとされるが、法律以外の、例えば政令や条例では刑罰が科せられないのであろうか。政令の場合は、憲法が法律の委任がある場合に限り罰則規定を認めている（憲法第73条第6号但書）。また、条例についても地方公共団体は条例に違反した者に対し、刑を科す旨の規定を設けることができるとする（地方自治法第14条第3項）。ただし、条例の場合その内容が、相当に具体的で限定されたものであることを要する。

第3節　派生原則

●── 慣習刑法の禁止 ──●

罪刑法定主義にはその内容（派生原則と呼ばれる）として、4つのものがある。まず、

慣習刑法の禁止である。慣習すなわち、その地方であるとか、同じ商売の仲間内であるとか、いわばローカルで不文律な慣習で決められていることを慣習法という。

　私法の分野では法源として認められている慣習法であるが、刑法では認められない。なぜなら、条文で定めていない慣習と成文規定を要さなければならない罪刑法定主義とでは相容れないからである。そうでないと、他の地方や他の商売をしている人ではわからない、犯罪になるか否か予測不可能な事態に直面するので、刑法において慣習法は排除されるべき性質のものである。

　もっとも、行為者に有利な方向の慣習法は認められるべきとされる。例えば、自救行為によって違法性が阻却されるなどである。また、構成要件の一部が慣習によって解釈される場合も認められる。例えば、水利妨害罪で水利の妨害に当たるか否かの部分について水利権の有無という慣習に基づき判断することは許される。それは、水利の確定のみ慣習に委ねているのであり、全体の解釈に影響を与えるものではないからである。

●─　刑法の効力不遡及の原則　─●

　これは、前述の憲法第39条・遡及の禁止のことである。例えば、犯罪を行ったあと、法律が改正されて刑罰が重くなったり、もともと何ら犯罪とされていない行為を新たに法律ができ違法とされることになっても、行為を行った時点に存在した法律で裁かなければならない原則をいう。行為時法適用の原則とも呼ばれる。もしそうでなければ、権力者の意向で後からいくらでも法律を改正し、または新しく立法することで処罰が可能となり、国民の自由な行動を委縮させることになる。しかし、後に改正されて軽く処罰されるなど、行為者に有利な改正がなされた場合、後の事後法で処罰することは罪刑法定主義に反しない（刑法第６条）。

　効力不遡及の例として、地下鉄サリン事件がわかりやすい。1995年に発生した、地下鉄サリン事件であったが、後に逮捕された教団の教祖をはじめ、実行犯たちは殺人罪等で有罪となった。しかしサリンという極めて危険な化学兵器を使用したことにより、サリンの製造・使用を禁止するいわゆるサリン防止法が同年成立した。しかし、この法律は地下鉄サリン事件では適用されない。それは事件後に成立した法律だからである。

　他の法分野では、「新法は旧法に優先する」という原則がみられるが、刑法では法律変更の場合も、この効力不遡及の原則が維持される。なお、刑法第６条では、「犯罪後の法律によって刑の変更があったときは、その軽いものによる。」と規定している。従って、重く変更があれば行為時法が、先ほど述べたように軽く変更された場合は裁判時

法が適用され、被告人の利益に適っている。

　また裁判時に法律が廃止・削除された場合は、原則に従って処罰されない（免訴）ことになる。一方で廃止に当たっては、限時法の効力と白地刑法の効力が問題とされる。前者は、あらかじめ効力のある期間を定めている法律であり、例えば、廃止を定める法令の公布期日と施行期日との間に期間があると、その間を埋めるべく限時法が作られる。もし、限時法がないと、廃止近くになって違反行為を行い、施行期日内に裁判が終了しない場合、被告人に有利になる恐れが生じるため、限時法の遡及効を認めることになる。

　後者は、構成要件の一部または全部につき、他の法令や行政処分に委ね、いわば空白を残した状態をいう。この空白を補充規範という。もし白地刑法はそのままで、補充規範の部分が変更された場合どのように考えるか。その変更が構成要件全体に影響を及ぼす場合、刑の変更に当たるが、単に内容的な変化をもたらすにすぎない場合は刑の変更とまでは言えないと考えられる。

●━　類推解釈の禁止　━●

　罪刑法定主義の派生原則の中でも、よく問題になるのが、この類推解釈の禁止である。法学上、目的論的解釈（その条文の意味に合致した解釈テクニック）の方法はいくつかあるが、代表的なものとして、反対解釈・縮小解釈・拡張解釈・類推解釈などが挙げられる。

　反対解釈は法文には書いてないが、反対に理解すればよいもの。縮小解釈は言葉の意味を縮小させれば意味に沿うもの。例えば、一厘事件のように可罰的違法性がないことを説明する際用いられる。拡張解釈は本来の言葉の意味を拡張させることで、含ませて解釈するもの。例えば、ガソリンカー事件で汽車にガソリンカーが含まれるとしたものや、コピーは文書偽造の文書に含まれるとされたものなどがある。ただし、これも際限なく認められるわけではなく、法文の文言の枠内に収めなければならない。厳格な解釈を要する刑法では当然のことである。

　これに対して、類推解釈の場合は、法文の意味を拡大しても含むことができないもので、別の概念を持ってきてその条文に合うようはめ込むものである。そして、この中で類推解釈は刑法では禁止されている（民法その他の私法では許される）。なぜなら、行為者の行動の自由が阻害されることになる。すなわち、法の意味する範囲を超えてしまって処罰可能となると、行為者は自己の行為が刑法に触れるか否か、判断できなくなるからである。もちろん、効力不遡及の原則と類似しているとも考えられる。効力不遡及の

原則は行為時法適用の原則であるから、もし類推解釈を許すと行為者が行為を行った後に、つまり裁判時の類推により処罰可能な道を、類推解釈も同様に実質的内容として開いてしまうことになる。

　それでは、どこまでが拡大解釈でどこからが類推解釈なのか、両者の線引きが重要となる。学説では、言葉の可能な意味を基準に分けるもの、立法者の真意がどこかで分けるもの、不意打ちを与えたかどうかで分けるもの、さらに、言語学の範囲内で一般人の予測可能な範囲かどうか、一般人の理解を超えない程度かどうかなど、一般人を基準とする考え方が出されている。

　なお、解釈によって行為者に有利に働くような、例えば犯罪の成立を阻却するような方向の類推解釈は禁止されない。類推解釈が問題となった事例として、電気窃盗事件と鴨捕獲事件がある。前者は、電気が窃盗罪でいう「財産」に含まれるのかが争われた。判決では、管理可能であるとして含まれるとしたが、今日では立法的解決が図られている（刑法第245条）。また後者は、鴨にクロスボウで矢を撃ったが命中しなかった事案であるが、いわゆる鳥獣保護法にいう捕獲に当たるかどうか争われた。最高裁は、殺傷に至らなくても（実質的支配に至らなくても）弓矢を使用しての捕獲に当たるとした原判決を正当とした。

●— 絶対的不定期刑の禁止 —●

　犯罪に対して、刑法その他で規定されている刑を法定刑と呼ぶが、この法定刑も不明確であってはならない。ここでいう不明確とは、刑罰の種類と刑罰の長さである。刑種も当然であるが、刑期も、絶対的に不確定（具体的数字がわからない）にすることは許されない。一方、法文で刑期が「5年以上の有期懲役」と幅があっても、裁判官は具体的に数字を言い渡すのであり、これは相対的不定期刑と言われ許される（少年法では幅を持たせた決定がされるが、これも相対的不定期刑として許される）。

　刑罰を受ける被告人として、何年の懲役刑になるのか予測がつかず、具体的数字がわからないということは、法律にあらかじめ規定しておかなければならない罪刑法定主義違反となる。同時にまた、刑罰を言い渡す裁判官の恣意を防ぐ意味合いも持っている。

●— その他の原則 —●

　以上の原則が、伝統的派生原則として、通常挙げられるものであるが、それ以外で

も明確性の原則がいわれるようになった。明確性の原則とは、刑罰法規の明確性を指し、法文そのものが不明確である場合、やはり行為者自身、処罰範囲が予測不可能となり、また権力者の恣意的判断を可能としてしまうであろう。これでは、せっかくの罪刑法定主義も「絵に描いた餅」になってしまう。もっとも、法文はあらゆる事態を想定すべく、抽象的な表現にならざるをえない。しかし、他方で明確性を持たせなければならないといった矛盾が生じる。

　この点、徳島市公安条例事件において、最高裁は、通常の判断能力を持つ一般人の理解において、具体的場合に当該行為がその適用を受けるものかどうか、判断可能となるような基準が読み取れるかどうかによって決めるべきとした。この事件は集団行進の際、蛇行したりその扇動をしたことが、徳島市公安条例の「交通秩序を維持すること」に反するか争われた。「交通秩序を維持すること」という表現が不明確とする原審に対し、最高裁が示した判断がこれであり、道路交通の秩序遵守について、基準を読み取ることは可能であり、罪刑法定主義には違反しないとした。

　それ以外も、福岡県青少年保護育成条例における「淫行」や食品衛生法のいう「有害な物質」の明確性が争われた判例がある。いずれも不明確性は否定されている。なお、明確性の原則は、先に述べた憲法第31条の実定法的適正化につき具現化したものとしてとらえられる。内容の適正化の他にも刑罰・罰則の適正化も含まれる（これにつき、ストーカー規制法におけるストーカー行為が、6月以下の懲役又は50万円以下の罰金としているが、過度に重いものとはされないとした最高裁判決がある）。

第3章

構成要件論

第1節 構成要件とは何か

● 構成要件の理論 ●

　先に述べたように、構成要件は犯罪のカタログ・メニューであり、具体的な犯罪行為があればどの構成要件に該当するか考える。そして違法性・責任論を順次考察していくことになるので、構成要件は犯罪成立要件の第1の要件である。当初、構成要件は、法的価値判断から切り離された、形式的・記述的・没価値的な行為類型とされた（ベーリング）。客観的な枠組みを示すことで保障的機能を担保するものと考えられたのである。そうすると、構成要件は主観的・規範的要素を一切含まず、また違法性と無関係な存在とされたのである。

　しかし、違法性に関係のない構成要件該当行為が、なにゆえ違法性判断の対象となるのか問題となった。これに対しては、構成要件の背後には、禁止されている規範が存在し、構成要件に該当することは原則違法であり、構成要件は違法性の徴表であるとされた。かかる意味では、当初の考え方も、構成要件と違法性はかなり近い関係性が見て取れる。

　これに対して、両者は密接な関係があると考える違法類型説がある（メッガー）。違法性とは法益の侵害または脅威を意味するが、構成要件は犯罪として処罰に値する法益侵害のみを規定し、違法性の存在根拠であるというものである。構成要件の該当性判断には、実質的な違法性判断が不可欠とするのである。この説からは、構成要件に該当する行為だけが違法性の判断がなされ、両者は密接な関係として理解され、構成要件と違法性阻却の関係は原則と例外の関係と理解される（両者を一体とする消極的構成要件要素の理論・新構成要件論という考え方もある）。さらに進んで、構成要件が違法類型であれば、責任類型でもあるとする考え方も存在する（小野、団藤他）。この

説は、構成要件に該当した段階で違法性も当然ながら、有責性も推定されるとするものである。

　以上、構成要件と他の要件との関係を概観したが、それぞれに批判もされている。まず、構成要件と違法性を切り離し没価値的存在とする考え方は、構成要件を意味のないものとし、該当範囲を広げ、罪刑法定主義に反する解釈の生まれる危険性も指摘されている。他方、違法類型とする考え方に対しても、両者の区別を曖昧にし、これもまた構成要件の枠組みを崩すとの批判がある。

●― 構成要件の要素 ―●

　構成要件には、どのような要素があるか。それには主体、客体、法益などがある。まず主体とは、犯罪を犯す主体（犯罪主体）であり、人（自然人）のことである。人以外の自然現象や動物は除外される。ただし、動物も人を襲うことはあるが、人が攻撃の手段として動物を使用した場合で、直接の主体ではない。犯罪主体は、刑罰を受ける主体ともなる。

　ここで問題となるのが、法人すなわち企業は犯罪主体となりうるのかである。法人は主体となりえないとするのが大陸法である。その根拠として、法人は自然人と同様な意思を持たず、肉体もないので、犯罪行為はできない。責任が犯罪に対しての悪しき意思決定だとすると、その意思決定を法人ではできない。刑罰を見ると、懲役刑をはじめとする自由刑が中心であり、法人に自由刑はそぐわない。これらのことから、法人の主体性を否定する。

　それに対して、なりえるとするのが英米法である。根拠は否定の根拠の裏返しで、法人は肉体は持ちえないが、意思は持っている。それは、自然人たる機関を通じて犯罪を行いうる。法人は取締役会等、法人としての意思決定が可能であり、もしその決定が犯罪性を帯びたものであれば、法的な非難は可能である。刑罰制度にしても、自由刑ではなく罰金の制裁が可能である。以上の理由から肯定する。それでは、法人の犯罪主体性をどう考えたらよいか。犯罪の性質によってこの点違いが出てくるであろう。

　例えば、殺人等の場合は、自然人の犯罪としか考えられない。いくら法人の機関が決定したとしても、実行犯やそれを指示したせいぜい自然人だけが処罰の対象となるにすぎない。それに対して、公害犯罪のように業務の内容に犯罪性が含まれている場合には、法人の主体性が認められる余地が出てくる。なお、自然人と法人両者を処罰する旨を規定する両罰規定がある。主に行政刑法に多く見られる。例えば脱税や粉飾決算におい

ては、担当者の責任はもとより、法人に対し巨額の罰金が科される。現在ではこの両罰規定を持つ法律が増えている。両罰規定における法人処罰の根拠は、行為者たる担当者の犯罪行為につき、必要な監督が出来ていなかったという監督過失が問われるのである。この点、主体性を認めない立場からは、自然人の犯罪に付属した責任により法人も処罰されると説明するしかないであろう。最近は、両罰規定で法人が処罰されることから、法人の犯罪主体性を認める方向になってきている。

　次に犯罪の客体である。客体は犯罪が向けられる相手・対象を意味する。殺人罪であれば「人」、窃盗罪であれば「他人の財物」、放火罪であれば「建造物」を指す。ここで注意すべきは、客体と法益の違いである。法益とは、保護される法的利益のことであり、いかにも守られているものだから、客体と同じ・イコールとなりそうに思う。しかし、法益は侵害される客体ではあっても行為の客体ではない。殺人罪では行為の客体は人の肉体であるが、法益すなわち侵害の客体は人の生命である。窃盗罪について、行為客体は他人の財物であり、侵害客体は所有権や事実上の占有となる。刑法はすべての犯罪に対し、保護法益がある。しかし、名誉棄損罪等のように行為客体のない犯罪も存在するのである。

　以上のことから、構成要件該当性は客観的判断、すなわち外形的にその当否を判断するのが原則である。しかし、詳しくは後述するが、構成要件の要素においても主観的要素が含まれるとする立場もある。いわゆる主観的構成要件要素である。違法性とは何かをめぐる争いから、伝統的な純客観的に判断で該当性を考える立場のみではないことに注意する必要がある。

第2節　構成要件的行為

●―　構成要件的行為とは　―●

　刑法の大命題の1つに「犯罪は行為である」というものがある。犯罪は特に自然人であれば人の行為によって引き起こされたものでなければならない。それは構成要件上、「殺した」とか「偽造した」、「欺いた」といった行為が前提となっている。条文上は、確かにそれぞれ各論上の規定のされ方があるが、ここでは、そもそも刑法総論が対象とする行為とは何かについての問題を扱う。行為に当たるものは構成要件に該当するが、当たらないものは該当しないことになり、構成要件該当性において行為論は重要である。

まず、最初の考え方は身体的動作説である。単純に行為とは肉体的な身体の動きであるとする。ここでは意思に基づいていたかは問わない。この考え方を採ると、例えば睡眠中の動きや夢遊病者の動き、反射的な動きも行為に含まれる。しかし、例えば熟睡中の寝返りで隣の人を叩いてしまった、あるいは夢遊病中に外部で行ったことで犯罪に触れた場合、行為者の意思から離れた行為までも刑法で処罰することが適切か疑問とされる。

　次に有意的行為論である。身体的動作説の欠点を補うべく、行為とは何らかの意思に基づく身体の動静であるとする。先の睡眠中や夢遊病気下での行為を除外することに成功した。有意的行為論のいう意思とは、意思が原因になったことから結果が出たという意味で、意思の内容自体は責任論で議論すべきものとする。このことから因果的行為論とも呼ばれる。これに対しては、不作為犯の場合、因果関係の把握が難しい、また意思が認められない忘却犯の場合の説明が難しい等の指摘がされている。

　さらにヴェルツェルの提唱した目的的行為論がある。これは、最初に認識した行為者の目的に対して、これを実現する意思で、因果関係を支配するのが行為であるとする。この説は犯罪を犯す場合、多くは強弱があるものの目的があり行われるとされ、意思と意思内容を一致させるところに特徴がある。一方、故意犯には確かに当てはまる考え方であるが、有意的行為論同様、不作為犯や忘却犯さらには過失犯の説明をも難しくしている。

　最後に社会的行為論である。社会的に意味があるかどうかで刑法が対象とする行為に当てはまるかどうかを考える。社会的に意味があるとは、例えば、異なる状況下では片や犯罪になりうる場合もあれば、犯罪にならない場合も出てくる。これは社会的な意味合いが異なるため出てくる違いである。社会的行為論に対しては、そもそも社会的意味が行為の当否を決める概念となりうるのか、社会的意味の内容が不鮮明との批判がなされている。

　構成要件的行為には以下の種類がある。作為と不作為（これについては次節で詳述）、結果犯（行為の他に一定の結果を要する）と挙動犯（結果は必要でなく、一定の行動があれば成立）、さらに結果犯の中に即時犯（結果発生によって犯罪成立）、継続犯（既遂になるには一定の結果の継続が必要）、状態犯（既遂後も違法な状態が続いているもの）が、また侵害犯（法益侵害が必要）と危険犯（法益侵害の危険性があればよいもの）の区別もある。

第3節　不作為犯

●—　作為と不作為　—●

　構成要件に該当する行為は、作為と不作為に分かれる。作為とは、通常の想定される身体動作を伴った犯罪行為を指す。殺人や窃盗、放火や業務妨害等、大方の犯罪はこの作為の形によって行われる。それに対して、不作為で犯罪が成立する場合がある。不作為とは形の上では何もしない状態を指す。もっとも、単に何もしないのではなく、何もしないことを敢えて行うといった意味となる。

　例えば、殺人でも武器を使用するなど、行動を起こして死に至らしめる場合もあれば、母親が殺意を持って赤ん坊にミルクを与えないで餓死させる場合もある。どちらにしても、死という結果が生じている。しかし、構成要件的行為が作為のみを処罰対象とされるなら、赤ん坊の事例は処罰できないことになる。そこで、身体的動作説も有意的行為論も身体の動静という言葉を使って不作為も含めた。

●—　不作為の種類　—●

　不作為は、真正不作為犯と不真正不作為犯に分かれる。真正不作為犯は、あらかじめ不作為の形を、構成要件が予定しているもの。例えば、多衆不解散罪（第107条）、不退去罪（第130条後段）、保護責任者遺棄等罪（第218条後段）がある。いずれも解散しない、退去しない、生存に必要な保護をしない、といった不作為で犯罪が行われることが構成要件になっている場合である。他方、不真正不作為犯は、通常作為の形で構成要件が書かれているものを不作為で行った場合である。

　ここで問題なのは、例えば先の赤ん坊の事例で、ミルクを与えていないのは両親だけでないことである。隣の家の人、町内の人、極端に言えば日本国民全員がミルクを与えていないのである。客観的な側面からはそうなってしまい、特に赤ん坊の両親と差異はない。しかし、両親以外の者が逮捕されたとは聞いたことがない。それでは、両親とそれ以外の者との違いは何であろうか。

不真正不作為犯の作為義務

　両者の違いが作為義務と呼ばれる義務の有無である。両親以外の者にとって赤ん坊にミルクを与える法律上の義務はない。両親だけに生じるものである。しかし、この客観的な見極めの困難さが不真正不作為犯の枠組みを曖昧なものにしている。それだけに作為義務の内容が重要となる。まず、形式的三分説によると、作為義務は、法律上の義務でなければならず、次の３つに区分される。

　①法令による場合、例えば民法により夫婦は扶助義務を負っている。また民法による親権者の子供の養育義務等。②契約・事務管理による場合、幼稚園等は契約により受け入れた幼児を養育、保護する義務を負っている。③慣習・条理による場合、自動車で人を轢いた者は被害者を擁護し、通報する義務がある。あるいは、病人を自宅に引き取った者は看護する義務がある。このように、形式的三分説は民法の分野に法的義務を多く置いていることが分かる。また法律的義務であるから、例えば緊急救助義務（溺れている人を救助する義務）のような道徳的義務を作為義務として認めない。これに対して、より実質的に作為義務を考える実質説もある。これは形式的な要件で考えるのではなく、より状況に応じて有無を考えようとするものである。これには先行行為があった場合、事実上の引き受けがあった場合、支配領域性があった場合等がある。いずれにしても、作為義務を通して、不作為が作為と等価値であることが求められる。

　作為義務は、犯罪論体系上どこで議論すべきか。従来は違法性で議論する考え方であった。それは、作為義務は特別の者が負うものであって、その者のみが違法性を有しているとされた。しかし、このような考え方だと、構成要件では全員一律の該当者扱いとなり釈然としない。そこで、このような不合理を解決すべく、ナーグラーは、構成要件の段階で作為義務の有無を分ける学説を提唱した。保障人説である。

　この学説の特徴は、保障人としての地位と作為義務とを同一のものとして捉え、作為義務のある者だけが構成要件に該当するとした点にある。これにより、作為義務のない者が犯罪論体系に乗ることがなくなった。さらに、二分説もある。これは保障人説の地位と作為義務を分けて、保障人の地位については構成要件の問題で、作為義務については違法性の問題であると分けて理解する。作為義務の錯誤が事実の錯誤として、故意を阻却することを回避するため登場したが、本来地位と義務は一心同体であると理解されるところ、両者を分けることが出来るのか疑問とされている。

不真正不作為犯と罪刑法定主義の関係

　これまで見てきたように、不真正不作為犯は、本来作為の形で規定されているものに不作為の犯罪をも含めて処罰することになるので、罪刑法定主義に違反しているのではないか（類推解釈の禁止に抵触するのではないか）との疑義が出されている。すなわち、作為犯は「～してはならない」という禁止規範を本質とする。それに対して、不作為犯は「～しなければならない」と命令規範を内容とし、そもそも規範が異なっているのだから、禁止規範に命令規範を含めることは妥当かという問題である。

　これに対しては、なるほど異なった規範であることは明白であるが、禁止規範（作為犯）に当然命令規範（不作為犯）も含まれると解釈しないと逆に妥当な結論が得られないとする。なお、真正不作為犯は元から命令規範を構成要件としているので、この問題は生じない。

不真正不作為犯の判例

　最後に判例に触れておく。不真正不作為犯の判例として重要なのは、放火の事例とひき逃げの事例である。放火の事例は被告人が殺害した被害者の投げた火が燃え移ったことを知りながら、死体等証拠隠滅をはかる目的でそのまま放置したというもの（大判大正7・12・18刑録24・1558）。また、風で神棚のロウソクが倒れて、容易に消せる状態であったにもかかわらず、自宅の火災保険金を得る目的で放置したもの（大判昭和13・3・11刑集17・237）がある。いずれも「火力を利用する意思」があったものとされ、自ら火を放ったと同じと判示された。

　他方、ひき逃げの事案は、過失で被害者を轢いた被告人が病院に運ぶつもりで車に乗せたが、走行中発覚を恐れ、被害者を死亡させたものがある（東京地判昭和40・9・30下刑集7・9・1828）。これは不作為による殺人を認めたが、自車という第三者が手出しできない支配領域に被害者を置いたことが重要である。最近のものとして、入院中の患者を退院させ、親族から患者の手当てを委ねられた被告人が、必要な医療を受けさせずに独自の治療法で被害者を死亡させたというものがある（いわゆるシャクティパット事件・最決平成17・7・4刑集59・6・403）。患者の生命に具体的危険性を生じさせたことや患者に対する手当てを全面的に委ねられた立場であったことを理由に、保護責任者遺棄致死罪ではなく殺人罪が成立した。なお、判例は、殺人や放火等、重大な犯罪

のみ不真正不作為犯を認めている。

●━━ 因果関係とは何か ━━●

　構成要件に該当する要素として、因果関係のあることが前提とされる。簡単に言えば、誰のせいで結果が生じたのかを考えるのが因果関係である。原因となるものは1つとは限らない。複数ある場合もあれば、1つだとしても、それが本当に原因なのか考えなければならない場合もある。因果関係の不存在は、そもそも構成要件に該当しないか、未遂犯に止まるため、結果犯においては因果関係の存否は重要な問題である（挙動犯は結果発生を要しないため因果関係は問題とならない）。

　因果関係とは、原因と結果との関係であり、「前者がなければ後者もなかった」という条件関係の公式で表わされる。これは、前者（原因）を取り去った場合、後者（結果）が残るかどうか。残らなければ因果関係が認められ、残れば因果関係は否定される。因果関係の存否について、学説は大別して3つある。

　①条件説は、前者がなかったなら後者もなかったであろうことが認められれば因果関係を認めるものである。例えば、被害者がAに殴られた後、ふらついたため車道に飛び出したところ、Bの運転する自動車に衝突し、被害者は病院に搬送されたが、今度はその病院に恨みを持つCによって放火され、被害者が焼死した場合を考えてみよう。条件関係の公式によればAにつき、殴ることがなかったなら、焼死することもなかったと言えるか。Bについても、轢くことがなかったなら焼死することはなかったはずだと言えるか。Cも放火しなければ焼死することはなかったと言えるか。条件説はA・B・Cともに言えるため、全員に原因があるとされる。しかし、これでは広く因果関係を認め過ぎるきらいがある。

　そこで、かつては因果関係の中断が言われた。因果の流れの中で第三者の行為や自然現象が介在した場合は、因果関係が途切れ未遂犯が成立するとするのである。しかし、本来因果関係はあるかないかのどちらかしかない。因果関係を広く認めるのを抑止する考えとしては妥当ではないとされる。

　②原因説は、中断論と同様抑止の目的で登場した考え方である。複数の原因とされるものの中から、基準を設けて1つに絞ろうとする。その基準によって、i 最初条件説　ii

最有力条件説　ⅲ最後条件説等に学説が分かれる。最初条件説は最初に原因となったものを、最有力条件説は一番有力なものを、最後条件説は最後に原因となったものをそれぞれ原因に挙げる。しかし、全ての場合で最初や最後が条件に当てはまるとは限らないし、最有力については、それが何かを考えるのが因果関係なので、問いに対して問いで答えるに等しく、結局基準としては明確にならなかった。

　そこで③相当因果関係説が登場したのである。これは、我々の社会生活上の経験に照らして、その行為から結果が発生することが一般的で相当である場合に因果関係を認めるものである。簡単に言えば、常識で考えろということである。

　ただし、何をもって常識とするかは簡単ではない。そこで、相当因果関係の内部でさらに３つに学説が分かれる。ⅰ主観的相当因果関係説は、行為者が行為当時認識した事情および認識しえた事情を基礎とする。ⅱ客観的相当因果関係説は、事後的に考えて、行為当時存在した一切の事情および行為後に生じた事情についても一般人の予測可能な事情を全て基礎にする考え方。ⅲ折衷的相当因果関係説は、行為当時一般人であれば認識しえた事情および行為者が特に認識していた事情を基礎とするものである。

　主観的相当因果関係説は、行為者の主観を重視し、行為を行っていた時に戻って認識していたことや認識出来そうだったことを材料として相当かどうか判断する。客観的相当因果関係説は、裁判時を軸にして行為当時に存在したものを振り返り、また行為後生じたことについては、我々一般人がそれを予測出来るのかどうかを基礎に考える。折衷的相当因果関係説は、主観的相当因果関係説と同様、行為を行った時に戻り、主観説と違って行為者ではなく、我々一般人が何を見て感じたかを基礎にし、さらに特別に行為者が知っていることがあった場合は、それも基礎に入れて判断していく考え方である。ここで事例から各学説がどのような結論になるのかを見ていきたい。

　例えば、未知の病気にかかっていた被害者が殴られたことで、それが影響し死亡したような場合、条件説では殴ることがなければ死ぬことはなかったのであるから因果関係は認められる。主観的相当因果関係説は、行為時、被害者が未知の病気にかかっているとは行為者は知らない、また知る可能性もなかったことから否定される。客観的相当因果関係説は、行為当時ではなく、裁判時という現在で判断するので、行為時に未知の病気にかかっていたことは厳然たる事実として判断材料に当たる。そうすると、それが原因で死亡したとすると殴ったことと死亡との間には因果関係が認められることになる。折衷的相当因果関係説では、行為当時、我々は病気のことなどわからないので、また行為者も知る由もなかったと判断されるので因果関係は否定されることになる。

　このことから、客観的相当因果関係説は、広く因果関係を認める傾向にあるが、主観

的相当因果関係説および折衷的相当因果関係説は、狭い傾向にあると言える。判断をする時が行為時か裁判時で過去を振り返るのかが違いに影響を及ぼしていると考えられる。なお、条件説の拡大抑止という相当因果関係説と同様の目的を持っている考え方として、客観的帰属論もある。これは、発生した結果については客観的に行為者に責任を負わせてよいか考えるものである。

●— 特殊な因果関係 —●

　次に特殊な因果関係を見ていく。まず、重畳的因果関係とは、例えばAが被害者を殺害しようとコップの飲み物に毒を2分の1入れたところ、このことを知らないBが続いて毒を同じく2分の1入れた。被害者は飲み物を飲んだため死亡したという事例である。これは、単独では殺害できないが2人いたことにより結果が生じたものである。この場合、A（Bも同様）は条件関係の公式を当てはめると不当な結論となる。すなわち、毒を飲ませることがなかったなら、被害者は死亡することはなかったか。なかったのであれば因果関係が認められるが、AないしBの毒だけでは死亡しないにもかかわらず、因果関係が認められるのである。もっとも、相当因果関係説により殺人未遂に止まるものとされる。

　二重の因果関係とは、重畳的因果関係と似ているが、A・Bそれぞれ毒の量が致死量に達している場合である。そうすると、致死量2倍の毒で被害者は死亡したことになる。この場合、やはり条件関係の公式を当てはめると不当な結論になる。A（B）が毒を飲ませることがなかったなら被害者は死亡することはなかった、と言えれば因果関係はあることになる。しかし、それぞれ自分が毒を入れなくても被害者はもう片方の毒で死亡するのである。従って、致死量の毒を与えておきながら因果関係が否定されることになる。これについては、条件関係を認めて殺人罪とするのが現実的である。

　疫学的因果関係は、例えば公害犯罪のように、多数考えられる原因を消去法で消去していき、おそらくそれが原因に違いないとしても、100％それが原因とは言い切れない場合、因果関係を認める考え方をいう。疫学的に高い蓋然性があれば因果関係を認めてよいとするものである。他にも、仮定的因果関係（結果が発生するも、仮にそれがなかったとしても別の事情から同様の結果が生じたであろう場合）や合義的な択一的挙動（たとえ法を守っても同じ結果は避けられなかった場合）もある。

　これらは条件関係の公式が当てはまらない例外的な事例ではあるが、特殊な場合であって、依然として条件関係の公式が因果関係の基本にあることは間違いない。

　最後に因果関係の判例について代表的なものを挙げる。被害者の行為が介在した判例として、被告人らに監禁・暴行を受けた被害者が逃走し、やがて高速道路に侵入した結果、自動車にはねられ死亡したもの（最決平成15・7・16刑集57・7・950）がある。被告人らの暴行と死亡との間に因果関係が認められるとした。次に第三者の行為が介在したものとして、被告人が被害者を殴打するなどして、瀕死の状態にしてその場を離れたが、その後何者かによって頭部を角材で殴打されたため、死亡したというもの（最決平成2・11・20刑集44・8・837）である。死因となった傷害が、たとえその後第三者により死亡が早まったとしても、被告人の傷害と死亡との間に因果関係が認められるとされた。さらに、スキューバダイビングの講習中にインストラクターであった被告人は受講生を見失い、その後経験の浅い補助者の指導のもと酸素ボンベの空気を使い果たして死亡した事例（最決平成4・12・17刑集46・9・683）について、被告人は受講生の動向に対し注意を怠り、その場を離れたことは溺死させる危険性を持つものであり、たとえ、補助者の不適切な指導があったとしても被告人の行動と死亡との間に因果関係は肯定できるとした。

　その他にも、第三者の行為が介在しても因果関係を認める判決は多様である。

　元来、判例の立場は条件説に拠るとされているが、昭和8年東京控訴院での浜口雄幸首相暗殺事件の判決のように、通常では死亡するほどではなかったものの、被害者の特殊な菌により死亡してしまったことに対し、経験上稀であるとした相当因果関係説を採用したと思われるものも増えてきている。一方最近の判例では、危険性が結果に対し現実化したのかどうかの観点から因果関係を考えているとされる。

第4章

違法性論

第1節　違法とは何か

● 違法性の本質 ●

　現代の刑法において、違法性は理論上中核を成すものと言える。違法性をどのように理解するかによって、刑法の立ち位置が決まるといっても過言でない。本章では、違法性とは何かとともに、違法性が阻却される場合にどのようなものがあるかについて、以下順を追って見ていきたい。

　かつては違法とは何かにつき、あまり明確ではなかった。先に見たように、構成要件が少なくとも違法類型だとすると、独自性はあまり意味のないものとされよう。そのため、例えば、単純に法に違反することや法的に許されないこととされたのも無理からぬところである。ところがやがて、当該行為が法秩序ないし法規範に違反することとする、形式的違法性の考え方が登場した。メルケルは、客観的な法秩序自体に違反することとし、ビンディングは、刑罰法規でなくその前提としての規範に違反することと説いた。法に違反することや許されないことと比較すれば少し進歩したと言えるが、これでもまだ形式的で、本質を突いているとは言い難い。

　次に登場したのが、実質的違法性と呼ばれるものである。違法とは実定法に違反するのは当然なので、より具体的・実質的に理解しようとするものである。リストは、法益の侵害またはその脅威であるとし、マイヤーは、国家の承認した文化規範に違反すること、また大塚博士も国家・社会的倫理規範に違反して法益を侵害・脅威を与えることとした。

　大塚博士によると社会倫理規範は、個人的倫理ではなく、国家的観点から規制され、また時代とともに変動するとする。しかし、倫理規範はその内容が不明瞭であるとの批判がある。マイヤーや大塚博士はビィンディングの考えを引き継いだのに対して、リス

トは、保護されている法益の存在を基底にそれを侵すのが違法だとした。現在でも、この法益侵害か規範違反かの争いが根底に存在する。ここに至り現在の違法性の本質が完成したのである。

第2節　違法性の諸理論

● 客観的違法論と主観的違法論 ●

　違法とは何かについて、他にも考え方がある。それが客観的違法論と主観的違法論である。客観的違法論は、法は客観的な評価規範と理解し、これに客観的に違反するのが違法であるとする考え方である（メツガー）。評価規範は簡単に言うと、何が良い行為で何が悪い行為なのかあらかじめ評価することである。そして悪いとされていることに客観的に抵触することが違法と説くのである。

　しかし、客観的違法論を徹底させると、評価規範により悪いとされることを行う主体が人だけに限らず、動物や自然現象も含まれることになる。本来、人のみを主体とすべきはずである。単に違法性で悪いことを評価するだけでは対象は他のものも入り込む。理論上、侵害するのは人だけではないからである。メツガーの客観的違法論は、違法性は一般人を相手に（名宛人という）評価し、責任論で個人を名宛人とすることで当該行為を禁止する意思決定規範と捉える構造を採る。従って、人以外のものが入るのは、メツガーにとって本意ではあるまい。

　一方で、主観的違法論がある。主観的違法論は、法規範は行為者に対する命令規範であると理解する。違法とは、命令違反を指す。ここでは客観的な判断や一般人に向けた評価といった考え方は持たない。その結果、違法を行いうるのは人だけに限られる。なぜなら、人を殺してはならないといった命令の内容を理解できるものだけが対象となり、動物や自然現象はそれを理解しないからである。ここで、客観的違法論が抱えた無制限の対象は回避された。

　しかし、主観的違法論も逆にこのことが自らの首を絞めることになる。つまり、命令を理解できる人も全ての人ではない。例えば、理解力のまだない小さな子供や精神病者等、いわゆる責任無能力者に対しては、法の命令を理解できない存在として違法の対象から外れる。このことは正当防衛を考えると分かりやすい。詳しくは後述するが、正当防衛するためには相手方が違法でなければならない。従って、客

観的違法論では動物や自然現象も違法を行いうるので、これらを相手に正当防衛が可能という帰結になる。逆に主観的違法論では、通常の責任能力者のみ正当防衛が可能で、責任無能力者が襲ってきても、正当防衛が出来ないことになる。また、主観的違法論の欠点はさらに違法論と責任論の区別が曖昧なことである。本来責任論で考えるべき、命令ないし意思決定の規範が違法論へと繰り上がったため両者の区別が困難である。

　以上のことから、現在では、主観的違法論を積極的に採用する立場は非常に少ない。客観的違法論が通説である。しかし、客観的違法論も動物や自然現象が違法対象となることに全ての者が賛成するわけではない。違法論で評価規範と意思決定規範を、責任論でも評価規範と意思決定規範を、それぞれ二重にして名宛人を一般人と当該行為者に振り分ける規範構造で対処しようとする新しい客観的違法論も唱えられている。

●─ 両者の関係 ─●

　先の法益侵害説か倫理規範違反説かの争いと客観的違法論と主観的違法論の争いは、無関係であろうか。両者は密接に関係している。リストの法益侵害説は客観的違法論と結び付きやすい。なぜなら、法益侵害の判断は客観的でなければならないからである。他方、倫理規範違反説はまずは主観的違法論と結び付きやすい性質を持っている。そもそも倫理・道徳は人に対するものであり、動物や自然現象は無関係である。従って、主観的違法論ということになるが、現在では規範構造から新しい客観的違法論と結び付くのが一般的である。

　従来の客観的違法論からは、非犯罪化が主張される。これは、賭博罪やわいせつ物頒布罪といった、いわゆる被害者なき犯罪については、処罰が社会倫理を根底に置くもので、刑法の謙抑性からなるべく犯罪としない方がよいとの趣旨である。他方、新しい客観的違法論からは、違法要素として故意・過失をはじめとした主観的違法要素（他には、表現犯・傾向犯・目的犯）が存在すること。また、そこから違法性の程度も主張される。なぜなら、同じ違反でも主観面や状況から差が生じ、従来の客観的違法論のように法益の侵害があったかなかったかで決めるのではなく、いろいろな違法性がある、違法性にも幅があるとする。いわゆる可罰的違法性の問題である（微小な法益侵害は違法としない方がよいとする・一厘事件）。もちろん、従来からの客観的違法論からも可罰的違法性は論じることは可能であるが、新しい客観

的違法論の方が説明はしやすいとされる。

第3節　行為無価値と結果無価値

● 人的不法論 ●

　以上見てきたように違法性の対立は様々なものがある。しかし最後に、ヴェルツェルが提唱した人的不法論について触れる。ヴェルツェルは、「不法は行為者から内容的に切り離された法益侵害に尽きるものではなく、一定の行為者のしわざとしてのみ違法である。行為者が、いかなる目標設定を客観的行為に与えたか、どのような気持から行為に出たのか、いかなる義務があったのか、これら全てが生ずるかもしれない法益侵害とともに行為の不法を決定する。違法性は常に一定の行為者に関係づけられた行為の非認である。不法は行為者関係的な人的不法である」、とした。

　このことから、違法性と人的関係は切り離せないとする、ヴェルツェルの違法論は人的不法論と呼ばれる（これに対しては物的不法論）。またヴェルツェルは、法益の侵害あるいは脅威という結果の無価値は大部分の犯罪にとって本質的であるが、それは人的に違法な行為の部分的要素であって、それだけで決せられない。むしろそれは、人的に違法な行為、すなわち行為の無価値の中においてのみ意味を持つとも主張した。従って、法益侵害という結果の無価値と、行為者の人的部分を形作る行為の無価値という概念が生まれ、ヴェルツェルは後者が有意と説いたのである。

　これを受けて、わが国でも議論が活発になり、ヴェルツェルほどの一元的行為無価値は少数であったものの、先の新しい客観的違法論と結びついて行為無価値と結果無価値両方が違法性判断の要素として必要とする、二元的行為無価値論が主張された。かつては結果無価値一元論と激しい議論となった（現在では議論は落ち着いている）。

第4節　違法性阻却の理論

● 違法性阻却の全体像 ●

　構成要件に該当した行為は、通常であれば違法という評価が下されるはずであるが、

何らかの事情により、違法とされない場合がある。これを違法性阻却と呼ぶ。判断に際しては具体的・個別的に行う必要がある。わが国の刑法においては、違法性阻却に関する規定は、第35条から第37条の3つである。それを含めて違法性阻却の体系を示すと、次のようになる。

　まず、非緊急的違法性阻却事由として刑法35条の法令または正当業務行為による場合があり、緊急的違法性阻却事由として第36条の正当防衛、37条の緊急避難がある。またその他のものとして、自救行為、被害者の承諾、推定的承諾、安楽死、尊厳死がある。さらに超法規的違法性阻却もある。

●― 違法性阻却の原理 ―●

　違法性阻却は違法性の実質と裏返しの関係にある。従って、法益侵害説を裏返したものとして法益衡量説が、規範違反説からは目的説ないしは社会的相当性説が導き出される。まず、法益衡量説は、侵害される法益が侵害してくる法益と比較して上回る（価値が大きい）場合、たとえ侵害してしまっても適法とする考え方である。なお、同価値の場合、状況によるが違法性が阻却される。しかし、侵害される法益が侵害法益より価値が小さい場合は違法となる。この説は侵害される法益と侵害してくる法益の価値を比較衡量するという、非常に分かりやすい説明である半面、価値のみを比べる難しさもある。そこで、価値だけでなくそれ以外の全事情を含めて比較衡量を行う、優越的利益説も主張されている。

　次に、目的説は法益の侵害が共同生活の目的のため、適っている場合には違法性が阻却される考え方である。さらに、社会的相当性説は、社会生活の中で歴史的に形成された社会倫理秩序の枠内であれば、たとえ侵害しても適法とするものである。これに対しても、目的に適っているかどうか、あるいは、社会倫理秩序の枠内かどうか、ないし社会的に相当な範囲内かどうか、非常に判断が困難である点が指摘されている。

第5節　法令行為及び正当業務行為

●― 法令行為 ―●

　法令行為とは、法律その他の法規により、権利または義務として認められているもの

をいう。これには例えば、公務員の職務行為として、刑事訴訟法による警察官の被疑者の逮捕や勾留（本来であれば逮捕・監禁罪）、家屋に立ち入っての捜索・押収等がある（本来は住居侵入や窃盗罪）。他には伝染病予防法による患者の強制入院措置がある。また私人の権利行為としては、刑事訴訟法での私人による逮捕（本来は逮捕罪）、民法による親権者の子に対する懲戒行為（本来は暴行罪）や学校教育法で定められた学校の教諭による生徒への懲戒行為（同じく暴行罪）等が挙げられる。

　その他のものとして、競馬法による勝馬投票券の販売、自転車競技法による勝車投票券の販売、宝くじの販売（いずれも本来は賭博罪）がある。また母体保護法による人工妊娠中絶（堕胎罪に該当）もある。なお、これらの法令行為はあくまで法律の範囲内に限り許されるのであるから、法律を逸脱した行為が行われると、もはや違法性が阻却されないことは当然である。

●━ 正当業務行為 ━●

　正当業務行為とは一般的に業務として行われている限り違法性が阻却されるものである。これは、社会生活上正当な行為として反復継続して行われる限り許容される。もっとも、法令行為と比べて許容性が強くないので、各ルールや行動規範から見て逸脱しないことが重要である。また相手方の承諾も少なからず必要となる。

　正当業務行為には、例えば、プロボクシングやプロレスリング等、最初から殴りあうスポーツが挙げられる。通常であれば暴行罪や傷害罪が適用されるところ、許容されている。プロが許されるならアマチュアはどうか。アマチュアもプロに準じて許されると考えられる。しかし、大学のアメフトの試合で起きた、プレー中とはいえ危険なタックルや野球でのデッドボールは許容範囲であるにしても、明らかな報復によるボールの投げつけは正当業務行為から逸脱した違法な行為と言えるであろう。

　医師の医的侵襲を伴う治療行為（外科医の手術）。これについては、そもそも構成要件該当性阻却との考えもあるが、身体を傷つけている以上、傷害罪の構成要件には該当していると考えられる。弁護士の弁護活動や新聞記者等の取材活動。これについても、行き過ぎた活動は阻却されないが、通常人よりはより深い活動が認められている。第35条は以上である。

●─ その他の違法性阻却事由 ─●

　便宜上その他の違法性阻却事由から先に見ていく。その他の違法性阻却事由は、条文に書かれていないので、解釈に負っている。まず自救行為である。自救行為とは自力救済のことである。例えば、スリに財布を奪われたので探していたところ、何日か経って発見し取り戻したとする。通常なら何ら問題はなさそうに思えるが、果たして自救行為として許されるであろうか。自救行為は緊急違法性阻却である。緊急を要して行われなければならない。事例は何日か経過しているので緊急とは言えない。

　この場合、警察に任せて司法に委ねることが必要である。なぜなら、法の救済を待たないで、自力で救済することを許容すれば、法秩序が崩壊し平和を乱す。事実、第242条の他人の占有に係る自己の財物に該当する恐れがある（所持説を採った場合）。自救行為は判例でも認められたものは少ない。下級審でのみ認められ、最高裁は認めていない。

　次に被害者の承諾である。たとえ法益を侵害したとしても、被害者が自己の法益侵害に承諾を与えていた場合が被害者の承諾の問題である。その承諾が、社会倫理秩序の枠内であれば許容されると考えるか、あるいは被害者自身の承諾により、保護すべき法益が消滅したので許されると考えるか、いずれかによるであろう。

　ただし、生命に関する場合や、身体に関する場合でも重要な侵害までをも許容することはできない。第202条の承諾殺人罪や第204条の傷害罪に問われる。

　被害者の承諾が被害者の意思表示がある場合であったが、同じ承諾でも、推定的承諾は、例えば意識不明の状態で緊急手術を行わなければならないとき、この患者はおそらく意識があればすぐ手術をしてほしいと言うであろうと承諾を推定して医療行為を行う場合である。本来であれば、明示の承諾がなければならないところ、緊急時で承諾が得られない場合でも医的侵襲が許容されると考えられる。

　同じく医療の分野から安楽死と尊厳死がある。安楽死は、死期が切迫して肉体的苦痛が甚だしく、本人も明示の意思があり、その目的がもっぱら死苦の除去にかかる場合、違法性が阻却される。かつては、自宅で患者を看ることが多かったのに対して、現在は病院で過ごすことが多く、医療をめぐる状況も大きく変化している。安楽死は要件を変えながら、今後も問題は続くであろう。尊厳死は、意識がない脳死状態で生命維持装置が取り付けられ、人間らしい尊厳を持って装置を取り外すことが違法性を

阻却するかの問題である。しかし、未だ医療行為として、明確に違法性が阻却されるに至っていない。

　なお、労働争議、すなわち労使の問題で労働者が主張を通すため業務を妨害することが違法性を阻却するかどうか。憲法第28条や刑法第35条により、正当な権利の要求や手段の相当性があれば許容される。

第6節　正当防衛

●── 正当防衛の要件 ──●

　刑法第36条は第１項で「急迫不正の侵害に対して、自己又は他人の権利を防衛するため、やむを得ずにした行為は、罰しない」と規定している。正当防衛の歴史は古く、書かれた法ではなく生まれた法であるとされる。正当防衛は、正対不正の関係である。正当防衛が違法性を阻却されるのは、まず、緊急下においては自己の法益を保全する明白な利益があるからとされる。また、「法は不法に屈せず」という言葉からも分かるように、急迫時に個人の法益を保護するため法が存在することを確証する利益（法確証の利益）があることも理由となっている。

　まず、急迫とは、さし迫った今まさにという意味である。従って過去の侵害に対する正当防衛は許されないし、未来の侵害に対しても原則認められない。不正とは客観的違法を指し、侵害する相手方が責任無能力者であっても正当防衛が可能である。侵害とは、権利に対する実害ないしは実害の危険性をいう。侵害行為に限られるか、侵害状態も含むかは、先に述べたように争いがあり、従来の客観的違法論からすると、動物や自然現象も含まれるので（侵害状態）、それに対しては正当防衛が出来ることになる。

　従って、例えば蚊が血を吸おうと手に止まったところを叩くのは正当防衛となる。それに対して、新しい客観的違法論では侵害の対象を人に限っているので、正当防衛の問題は生じない。緊急避難が成立するにすぎない。

　なお、侵害については、自招の侵害に対して正当防衛は可能であるか、についても考えなければならない。挑発行為と正当防衛とも呼ばれるが、通常は許されない。なぜなら、あらかじめ侵害してくるのが分かっているからである。未来に対する正当防衛と同様である。しかし、過失によって招いた侵害に対しては認める余地はあるであろう。

また、喧嘩の際に正当防衛を主張することは可能か。喧嘩は侵害の応酬であり、どちらも侵害をしたりされたりの繰り返しなので、喧嘩両成敗の考えにより、片方だけに正当防衛を認めることは難しいとされてきた。しかし、急に相手が懐から刃物等の武器を出してきたような状況が一変するような場合には認められる余地がある。

　正当防衛は自分が侵害を受ける以外に他人が侵害を受けていた場合でも可能である。

　次に権利であるが、これは法益のことである。法益には個人的法益の他に、国家的法益・社会的法益もあるが、これらにも正当防衛は可能であろうか。国家的法益の侵害に対しては、個人が防衛するという種類のものではない。同様に社会的法益の侵害についても、個人というより警察等に任せてしまう性質のものであろう。なお、個人への侵害を含む場合は、その限度で正当防衛は可能と考えられる。防衛するとは、侵害者に向けられたものでなくてはならない。関係のない第三者に向けられた場合は次の緊急避難の問題となる。やむを得なかったこととは、防衛行為の必要性と相当性両者を含む。特に相当性の要件は過剰防衛との限界を示すため重要である。

●― 偶然防衛 ―●

　偶然防衛とは、例えば暗闇で相手を殺害しようと拳銃を撃ち殺害したが、実は相手も自分を殺害しようと拳銃を構えていたというものである。これは正当防衛を行う際に、防衛の意思が必要か不要かの問題である。自分は相手を殺害しようとして殺害したのであるから、本来は殺人罪が適用されそうである。しかし、相手も自分を狙っていたことで、正当防衛の状況となっている。

　防衛の意思が必要だとする立場だと、防衛の意思はないので正当防衛は成立しないので殺人罪が成立する。これに対して、防衛の意思は不要だとする立場だと、客観的には自分の身を守った形になるので、正当防衛が成立し無罪となる。違法性をどう捉えるかの問題がこのような場合でも影響を与えるのである。

●― 過剰防衛 ―●

　刑法第36条の第2項では過剰防衛が規定されている。すなわち、「防衛の程度を超えた行為は、情状により、その刑を減軽し、又は免除することができる」。過剰防衛は、急迫不正の侵害がなければ成立しない。そして防衛行為を行ったが、防衛の程度を超

えた場合に成立する。防衛の程度を超えたとは、必要性・相当性の要件を逸脱したことで生じる。これには2つの種類がある。

　まず、質的過剰である。武器対等の原則があり、侵害してきた相手の武器を超えた武器で反撃することがこれにあたる。判例では棒のようなもので打ちかかられたので、とっさに手にした斧で反撃したものがある。次に、量的過剰である。相手がぐったりしているのに、さらに殴り続けるような場合である。過剰防衛は、違法性が阻却されず、過剰となった部分は違法行為として犯罪となる。

　しかし、刑は減軽や場合によっては免除もありうる。それは侵害によって恐怖や興奮等から過剰になった場合が考えられるからである。だが、刑は減軽し又は免除することができるという、任意的減軽であることから必ず減軽されるわけではない。減軽される場合、何を減軽・消滅させるのか争いがある。違法減少説、責任減少・消滅説がある。なお、過剰防衛には、防衛の程度を認識していた故意の過剰防衛と認識していなかった過失の過剰防衛がある。

●── 　誤想防衛　 ──●

　誤想防衛は、これを規定した条文はないが、例えば急迫不正の侵害がないのに、これをあると誤信して防衛行為を行った場合である。これは、誤想防衛が事実の錯誤であるか、違法性の錯誤であるか争いがあるが、多数説は事実の錯誤として故意を阻却し、その錯誤につき過失があれば過失犯が成立すると考える。すなわち、正当防衛の状況ではないので、違法性は失われないが、責任故意が阻却されることになる。これに対し違法性の錯誤とする説は、必ずしも故意を阻却するものではないとする。

●── 　誤想過剰防衛　 ──●

　誤想防衛と過剰防衛が合わさったのが誤想過剰防衛である。急迫不正の侵害がないのに、これをあると誤信し防衛行為を行ったが、防衛の程度を超えた場合である。この場合、誤想防衛の一種なのか、それとも過剰防衛の一種なのか、あるいはどちらにも属さない第三の型なのか問題となる。誤想防衛の一種と考える理由は、急迫不正の侵害を誤信しなければその後の過剰防衛もなかったはずで誤想した点がそもそもの元であるとする。これに対して、過剰防衛の一種と考える理由は、確かに誤想した点はあったとし

ても、防衛行為を過剰に行わなければ誤想過剰防衛にはならなかったはずで、その意味で過剰に行った点を重視すべきとする。第三の型と考える理由は、どちらかに一方に含ませることはできない。従って、第三の型として新しい誤想過剰防衛の形と考えるべきとする。

この問題は、誤想過剰防衛をどう処理するかの問題に他ならない。誤想防衛と考えれば、事実の錯誤として故意は阻却され、過失犯が成立するなら過失犯で処理することになる。また過剰防衛と考えるなら、過剰の部分は犯罪であり、ただ刑の減免があるかどうか考えなければならない。それでは第三の型と考える場合は、どう処理するのであろうか。処理の仕方も新しいものがあるのであろうか。実際処理の仕方で新しいものはないといえる。

すなわち、誤想防衛的に故意が阻却される、ないしは、全体的に過失犯的な性質を持つ場合もあるし、過剰になったことから故意は阻却されず刑の減免を考えることもありうるとして、結局両方の処理がある。判例は、イギリス人の空手家がヘルプミーとの声を聞いたので駆けつけたところ、女性が男性に被さる様子が見えたので、男性の前に立ったところファイティングポーズをとったので回し蹴りをしたら頭部に当たり死亡した事例がある。女性と男性は知り合いで、男性は酔った女性を介抱していたとのことだった。一審は誤想防衛として無罪。二審と最高裁が傷害致死罪として過剰防衛の成立を認めた（最決昭和62・3・26刑集41・2・182）。

第7節　緊急避難

●──　緊急避難の要件　──●

緊急避難は、第37条第1項本文に規定があり、後段は過剰避難が、また同条第2項に業務上特別な義務を有する者の規定がある。緊急違法性阻却である緊急避難は、正当防衛とその点では同じであるが、正対正の関係である。条文は「自己又は他人の生命、身体、自由又は財産に対する現在の危難を避けるため、やむを得ずにした行為は、これによって生じた害が避けようとした害の程度を超えなかった場合に限り、罰しない」となっている。

条文解釈を行う前に、緊急避難の種類を見ていく。緊急避難は2つの形がある。1つは、カルネアデスの板の形である。これは、船が難破して海上を1枚の板につかまって

救助を待っていた人が、向こうから、自分も板につかまらせてくれと近寄って来た人に対して、つかまらせず足蹴にした結果、溺死させた事例をいう。つかまらせなかった理由は、その板は１人分の浮力しかなかったからである。この形は、現在の危難を振りかけてきた人に直接避難行為を行った形になる。

　２つ目は、例えば、自動車を運転中対向車が逆走してきたので、急いでハンドルを切ったところ店に突っ込み商品を壊してしまったような場合である。この場合、全く無関係の第三者に危難を振りかけてしまったことになり、正当防衛にはない形である。言うまでもなく、正当防衛は侵害者に直接防衛行為を行うのであって、無関係の第三者に防衛行為を行うことは許されない。

　まず、自分の危難を避けるのと同様、他人が危難に陥っている時も緊急避難ができる。生命・身体・自由・財産とは、正当防衛でいう権利と同じである。従って、法益を指すが正当防衛と異なり列挙している。これ以外にも名誉や貞操も含まれると解される。現在とは、正当防衛の急迫と同様、今まさにという状態を指す。次に危難とは、権利に対する実害およびその危険性を指す。ここで注意すべきは、危難を振りかけるのは人はもとより当然動物や自然現象も含まれることである。正当防衛では議論があったが、緊急避難は正対正の関係なので、正しい相手方として動物や自然現象も含まれるのである。

　次のやむを得ずにしたとは、正当防衛と異なる点である。すなわち、補充の原則と呼ばれるこの要件は、危難を取り除くための唯一の方法で、他に取るべき手段がなかったことである。

　正当防衛は、そこまで要件は厳しくなく、敢えて防衛行為をしなくてもよい場合であっても正当防衛は可能である。しかし、緊急避難は唯一の方法でなければならない。さらに、その行為より生じた害が避けようとした害の程度を超えなかったことが必要である。これを法益権衡の原則と呼ぶ。価値の大きい法益を救うため、価値の小さい法益を犠牲にする（同価値の場合も含む）ことが厳格に定められている。

緊急避難の本質

　緊急避難は正当防衛と同様にこれを罰せずとしている。それでは、この罰せられない理由は何が阻却されるからであろうか。①違法性阻却説は、緊急避難を規定した刑法第37条１項本文が、他人のために緊急避難を認めていること、さらに法益の権衡を要件としているところから違法性が阻却されるとする。②責任阻却説は、緊急避難は他人の正当な法益を侵害する点で違法であるが、他の適法行為の期待可能性がないと

ころから責任が阻却されるとする。特に、第三者への転嫁型があるところから正当防衛とは異なっていると主張する。③二分説は、原則として違法性阻却事由であるが、法益が同価値の場合は責任阻却となり、守るべき法益の価値の方が高ければ違法性阻却とする説や、衝突する法益間に著しい差がある場合は違法性阻却であるとする説等がある。

● 過剰避難 ●

　過剰避難は第37条後段に「ただし、その程度を超えた行為は、情状により、その刑を減軽し、又は免除することができる」と規定される。過剰防衛と同様、任意的減軽規定となっている。避難行為がその程度を超えたことが要件である。これには、補充の原則を破った場合と、法益の権衡を失した場合が考えられる。例えば、暴力団に拉致された者が隙を見て逃げ出した際、放火をした場合や、トンネル内の車輌運行が困難な状況下、そこまでしなくてもよかったにもかかわらず鉄道の運行を止め職場を放棄した場合が考えられる。

● 誤想避難 ●

　誤想避難は、現在の危難がないのに、これをあると誤信し避難行為を行った場合であるが、誤想には現在の危難に関する誤信と相当な避難行為をするつもりで不相当な避難行為を行った場合の両者があるとされるが、後者は過失の避難行為として、過剰避難の一種と考えられる。誤想防衛と同様、責任故意が阻却され、誤信につき過失あるときには過失犯の成立が考えられる。

● 誤想過剰避難 ●

　誤想過剰避難も同様に、現在の危難がなかったにもかかわらず、あったと誤信し危難行為を行ったが、その程度を超えた場合である。誤想避難の一種なのか、過剰避難の一種なのか、新たな第三の型なのか処理の仕方をめぐって議論されるのは誤想過剰防衛と同様である。そして、誤想避難であれば、事実の錯誤として故意が阻却され、過失が認められるときは過失犯成立。過剰避難であれば過剰な部分の犯罪が成立し、刑の減免の余地が残る。新しい型として考えるにあたっても、処理の仕方はいずれかの方

法によることになる。

　判例は、やくざに仕事を持ちかけられた被告人が店の外で待っていたところ、護身用にはさみを携帯したという事例がある。悪い仕事を押し付けられるのではないかと思った被告人は、実は普通の仕事であった点が誤想であり、はさみの携帯が、取るべき手段は他にもあった点に求められた（大阪簡判昭和60・12・11）。

●── 業務上特別な地位にある者 ──●

　第37条第２項で特別な義務のある者には緊急避難が適用されないとする規定がある。「前項の規定は、業務上特別の義務がある者には、適用しない」。これは、警察官や消防士、医師等の身の危険が仕事として常に発生する特別な義務（法令・契約・慣習を問わない）のある者に対しては、緊急避難を理由として第三者に危害を加えることは許されないとする趣旨である。もちろん、生命の危険がさし迫って来たような場合では、それを受忍する義務はない。例外的に緊急避難を認める余地は存在する。

第5章

責任論

第1節　責任とは何か

● 責任の本質 ●

　犯罪が成立するには、構成要件に該当し、違法かつ有責な行為でなければならない。従って、犯罪成立要件で最後に吟味しなければならないのが、責任があるかないかである。かつて責任はどのように考えられていたかというと、結果責任であり、団体責任であった。

　結果責任とは、責任は客観的な法益侵害のみに認められ、法益の侵害がありさえすれば有責であるとされたのである。そうなると、故意によって法益が侵害された場合と、過失によって法益が侵害された場合とでは何ら変わりがなく、個別に考えるべき責任の原則から外れている。

　また、団体責任とは、例えば縁座・連座のように、犯罪行為者以外にその家族や親類縁者の、あるいは主従関係に立つ者等へ集団的に刑罰を科すことをいう。これも、犯罪行為者個人に刑罰を科す個人責任の原則に反する。このことから、責任は主観的かつ個人的責任が存在しなければならない責任主義の原則が生まれた。

　責任主義は、「責任なければ刑罰なし」の標語によって表される近代刑法の根本原理である。すなわち、故意で行った場合と、過失で行った場合とでは責任の重さが異なること。犯罪を行った者のみ刑罰が科されることである。責任が故意・過失といった主観的要素によって基礎づけられることから、当初は行為に対する行為者の心理的関係、あるいは心的鏡像とされた。これを心理的責任論と呼ぶ。

　しかしながら、例えば、故意で行ったとしても、客観的に犯罪をせざるを得ない状況下で行われた場合に責任を認めるのはふさわしくない。故意犯の場合は、単に故意があっただけではなく、法的な評価として（過失も同様）意思の義務違反性が必要ではないか

との指摘があった。この考え方を規範的責任論という。

　従って、規範的責任論は意思の義務違反性に対し責任が認められ、それに対し非難が可能であるとする。現在、この非難可能性が責任の本質である。つまり当該犯罪行為に対して、その行為者に非難を浴びせることである。非難が可能であれば有責となり、非難が不可能であれば責任が阻却される。以上のことから、責任論は非常に個人的・パーソナルな問題を扱う。そして、責任論で扱う要素としては、故意・過失、責任能力、期待可能性がある。

●── 道義的責任論と自由意思 ──●

　規範的責任論から端を発した非難可能性を中心に論じるのが、道義的責任論である。責任の本質は、犯罪行為に対する道義的な非難、すなわち、行為における悪しき意思に道義的な非難を認めようとする立場である。このように考えると、意思の自由がその根底にあることが分かる。すなわち、我々はどのような行為を行うか意思は自由である。通常は犯罪行為を選ばないが、犯罪行為者は犯罪を行うことを選択し行動に出る。従って、犯罪を行うか行わないかは自由選択の上に成り立っているので敢えて犯罪行為を選んだ点に非難が可能なのである。このことから、道義的責任論は、自由に意思決定できる者のみが非難を浴びせられる対象となる。現在の通説である。

●── 社会的責任論と人格的責任論 ──●

　これに対して、犯罪は、行為者の素質と環境に原因があることを前提に、行為者に対し自由な意思決定を根底とする道義的非難を浴びせられないと考えるのが社会的責任論である。これは、素質と環境から犯罪を行う行為者の社会的に危険な性格に責任を求める。危険な性格を持つ行為者から社会を防衛する観点から刑罰も考えられ、責任とは、社会防衛の手段として刑罰を科す地位・パスポートであるとする。従って、社会的責任論によると自由意思の問題は関係ないことになる。現在は、自由意思を根底に置くのか否かの問題はそれほど対立しないが、責任の本質を考える上で非常に重要な問題である。

　一方、道義的責任論と社会的責任論の折衷的な考え方として、人格的責任論がある。これは、第一次的には、行為責任つまり悪しき意思に対する責任であり、行為者の主体的現実化としての行為に着目するが、素質と環境に制限を受けつつも行為者の主体的

努力によって形成された人格があるので、人格形成における人格態度に非難することができる。従って、第二次的に人格形成責任が認められる、とする。道義的非難や素質・環境を考えながらも、非難の対象が人格形成である点で新しい考え方である。

第2節　責任能力

●─　責任能力とは何か　─●

　責任を問う前提条件となるのが、責任能力である。責任能力とは、非難を浴びせるために必要な犯罪行為者の能力である。刑罰を問う際、責任能力の存在が必須である。刑法では責任能力を第39条・第41条（第40条は平成7年削除）で規定している。それでは、責任能力を先の道義的責任論と社会的責任論はどう位置づけるか。

　まず、道義的責任論は自由な意思決定能力・犯罪能力とみる。道義的責任論は意思の自由が前提であるから、当然ながら責任の前提能力は、自由な意思決定が出来るかどうかが重要である。それに伴って、善悪を理解しそれに従って行動する能力でもある。ここから、有責行為能力、すなわち、行為と責任の同時存在の原則が生じる。

　それに対して、社会的責任論は、受刑能力・刑罰適応能力であるとする。これは、責任が危険な者から社会を防衛する際の刑罰を科す地位であることから、刑罰を受ける能力、刑罰を科すにふさわしい能力を持ち合わせているかに係る。そうなると責任は、刑罰の執行時にあればよいことになる。

　具体的に責任能力とは、次の2つを指す。それが、①弁別能力と②制御能力である。弁別能力とは知的判断能力であり、制御能力は自己をコントロールする能力である。

●─　心神喪失と心神耗弱　─●

　先に述べたように、刑法は責任能力に関するものとして、第39条第1項で「心神喪失者の行為は、罰しない。」、第2項で「心神耗弱者の行為は、その刑を減軽する。」、また第41条は「14歳に満たない者の行為は、罰しない。」との規定があるのみである。責任能力の定義はどこにもないので、解釈で責任能力とは何かを考えるしかない。

　条文にあるように責任能力の状態に応じて心神喪失と心神耗弱がある。心神喪失とは、自己の行為の是非を弁別し、この弁別に従って行動する能力が全くない状態をいい、

心神耗弱はそれが著しく減退している状態を指す。なお、一般的には責任無能力・限定責任能力の語も使われる。責任無能力は心神喪失を、また限定責任能力は心神耗弱を意味する。

　事の是非善悪が理解できたか、それに従って行動できたかどうかは、精神鑑定を行うことによって明らかになる。精神鑑定は、裁判において責任能力を争う場面で証拠の1つとして重要な判断材料となる。精神鑑定には3つの方法がある。①生物学的方法、②心理学的方法、③両者を併用する方法である。生物学的方法とは、行為者の精神状態が、精神医学の上で正常か異常かアプローチするものである。また、心理学的方法は、行為者が行為時に是非善悪がついたのか、行為を制御する能力を有していたのかどうかの観点でアプローチを図る。さらに、併用型は両者を混合して行うものである。

　なお、心神耗弱は、継続的な精神状態の異常であろうが、行為時の一時的な異常であろうが問わない。また異常があった場合に即心神耗弱になるわけではなく、弁別能力と制御能力が結果として著しく低下しているという場合である。

　重要なのは、精神鑑定の裁判での扱いである。重要な判断材料であることは間違いないが、裁判官は、精神鑑定の結果を基に総合的な（法的な）判断をして、責任能力の有無を決定するのである。従って、時として精神鑑定の結果と異なった判決が下されることがあるが、それは当然のことである。

　他方、責任無能力者として、14歳未満の者の行為がある。14歳未満で法に触れる行為が行われても、それは犯罪ではなく処罰されない。その理由は、肉体的・精神的に未熟であるからである。個人的に差が出る年齢であるが、どこかで線を引かないと低年齢で処罰可能となり、14歳が妥当とされた（絶対的責任年齢・なお、これには変遷がある）。一方、少年法では14歳未満は触法少年として処遇の対象となる。また、精神障害による責任無能力者の処遇は、「精神保健法」による強制措置入院制度がある。この点、「心神喪失等の状態で重大な他害行為をおこなった者の医療及び観察等に関する法律」が制定され（平成15年）、適切な医療を施し、再発の防止を図り、社会復帰を促進する基幹となっている。

　なお、改正刑法草案における保安処分として、治療処分と禁絶処分が考えられていたが、人権や福祉の観点から問題も多く実現には至っていない。

　最後に、削除された40条に触れる。これは瘖唖者が規定されていた。つまり、聴覚と言語に障害のある者が犯罪を行っても刑が減軽されるというものであった。しかし、責任能力が劣るとする理由はなく、特別に扱わないこととなった。

第3節　故意・過失

●── 故意とは何か ──●

　犯罪が成立するには、主観的要素として故意がなければならない（第38条1項の文言は、罪を犯す意思）。故意とは、構成要件的事実を認識することである。構成要件的事実とは、主体・客体・簡単な因果関係（結果犯の場合、当該行為を行えば、おそらくこのような結果が生じるであろう）が含まれるとされる。なお、意味の認識も必要とされる。これは、専門家ほどではなく、一般人が理解する程度の社会的意味を知っていること、いわゆる規範的な意味を知っていることを指す。従って、事実的側面と規範的側面の両方を含む概念が構成要件的事実である。

　それでは、故意の要素にはどのようなものがあるか。故意について、学説が分かれる。先に述べた、構成要件的事実の認識のみで足りるとするのが、表象説（認識説）である。判例の立場もこの考え方である。表象説で言う故意は、構成要件の内容たる事情の表象（知覚的・具象的）ないしは認識（物事を見わけ、本質を理解し正しく判断すること）を意味する。他方、故意は構成要件的事実を認識することと、さらに、それを実現しようとする意思であるとするのが、意思説である。

　かつては、この両説が対立していたが、表象説だと故意の成立範囲が広すぎるし、意思説だと逆に狭くなりやすい。なぜなら、表象説だと、認識ある過失も、本来過失であるにもかかわらず故意犯とされる恐れがある。また、意欲されなかったことは故意から除外される意思説では、目的を実現する際に付随的に発生した結果は、意欲したものではないため、故意犯から外れてしまう。

　以上のことから、現在の通説は認容説である。認容説は、故意とは、構成要件的事実を認識し、その犯罪の実現を認容することとされる。認容とは結果実現を認めて受け入れるというような意味合いであるため、全く実現に関する意思を考慮しない表象説と、はっきり実現を意識する意思説とのちょうど中間的な考え方である。他には、犯罪事実の実現される蓋然性が相当高く表象した場合に故意を認める、蓋然性説もある。

　故意には種類がある。まず、大別すると確定的故意と不確定的故意に分かれる。確定的故意は客体が確定している場合（AならAと決まっている場合）であり、不確定的故意は特に定まっていない場合である。不確定的故意はさらに、概括的故意と択一的

故意および未必の故意に分かれる。概括的故意は、例えば、殺意を持って群衆に爆弾を投げ入れるように、不特定多数を認識して実現を図る場合である。一方、択一的故意は、群衆とまで不特定多数でない、複数名の中で誰でもいいような場合である。もっとも、この両者の区別は故意の認定に特段違いは生じないので、実効性はない。

　他方、不確定的故意とされる未必の故意は、特に認識ある過失（過失犯）との区別において、重要な概念である。これは、例えば自動車を運転中、前方にいる歩行者と接触して傷つけるかもしれないが、もしそうなったら、そうなったで構わないといった心理状態を言う。つまり、犯罪事実の表象は、故意犯なので当然あるが、傷つけようとの確定的な意図は持っていないため、客体に対する不確定さではなく、認識の不確定である。

　故意について、重要な最高裁判例としては、報復・侮辱の目的で、婦女を裸にして写真撮影をした場合、強制わいせつの故意がない（強要罪・侮辱罪）と判決されたものが、最近判例変更された。すなわち、知人から金を借りる条件として、女児の体を触っている様子を携帯電話で撮影したことに対して、客観的にわいせつ行為が行われ、被告人がそれを認識していれば同罪が成立するとされた（最判平成29・11・29刑集71・9・467）。これに対しては、客観的に触ることでわいせつ罪が成立するのであれば、医療行為やマッサージ行為も罪が問われることになりかねないとの批判もある。

●━━　過失とは何か　━━●

　過失とは、構成要件的事実を認識し、かつ認識すべきであったのにこれを認識しなかったことである。過失犯は全ての犯罪が処罰されるのではなく、規定されている重大な犯罪のみ処罰される（第38条但書、法律に特別の規定がある場合）。過失犯はいわゆる不注意で犯罪的結果を生じさせたことを意味するが、この不注意とは、法的に言うと注意義務に違反したことを指す。注意義務違反には、法令によるものと慣習・条理によるものとがある。法令によるものは、例えば道交法で自動車の運転は注意義務が多く含まれる。従って、果たすべき注意義務を怠った場合、自動車運転過失致死傷罪に問われることが多い。慣習・条理の場合は、法律には規定されていないが、人として、その状況下では果たすべく注意義務は生じているであろうことを指す。

　注意義務の具体的内容について、次のように考えられている。それが、結果予見義務と結果回避義務である。結果予見義務は、具体的な結果を予見すべき義務であり、結果回避義務は、具体的に結果が発生するのを回避すべき義務である（必要・適切な

回避行動をとらなかった点に義務違反が求められる）。このうち結果予見義務を重視する立場を旧過失論と呼び、結果回避義務を重視する立場を新過失論と呼ぶ。どちらを重視するかで争いがある。しかし、予見をしなければ回避も問題にならないであろうことから、回避義務の前提として予見義務があることになる。また、両方の義務違反がなければ過失犯は問えない。

　他にも結果回避義務を重視し、さらに結果発生の危惧感が予見可能性としてあれば足りるとする危惧感説も主張されている。注意義務違反があるかどうかの判断基準として、①一般人の注意能力を基準とする説、②当該行為者の注意能力を基準とする説、③ケースバイケースで基準が変わるとする説、の３つがある。③は当該行為者の方が一般人より注意能力が高ければ、一般人の注意能力で、逆の場合は、行為者の注意能力を基準に考えようとするもので、低い方の注意能力を基準とする。

　なお、過失犯に関しては、信頼の原則と許された危険の法理がある。信頼の原則とは、例えば、交通事故において、原則として他の関与者も交通規則を遵守して運転しているだろうことが信頼でき、交通違反の行動に出ることを予見するまでの義務はない、というものである。許された危険の法理とは、高度に発達した交通においては、必要な注意義務を守る限り、たとえ結果が発生しても過失犯は免れるとする考え方である。

　過失犯の種類としては、通常の過失の他、業務上過失と重過失がある。業務上過失は、一定の業務に従事する者に対し、その業務に必要な注意義務に違反した場合である。なお、これまで自動車の運転事故は、刑法の業務上過失の規定を用いていたが、現在は「自動車運転死傷行為処罰法」により、危険運転を含め特別法で対処している。

　また、監督過失とは、直接義務違反を行った行為者と、その者を監督すべき立場の者もその過失を防ぐべく義務違反を犯したとされ、両者に過失が認められるものである。さらに、例えば、建物の管理者としての管理者責任が問われる場合もある。

　故意のところで、過失に近い未必の故意を述べたが、過失でも故意に近い類型として、認識ある過失がある。従って、未必の故意と認識ある過失の分かれ目が、故意と過失を分ける分水嶺である。認識ある過失とは、例えば、自動車を運転中、前方に歩行者がいることは認識していたが、運転は上手いので轢くことはないと思いつつ、案の定轢いてしまったような場合である。

　歩行者がいることを予見できなかったのが通常の過失であるのに対して、歩行者は認識しているだけに、元来の過失とは異なる。しかし、轢くことは意図していないので故意とも違う。犯罪事実の表象はあるが、その実現についての認容を欠く、認識ある過失はまさに故意に近い性質を持っている。なお、未必の故意と認識ある過失を分ける学説

は、認容説や蓋然性説からそれぞれ主張されている。

　最後に、故意・過失の体系的地位について言及する。従来の立場では、本書のように責任の要素のみとするものであった。しかし、主観的違法論や新しい客観的違法論の登場により、その体系的地位も変化してきている。すなわち、主観的違法要素あるいは、構成要件要素としての故意・過失である。従来の責任の要素のみとすると、例えば、相手にけがを負わせた場合、構成要件と違法性の段階では、それが故意で引き起こされたのか、過失で発生したのか、区別がつかない。責任で初めてどちらかに分かれるのである。しかし、これだと非効率的であり、最初から故意か過失か分かれていた方が合理的であるとの主張がなされた。

　従って、現在では責任の要素と考える立場も、単に故意と過失を分ける意味だけの構成要件的故意と構成要件的過失を認める立場が増えている。しかし、それに止まらず、積極的に故意・過失は違法性の要素だと考え、主観的違法性要素を認める立場は、故意と過失では違法性の程度に差があるとし、違法性で既に区別すべきとする。また違法性の要素であれば、違法類型である構成要件の要素でもあるとして、従来の故意・過失の説明を構成要件で論じる立場も少なくない。先に述べたように、違法性とは何かについての立場の違いが、故意・過失の体系的地位までも変化を生じさせるのである。

第4節　違法性の意識

● 違法性の意識とは ●

　前節で述べた故意に関連して、違法性の意識がある。例えば、白い粉を禁止されている薬物とは知らないで国内に持ち込もうとするような場合である。違法性の意識は、故意犯が成立するのに犯罪事実の認識の他に違法性の意識、すなわち違法なことを行っているという意識も必要かどうか重要とされる。従って、必要か不要かの問題と、必要だとすれば故意との関係が問題になる。

　必要か不要かについて、学説は以下のように分かれる。まず、違法性の意識必要説として故意説と責任説ある。それと違法性の意識不要説がある。故意説は、故意の成立には違法性の意識、ないしはその可能性（分かっていたのではないかという可能性）があることが必要であるとする。故意説は、行為者が犯罪事実を認識しても、その違法性も認識していなかったら責任非難が浴びせられないのではないか、と主張する。なぜ

なら、違法性の意識があれば、それだけ決意したことに対する非難（違法行為に出た反対動機に対する非難）がより強まるからである。この考え方は、故意の要素として、違法性の意識も含む。そして、故意が過失より強い非難を浴びるのは、違法性の意識が影響を及ぼしているからであるとする。もし事実の認識があっても、違法性の意識がなかったならば、故意犯は成立しないことになる。故意の成立に違法性の意識を必要とする立場を厳格故意説、故意の成立に違法性の意識の可能性があればよいとする立場を制限故意説と呼ぶ。

　それに対して、故意は構成要件的事実の認識であるとし、違法性の意識あるいはその可能性は故意とは別の責任の要素であるとする、責任説がある。これは、事実を認識して行為を行えば、それだけで構成要件的故意はあるが、責任の有無は違法性の意識で考えるとする。故意説と違って故意と違法性の意識は明確に分けられる。違法性の意識が必要とする立場を厳格責任説、違法性の意識の可能性があればよいとする立場を制限責任説という。違法性の意識不要説は、責任故意の要件として、違法性の意識は必要でないとする。なぜなら、法律の適用を受ける者が規範の意味を知っていることは、必ずしも必要ではないことが理由である（判例の立場）。

　さらに、一律に不要とするのではなく、自然犯については違法性の意識は不要だが、法定犯・行政犯には違法性の意識は必要であるとする、自然犯・法定犯区別説もある。人として善悪が理解される自然犯には違法性の意識は必要ないが、法定犯・行政犯は作られた法なので敢えて違法性の意識を必要とする考えである。先の薬物の事例も、各種取締法により違法性の意識が要件とされることになる。

第5節　原因において自由な行為

●─　原因において自由な行為とは　─●

　先に述べたように、行為と責任は同時に存在しなければならないのが、責任主義の要請でもある。しかし、例えば、酩酊する病癖があることを知っていながら飲酒し、殴りたい相手を殴ったように、計画自体は飲酒前になされており、それから飲酒し（原因設定行為）、単に酒の力を借りて殴る（実行行為）ような場合、行為と責任の同時存在の原則を維持しなければならないか。

　原因において自由な行為は、このような場合も、処罰を可能とする考え方である。

もちろん、責任主義は重く、同時存在の原則も維持されるべきであるから、原因において自由な行為が、いかなる理由で認められるのかがポイントである。定義としては、自らを責任無能力ないしは限定責任能力の状態に陥れ、その状態で犯罪を実現することである。原因となる行為が故意による（従って、実行行為も故意で行われる）原因において自由な行為と原因行為が過失による原因において自由な行為が考えうるが、過失による場合が多いであろう。なぜなら、故意で飲酒しても、途中で寝てしまうとか失敗するケースが多いと思われるからである。なお、犯罪行為は殴る等の他、例えば飲酒により熟睡して遮断機を下さなかったことにより列車事故を起こしたような不作為犯でも生じる。

　それでは、行為と責任の同時存在の原則と、どう整合性をとるのか。ひとつの考え方は、自ら責任能力を欠いた自分をあたかも道具として利用する形なので、他人を道具として利用する間接正犯と似ていることから、間接正犯類似説がある。この考え方だと、飲酒をするといった原因行為自体に実行行為性が与えられるので、同時存在の原則は維持されるとする。

　次に、自由な意思決定に基づく原因行為があり、この意思決定の実現としての結果行為が行われたという意思の連続性に着目して考える説がある。さらに、原因設定行為と実行行為に強い関連性がある場合、つまり、原因設定行為が実行行為を支配しうる関係がある場合は処罰されるとする説もある。後者の2つの説は、原因設定行為と実行行為を分けて、両者を意思の連続性や支配可能性ということで密接な関係に置くことで解決を図ろうとしている。

●── 原因において自由な行為と限定責任能力 ──●

　原因において自由な行為の範囲として、自己を責任無能力にする場合もあるが、限定責任能力により実行される場合も考えなくてはならない。例えば、責任無能力で実行するところが、そうならず、限定責任能力の状態で実行したような場合もあるからである。そうすると、責任無能力の状態で実行して責任が認められた場合と比較して、かえって限定責任能力で実行した場合の方が刑の減軽を受け刑罰の適用の観点からは、不合理である。従って、限定責任能力で実行された場合も、刑罰の減軽は必要的減軽ではあるが否定されるべきであるとする考え方もある。しかし、通説は刑の減軽を認めている。限定責任能力の状態も非難の対象とすべきだからである。

第6節　期待可能性の理論

●── 期待可能性の理論とは何か ──●

　期待可能性の理論とは、例えば、上司の命令や背中に拳銃を突きつけられて、犯罪を行わざるを得なかったような場合、あるいは、過剰防衛・過剰避難で過剰に行った部分につき期待可能性がなかったと考えられれば、刑の減免の根拠となるような場合である。

　すなわち、具体的状況下で、当該行為者が適法な行為を行うことがおよそ期待できない場合、行為者を非難することは出来ないであろう。従って、責任が阻却される。正確には、適法行為（他行為）の期待可能性の不存在である。適法行為が期待できない以上、責任を認めるわけにはいかない。期待可能性がないことが責任阻却の要件である。このため、期待可能性の理論も責任の要素である。

　きっかけとなったのが、ドイツの暴れ馬事件である。これは、ある馬が乗合馬車の会社にやってきたが、暴れる馬で手綱引きは全員使用することを反対した。しかし、親方は一頭でも働く馬が欲しかったせいで、手綱引きに対し、反対するなら会社を辞めてもいいと忠告し、全員従わざるを得なかった。しかし、案の定馬は暴れて、歩行者にけがを負わせたという事件である。わが国でも第五柏島丸事件（解雇をちらつかされ、嵐の中を無理して運航し、多数の死傷者を出した）があり、同様の問題が発生した。

　実際に責任を問われるのは、手綱引きであり、船長である。しかし、上司の命令に従っただけのこれらの者に非難を浴びせられるか疑問である。運転しないという選択肢は、上司の命令によりなくなるのである。判例も、職を失ってまで、雇主の命令に背く期待可能性はないとして、責任を阻却した。この上司の命令を理由に無罪を主張することは、現在の裁判でも時より見受けられる（例えば、オウム真理教による地下鉄サリン事件での一部の実行犯の主張）。

　しかし、期待可能性の理論は、せざるを得なかった行為が唯一絶対の場合のみ認められる理論であるから、実際上責任が阻却されることはそう多くない。期待可能性の理論は、責任の本質を非難可能性とする、規範的責任論・道義的責任論に基づく考え方である。その体系的位置づけは、学説が分かれる。①期待可能性を責任能力、故意・過失と同列に扱い、責任要素とする説、②故意・過失に含めて考える説、③期待可能

性の不存在を責任阻却事由とする説、である。個別的に考えなければならないゆえ、構成要件や違法性の要素と考える説は皆無であり、いずれの考えに立っても期待可能性を欠けば責任が阻却される。

　最後に、適法行為を誰が最も期待しているのか、期待可能性は誰を標準に考えるべきか見ていく。これには行為者標準説、平均人標準説、国家標準説の3つがある。まず、行為者標準説は、具体的状況下で当該行為者を基準として、適法行為の可能性の有無を判断する。従って、一般人が適法行為を期待できたとしても、当該行為者に期待できない場合は責任が阻却されるとする。次の平均人標準説は、当該行為者の状況下で、もし一般人であれば果たして適法行為が期待できたかどうか考える説である。国家標準説は、適法行為を一番期待しているのは、行為者ではなく一般人でもなく国家であるとの認識から、国家を判断の主体に据える考え方である。いずれの説が妥当であろうか。行為者標準説は、確かに個別的に当否を考える責任論において、当該行為者の立場に立って考えるべきとする点で妥当であるが、行為者への期待はそれぞれであり、統一性に欠けるきらいがある。国家標準説は、期待の主体として国家は観念上可能であるように思えるが、具体的な主体性が欠如した存在である国家を基準とすることはできない。結局、誰かの基準によらざるを得ないからである。そこで、平均人標準説は、一般的な者を対象とすることで、個々に陥ることなく判断が可能であり妥当とされる。通説は平均人標準説である。なお、平均人とは、年齢・職業等によって一定のグループ分けをすべきとする考え方もある。

第6章

未遂論

●━━ 未遂犯とは ━●

　刑法において、未遂犯に関する規定は、第43条の前段で「犯罪の実行に着手してこれを遂げなかった者は、その刑を減軽することができる」となっている。従って、実行に着手して、これを遂げなかったものが未遂犯である。未遂犯は、結果が出ていないにもかかわらず、処罰しようとする場合である。従って、未遂犯は全ての犯罪で処罰されるわけではなく、重い犯罪でのみ処罰される（第44条）。

　未遂犯を処罰しようとする思想自体は、すでに中世のイタリア・カロリーナ刑事法典や17世紀のフランスやドイツの刑法典に見られる。未遂犯は、実行に着手した時点で予備・陰謀と区別され、また結果が出る前の段階で既遂犯と区別される。予備とは、当該犯罪の準備を行う準備段階で、例えば、殺人罪における凶器準備のような場合である。また陰謀とは、2人以上の者が集まって謀議する計画段階である。

　陰謀罪については、特に平成29年6月にテロ等準備罪といった、国際的組織犯罪集団の陰謀行為を罰する目的の改正組織犯罪処罰法が成立した。しかし、その成立には実行行為に至らない段階の処罰の拡大の是非が大いに議論された経緯がある。準備や計画行為は、従って犯罪の実行行為以前の問題あり、処罰を必要とする犯罪は刑法上内乱罪や外患罪といった国家的法益を侵害する罪が多く、他の法益侵害行為についても準備段階の処罰は放火や殺人等重い犯罪に限られている。なお、第3節で述べる中止未遂と区別する意味で、通常の未遂は障害未遂（何らかの外部的要因によって結果が不発生）と呼ばれる。さらに、第4節で述べる不能未遂との区別で、不可罰的未遂と可罰的未遂の分け方もある。

　未遂犯には着手未遂と実行未遂の概念がある。着手未遂とは、例えば、弾を撃った

ら逸れて当たらなかったように、実行行為が終了しなかった場合である。また、実行未遂とは、実行行為は終了したが結果が出なかった場合をいう。例えば、撃った弾は命中したが、相手は死亡するに至らなかったような場合である。ただし、いずれも死亡の結果が出ていない点で同じであり、両者の違いは大きな問題とならないとする考え方もあるが、実行行為の個数を把握する上でも無視できない。

未遂犯の処罰根拠

それでは、未遂犯が限定的であるにせよ、処罰される理由は何なのであろうか。考え方によっては、結果が出ていないのであるから（特に着手未遂の場合）処罰の必要はないのではないか、との疑問が出てくる。この点につき、近代学派の主張による主観的未遂論と古典学派による客観的未遂論に分かれる。

主観的未遂論は、行為者の意思ないしは性格の危険性から考えると、何ら既遂犯と違いはないからとする。犯罪を行おうとする悪しき意思やそもそも危険な性格のみ着目すれば、結果が出ようが、出ていまいが変わりはないというのである。この考え方からすると、既遂犯と未遂犯は、同じに処罰しなければならないことになる。

これに対して、客観的未遂論は、まず行為無価値論からの考えで、当該行為が犯罪実現の現実的危険性があるから処罰すべきとするものがある。次に結果無価値論からは、結果発生の客観的危険性が生じているから、とするものの2つの種類がある。前者は、未遂犯の処罰は例外的なものであり、重い法益侵害行為のみ処罰すべき（行為の危険）とする考え方に至り、後者は、結果発生の危険性（結果の危険）がなければ処罰されることはないとの考えに至る。

どちらの考え方も、「行為が危険」か「結果が危険」かのアプローチの違いはあるものの、客観的な判断で未遂行為の可罰性を考えていることに違いはないので、処罰される場合と処罰されない場合があるとの結論となる。わが国の刑法の条文は、主観的未遂論と客観的未遂論との混合であるとされている。未遂犯の処罰については、客観的未遂論の考えを基に例外であること（第44条）、また刑罰については、主観的未遂論の考え方から任意的減軽（つまり、既遂犯と同様に重く処罰することも可能）となっている。

なお、未遂犯が問題となるものがある。最初に過失犯である。過失犯に未遂が観念上存在するのかという問題である。注意義務を怠った行為を始めた時点で実行の着手があり、結果が発生しなかった場合を考えると、理論上は存在することになるが、故意

犯より軽い過失犯の未遂を処罰する現実的意味もなく、処罰規定もないことから、実際上問題とならない。

　次に、真正不作為犯の未遂である（不真正不作為犯は結果犯なので問題とならない）。これには、挙動犯であるがゆえ、作為義務が発生しそれを怠った時点で即既遂犯となるので、未遂の観念はないとする説と、作為義務の発生が即不作為行為終了ではなく、義務の発生と不作為行為終了との間に時間的差が生じるものもあり、未遂の観念は入れられるとする説、の2つがある。

　さらに、結果的加重犯と未遂については、重い結果について故意を持って基本となる犯罪を行ったが、その付随的行為に重い結果が生じなかった場合、未遂犯が認められ得るとする考え方もあるが、故意ある結果的加重犯を否定する考え方が多い。

第2節　実行の着手

●━　実行の着手とは何か　━●

　結果犯の場合、犯罪の結果が出た時点で既遂となり、犯罪は終了する。犯罪者も、日常は犯罪に触れない行為を行っていて、どの時点からか犯罪に触れる行為を行ってしまう。それでは一体、犯罪の始まる時点はどこであるか。実行の着手の問題である。この実行の着手を含めて、犯罪が終了しなかった場合を考えるのが、未遂犯・未遂論である。従って、犯罪の完成に至らなかった未遂犯の場合、どの時点で犯罪がスタートしたのか確定しないと、未遂犯自体が確定しない。そして、先に述べた予備・陰謀と直接区別される。その意味で、犯罪のスタートはどこか、実行の着手の問題は非常に重要である。ここでは、全ての犯罪に共通する刑法総論の実行の着手を扱い、各犯罪における実行の着手は、刑法各論の問題である。

●━　実行の着手の学説　━●

　実行の着手の学説は、多義にわたるが、未遂の処罰根拠と密接に関連している。①主観的未遂論に対応しているのが、主観説である。主観説は、行為者の意思を基準し、例えば、犯意が飛躍的に表動したとき（飛躍的表動説）とか、犯意の成立がその遂行行為によって確定的に認められるときに行為者の意思の危険性があるとする。犯罪要件

の主観と客観のうち、主観だけでは成立せず（それだと、単に心の中で思っただけで処罰されてしまう）、それが外部的にはっきりした形で表れた時点で実行の着手を認めるのである。

　②客観的未遂論を基本とするのが、形式的客観説である。これは、犯罪各本条の構成要件に該当する行為の少なくとも一部の行為を行った時点、あるいは、密接な行為を行った時点、また、それ自体構成要件的特徴を表していなくても、全体として構成要件の定型性がある行為を行った時点とする。構成要件という形を重視し、その一部や型にはまった行為を開始した時と考える。

　次に同じ客観的未遂論からの学説として、実質的客観説がある。これには、ⅰ実質的行為説とⅱ結果説に分かれる。実質的行為説は、先の行為無価値論から出発し行為の危険を重視した考え方である。すなわち、構成要件の実現に際し、現実的危険性のある行為を行ったときに実行の着手があるとする。結果説は、結果無価値論を基礎に法益の侵害の危険性が一定程度に達したときに実行の着手があるとする。いずれも危険な行為や法益侵害性を客観的に判断する。

　さらに、③客観説を基礎として、主観説も採り入れた折衷説（主観的客観説・個別化説）もある。折衷説は行為者の全体的企図・行為者の計画全体から考えて、法益侵害の危険性が切迫したときに実行の着手を認めようとする。この考え方だと、当該行為を計画、つまり行為者の意図から危険と判断するのと、法益侵害から危険性ありと判断する、両方の判断が必要となってくる。

　主観説は実行の着手を比較的早期に認めがちであるのに対して、客観説の各説は主観説より遅い段階での認定となる。しかし、そもそも主観説のいう飛躍的表動時点や犯意が確定的とする時点は不明確であるし、形式的客観説の構成要件を基軸とした考え方であっても、構成要件の一部が何か明確ではない。実質客観説も危険性の概念が不明瞭である。また折衷説に対しても、危険性の切迫時期がはっきりしないなど、いずれも不明確さ等について批判がある。

　判例は離隔犯（実行の着手行為と結果発生が時間的・場所的に離れている犯罪）の場合は、例えば、毒物を郵送して殺害しようとした場合、相手方に届いた時点に着手があるとしたもの。窃盗の目的で、住居に侵入した事例では、金品を物色しようとタンスに近づこうとした時点に、一方、土蔵に侵入しようとした事例では、土蔵自体に侵入しようとした時点に実行の着手を認める。また、電車内のスリの事例は、相手の上着ポケットを外側から触れる行為を行った時とする。放火については、ガソリンをまいた時点の他、媒介物に着火した時点も実行の着手とする。

実行の着手が問題となるものを見ていく。まず、間接正犯・原因において自由な行為の実行の着手はいつか。間接正犯は、利用者が被利用者を利用する時点で認めるものと、被利用者が犯罪行為を開始した時とするものの2つが着手時期として考えられる。同様に、原因において自由な行為も原因を設定する行為とするものと、心神喪失状態で行為を開始した時点とするものの2つである。双方とも2つの行為が存在するゆえ（その意味で、離隔犯も同じ）、どちらの行為を重視するかで、着手時期が大別される。

利用行為や原因設定行為に求める場合、もし実行行為を行う前に、例えば、被利用者が毒入り注射器を落として割ったときや自ら飲酒で寝てしまったようなとき、未遂犯成立となることから、実行の着手が早すぎるとの指摘もある。実行行為時とする場合でも、特に原因において自由な行為の場合は、責任主義の原則に反することから、これを実行の着手時期とすることに対し批判がある。

そこで、法益侵害の危険性ある行為を行った時点として、総合的に危険性を考え、利用行為・原因設定行為の場合もあるし、実行行為のときもあると考える説もある。

また、不作為犯における作為義務と実行の着手も問題がある。真正不作為犯は、作為がないと危険が回避でないと考えられる時点である。不真正不作為犯の場合は、作為義務と実行の着手の関係が不明確であるが、行為者が危険性を認識した時点や作為がないと危険が回避できない時点の両者が考えられる。

第3節　中止犯

●─　中止犯とは何か　─●

中止犯は第43条但書に規定されている。すなわち「自己の意思により犯罪を中止したときは、その刑を減軽し、又は免除する」。犯罪の実行に着手したが、自己の意思で犯罪結果が出ることを食い止めた場合が中止未遂・中止犯である。従って、成立要件としては、実行の着手・自己の意思・中止行為・結果の不発生が必要である。従って、障害未遂との違いは、自己の意思と中止行為である。

そして、障害未遂が任意的減軽であったのに対して、中止未遂は必要的減軽である。この点に関して、中止未遂はなにゆえ、必要的減軽なのかという、いわゆる中止未遂の法的性格の問題がある。学説は大別して2つある。①政策説と②法律説である。政策

説は、中止犯が寛大な処分を約束されているのは、犯罪を防止するという刑事政策の観点からであるとする。

　すなわち、i 引き返すための黄金の橋を架ける、あるいは改心することで特別に恩恵を与えるとする一般予防政策説。ii 中止することによって、もはや行為者に、犯罪者としての危険性が減少もしくは消滅するからであるとする特別予防政策説がある。i は当該行為者に向けた政策説であり、ii は我々国民に向けた政策を説く考え方である。これに対して、法律説は政策で寛大にしているのではなく、理論的な理由から必要的減免になっているとする。これも内部で分かれる。

　iii 違法性減少・消滅説は、中止未遂は、故意を放棄し自己の意思により犯罪行為を中止したものであるから減少・消滅する（故意を主観的違法要素とする立場）、あるいは結果発生の現実的危険性が減少ないし消滅するとする。iv 責任減少・消滅説は、事後的に規範意識が作用することによって犯罪遂行の決意を撤回することは、その時点で非難可能性が減少する、あるいは、自己の意思という任意的な問題は、責任論の問題であるから、また中止する・しないは一身専属的な問題である、とする。つまり、法律説は犯罪成立要件のうち、どの部分が減少・消滅するかを説明するものである。

　しかし、それぞれに批判もなされる。例えば、一般予防政策説に対しては、当該行為者は黄金の橋が架かっていることを必ずしも知っているとは限らない。刑罰の恩恵は裁判時のことであり、行為時には無関係といったものがある。一方、法律説に対しても、刑の減免は犯罪成立要件の違法性の有無と関係なく、単に処罰の問題である。責任が減少するのであれば、それは未遂も当然、既遂の場合も減少させることが可能であり、その意味で同じであるが、結果が不発生の場合に限っている等である。

　そこで、政策説・法律説どちらか一方では説明が困難であり、欠点を補う形で両者を併用する説もある。従って、その組み合わせは、政策説と違法性減少・消滅説、政策説と責任減少・消滅説、違法性減少・消滅説と責任減少・消滅説、政策説と違法性減少説と責任減少説等、多義にわたる。

●──　中止犯の要件　──●

　中止犯で問題になる部分は、先に見た、「自己の意思により」の自己の意思とは何を指すか、と「中止した」とはどのような場合が当てはまるかの2つである。まず、自己の意思であるが、人の心情であるがゆえ、難しいところがある。この点、学説は3つに

分かれる。

①主観説は、行為者の中止した理由が何らかの外部的要因であった場合は障害未遂、行為者の自由な意思決定によった場合は中止未遂である、とする。この考え方は、「たとえ出来たとしても、成し遂げることを欲しなかった場合は中止未遂であるが、たとえ欲しても、成し遂げることが出来なかったのが障害未遂」というフランクの公式に代表される。しかし、主観説は、成し遂げることを欲しなければ、どのような心情でも中止犯が成立し、広く認めすぎる。

そこで、②限定主観説は、改心・憐憫の情・同情といった広い意味での後悔の場合に限定して、中止未遂を認めるものである。③客観説は、犯罪を遂げなかった要因が一般的な社会通念に照らして、通常、障害があったからと認められる場合は障害未遂、そうでなければ中止未遂であると区別する考え方である。一般人を判断基準に置き、我々であれば中止しないと思われる場合に、当該行為者が中止すれば中止犯を認める。例として、可哀想になって止めた場合は、どの説も中止犯になるが、途中で気持ち悪くなって止めた場合や発覚を恐れて止めたような場合は、障害未遂となる。

他方、判例は限定主観説を用いて中止犯を認定する場合が多い。例えば、「憐みを覚えて」「見るに忍びなく」「被害者が可哀想になり」が中止犯を認めた代表的なものである。一方、否定したものとして、「我に返って」「発覚を恐れて」「驚愕して」といった、単なる恐怖心や打算からの中止は認めていない。

次に中止したとは、どのような場合を指すか。着手未遂の場合、中止行為はその後の実行を放棄するという不作為で足りるが、実行未遂の場合は、結果発生を防止するために積極的な作為行為が必要であるとする。中止に向けた真摯な努力といった、積極的な行動が必要とされるのである。それに対して、着手未遂と実行未遂の区別は重要でないとの立場から、因果の進行に未だ達していなければ、不作為による放棄で足り、既に因果の進行が開始している場合には、積極的行動が必要とする考え方もある。

ここでは、特に実行行為の終了時期が問題となるが、これは実行の着手の学説に対応している。すなわち、主観説は行為者の主観で実行行為が終了したかどうか判断され、客観説では構成要件の充足を判断材料に、また折衷説は全体的計画から客観的な判断をすることになる。なお、中止犯も未遂であるので、真摯な努力をもってしても結果が発生してしまえば、中止犯とならないことは言うまでもない。

第4節　不能犯

● 不能犯とは何か ●

　未遂犯と同様、犯罪の故意があり、結果が不発生だった場合として、不能未遂・不能犯の概念がある。しかし、障害未遂が可罰的であるのに対して、不能犯は不可罰な類型である。その理由は、構成要件を実現する危険性が、全くないからである（構成要件該当性の問題）。従って、犯罪の実行に着手したことにならない（実行行為性がない）。

　例えば、殺害しようと砂糖を相手に食べさせるような場合である。通常、砂糖を食べたところで、死亡する危険性はおよそないと考えられるからである。砂糖の事例は笑い話で済むかもしれないが、これが、殺害しようと寝ているベッドに向けて弾を撃ったところ、ベッドには誰もいなかった場合はどうであろうか。銃撃行為に対し、もし寝ていたらという危険性を感じるか否かで未遂犯か不能犯か分かれることになる。

　不能犯には種類がある。客体の不能・方法の不能・主体の不能である。客体の不能とは、先の空ベッドの事例のように客体が不存在であったことで、結果が発生しなかった場合である。方法の不能は、先の砂糖を食べさせて殺害を図るように、そのやり方が結果発生の危険性を持たない場合。主体の不能は、例えば、自分は公務員ではないのに、公務員だと誤信して収賄行為を行うように、身分上犯罪主体となり得ない場合を指す。

● 不能犯と未遂犯との区別 ●

　不能犯と未遂犯を区別するには、危険性の有無で決まるが、しかし、危険性の有無といっても簡単ではなく、学説が多義にわたる。代表的な学説を見ていくと、①純主観説、②抽象的危険説、③客観的危険説、④具体的危険説がある。

　純主観説は、行為者がおよそ犯罪の意思を持っていた以上、常に未遂犯で不能犯とはならない。ただし、迷信犯（丑の刻参り等）は除外するというものである。抽象的危険説（主観的危険説）は、行為当時、行為者が認識していた事情を基に、行為がその計画通りになされたなら、客観的に結果発生の危険性が果たしてあったかどうか、我々

一般人が判断するものである。

　客観的危険説（相対的不能・絶対的不能説）は、行為者の意図した結果の実現が、およそ不可能であったと考えられれば不能犯、他方、通常なら実現可能であるが、その時たまたま結果が発生しなかったにすぎないと考えられれば未遂犯であり、これを事後的・科学的に判断するというものである。客観的危険説は、結果無価値論からの帰結とされる。また、具体的危険説（通説）は、行為当時、一般人が認識しえた事情および行為者が特に知っていた事情を基に、我々一般人が結果発生の危険性を感じるか否かで考えるものである。具体的危険説は、行為無価値論からの帰結である。

　各学説に対する批判として、純主観説は行為者の主観のみ判断材料としているので未遂犯の処罰範囲が不当に広い・なぜ迷信犯だけが除外されるのか疑問とされる。抽象的危険説には、純主観説と同様、行為者の認識を基礎に置いているので、なお未遂犯とされる範囲が広いとの指摘がある。また、客観的危険説に対しては、行為時に存在していた事情を振り返って事後的・科学的に判断するなら、その事情が存在していたことは厳然たる事実であるので、不能犯とされる事例がほとんどではないかとの批判がある。そして、具体的危険説にも、行為者の危険認識と一般人の危険認識の二重の判断基準が出てくるが、例えば、行為者の危険認識はあって、一般人の危険認識が認められなかった場合、最終的には一般人の危険認識が優先されるのではないか。そうすれば、行為者の認識は無視してよいのかとの批判がなされている。

　これら不能犯と未遂犯を分ける学説は、相当因果関係説の中の学説の争いと似た理論構成を持っていることが分かる。判例は、かつて客観的危険説で判断しているとされるが、最近は具体的危険説を採用しているものも多数ある。例えば、殺害しようと硫黄の粉末を味噌汁に混ぜて飲ませた事例（大判大正6・9・10刑録23・999）に対しては、殺人罪では不能犯とした（傷害罪が成立）。

　一方、未遂罪が問われたのは、殺害の意思で青酸カリを炊飯器に混入し炊いたところ、黄色に米が変色し食べなかった事例（最判昭和24・1・20刑集3・1・47）、導火線の先端が湿っていたため火がつかなかった事例（最判昭和51・3・16刑集30・2・140）、静脈に死亡基準量以下の空気を注射した事例（最判昭和37・3・23刑集16・3・305）、都市ガスで自殺を図ろうとした事例（岐阜地判昭和62・10・15、これは都市ガスには一酸化炭素が含まれていないので、中毒死しないから不能犯であるが、爆発の危険があるので、危険性を認めた）等がある。

●━━ 事実の欠缺と幻覚犯 ━━●

　なお、不能犯に関連して、事実の欠缺と幻覚犯がある。これまで見てきたように、不能犯の問題は、危険性の有無が焦点であった。しかし、事実の欠缺は構成要件の要素である、主体・客体・手段・状況（因果関係は除く）が欠けているにもかかわらず、行為者があると誤信し、行為を行うものである。

　例えば、主体の欠缺は身分犯における一定の身分、客体の欠缺は窃盗罪における他人の財物、手段の欠缺は殺傷力のない方法、状況の欠缺は火災や水害といった状況の認識を欠いて行為することである。事実の欠缺を認める立場は、不能犯とは異なった客観的欠缺の理論から不可罰を導き出す。幻覚犯は、犯罪事実でないものを犯罪事実と誤信する場合をいうが、主体の不能の事例や裏返されたあてはめの錯誤で用いられる概念である。従って、法律の錯誤の裏返しの問題である。幻覚犯も犯罪とはみなされない。

　このように、事実の欠缺と幻覚犯は行為者の錯誤論からアプローチされている（故意を有する錯誤と故意を欠く錯誤）。従って、可罰的か不可罰的かを考える目標は同じでも、結論に至る過程が異なっているのである。しかし、不能犯と事実の欠缺・幻覚犯とは、お互いの関係性・範囲の違いは不明確である。

第**7**章

錯誤論

第1節　錯誤とは何か

●― 錯誤の本質 ―●

　錯誤とは、行為者の認識していた事実と実際に発生した結果とが食い違う場合をいう。刑法では、その食い違いが重大であるとき、錯誤論として主として処理の仕方が論じられる。民法では錯誤に陥った場合、契約が有効か無効か考えるのと同様に、犯罪の成否を考える刑法でも、故意犯として処罰可能かどうか考えることとなる。

　よく錯誤論は故意の消極的・裏返しの問題といわれる。これは、錯誤が存在する場合、発生した結果について故意責任を問わないことを意味する。結果に対し、元々存在する故意が否定されるのである。この意味で消極的な側面や裏返しの問題と呼ばれている。従って、錯誤は故意が阻却されることになる。故意が阻却されると、次に過失規定があるときは、過失犯の成立が議論される。

　例えば、熊を殺そうと鉄砲を撃ったが、実際に命中して死亡したのは人だったような場合、熊を殺す意思はあっても、人を死なせる故意はなかったところから、故意犯（殺人罪）は成立しない。ただし、鉄砲で撃つときは人でないか、注意義務を払って撃ったかどうかが問題となる。もし、この点に過失がある場合、過失致死罪の成立は免れない。この場合の錯誤は、単なる勘違いでは済まされぬ、非常に重要な錯誤といえる。

　上の例におけるように、錯誤が事実的側面についてのものだった場合を事実の錯誤（構成要件的事実の錯誤）、自己の行為が法的に許されているかどうかや、法律の存在に関してのものであった場合は法律の錯誤（違法性の錯誤・禁止の錯誤）と呼ばれ、区別されている。事実の錯誤が故意を阻却するのに対して、法律の錯誤は故意を阻却しないとされる。これについては、次節以降、順次詳しく見ていく。

第2節　事実の錯誤

●― 事実の錯誤の種類 ―●

　事実の錯誤、つまり構成要件的事実の錯誤は、まず2つに大別することができる。同一構成要件内の錯誤と異なった構成要件にまたがる錯誤である。同一構成要件内の錯誤とは、例えば、Aを殺害しようと鉄砲を撃ったところ、死亡したのはBであった場合をいう。これは、AもBも同じ構成要件の対象である人であることから、AとBの取り違えは、同一構成要件の範囲内である（具体的事実の錯誤）。これに対して、異なった構成要件にまたがる錯誤は、熊と思って撃ったらBであったように、動物と人という構成要件の対象が異なる客体に結果が生じた場合である（抽象的事実の錯誤）。この区別は、客観的事実的側面の食い違いである。

　他方、錯誤の対象、すなわちどのような錯誤であったのかに関して次の種類がある。方法の錯誤、客体の錯誤、因果関係の錯誤である。方法の錯誤とは、例えば、Aを殺害しようと拳銃を撃ったが、手元が狂って隣にいたBに命中してBが死亡した場合である。いわばやり方をしくじったのである。客体の錯誤はAを殺害しようと拳銃を撃ったところ、殺害を意図する客体に命中した。ところが、よく見たらAではなくBであったような場合である。いわゆる取り違え殺人とか人違い殺人とか呼ばれる形を指す。因果関係の錯誤については、本節の最後に述べる。これらが、構成要件的事実の錯誤の全ての種類である。

　しかし、同一構成要件内の錯誤と異なった構成要件にまたがる錯誤と方法の錯誤、客体の錯誤は、それぞれに結び付く。例えば、①同一構成要件内の錯誤と方法の錯誤が結び付いた事例は、Aを殺害しようと撃ったが手元が狂ってBに命中してしまった事例となり、②同一構成要件内の錯誤と客体の錯誤が結び付くと、Aを殺害しようと撃ったところ相手に命中したが、よく見たらBだったという先の事例がこれである。③異なった構成要件にまたがる錯誤と方法の錯誤との組合せは、熊を撃とうとしたが、手元が狂ってBに命中させてしまった事例に、また④異なった構成要件にまたがる錯誤と客体の錯誤の組合せは、熊を撃とうとして、相手に命中したところ、よく見たらそれは人のBであったような場合である。なお、因果関係の錯誤は、同一構成要件内の錯誤であれば考えられるが、異なった構成要件にまたがる錯誤の場合は考えられない。構成要件の異なる

客体が複数存在するからである。以上が事実の錯誤の分類である。

　それでは、このような錯誤に対して、どう処理したらよいか。学説としては、具体的符合説と法定的符合説の対立がある。Aを殺害しようとして、手元が狂いBを死亡させた事例を使って、考えてみる。具体的符合説によると、Aを殺害したかったのだが、それを失敗しているので、Aに対しては殺人未遂罪が、Bに対しては予期せず死亡させたことで過失致死罪がそれぞれ成立するとする。そして両者は観念的競合となり、より重い殺人未遂罪が実際上科されることになる。この考え方は、学説名から分かるように行為者の認識が具体的に符合しない限り、故意は阻却されないところに特徴がある。従って、Aの場合はどうか、Bに対してはどうか、個別的に考えていくことになる。

　これに対して、法定的符合説は、Aを殺害しようとして、結果的にBが死亡した、すなわちAという「人」を殺害しようとして、Bという「人」が死亡したのだから、その錯誤は問題とならないとする。「人」を殺害しようとして「人」が死亡したのだから殺人罪が成立することになる。殺人罪は、誰を殺害したかは明らかでなく、人を殺害した場合に成立するのであるから、AもBも問わないとする。なお、同一構成要件内における錯誤で客体の錯誤であっても、両説の結論に違いは生じないであろう。もっとも、同一構成要件内の錯誤では法定的符合説はこのような結論になるが、異なった構成要件にまたがる錯誤の場合では、この結論は維持できない。当然のことながら、同じ種類の客体に対してのみ有効だからである。

　法定的符合説が通説である。法定的符合説の説明に説得力がある以外に、具体的符合説にとり、結論としておかしな事例が存在するからである。それが、例えば、花瓶を壊そうとして投石したところ、手元が狂い隣にあったテレビを壊したような場合どうなるか、というものである。人ではなく物を壊す器物損壊の事例である。この場合、法定的符合説はテレビに対する器物損壊罪を認めることになる。具体的符合説では、まず花瓶に対しては壊すに至らなかったことで器物損壊罪の未遂が、またテレビに対しては意図せず壊したので器物損壊罪の過失が成立するはずである。ところがどちらも処罰されない。器物損壊罪には、未遂も過失もないので結局無罪とせざるを得ない。

　次に、花瓶を壊そうと投石したところ、隣にいたBに命中しBを死亡させた場合を考える。異なった構成要件にまたがる錯誤であるが、具体的符合説は過失致死罪が成立し、法定的符合説でも同様の結論に至ることは、先ほど述べたとおりである。しかし、ここでも、その結論に欠点を指摘する考え方がある。

　なぜなら、人を死亡させたにしては過失致死罪は刑が軽いというのである。過失致死罪（第210条）の法定刑は、50万円以下の罰金しかなく、懲役刑はない。もっとも、過

　失致死罪の法定刑の問題は、この事例に限られるわけではない。しかし、よりこの事例では目立つといえなくもない。そこで、少しでも重く処罰したいとの考えから登場したのが、抽象的符合説である。これは、この事例でのみ該当する学説である。これは、器物損壊罪を認めるというものである。

　人が死亡しているのに対し、物を壊す器物損壊罪を適用することで、故意を抽象化することが特徴となっている。確かに、器物損壊罪（第261条）の法定刑は罰金のみならず3年以下の懲役刑もある。しかし、あまりにも故意を抽象化しすぎるとして、両説からは批判されている。過失致死罪が罰金刑しかないのは立法上の問題に過ぎないとするのである。なお、逆に重い結果を狙って軽い結果が生じた場合は、重い結果につき（未遂犯の規定があれば）未遂犯の成立が考えられるので、このような問題は生じない。また、錯誤により構成要件が重なり合う状況があるなら、その場合は重なり合う限度で軽い犯罪の既遂を認める余地があり、抽象的事実の錯誤の事例とはまた別として考えられる。

　それでは、Aを狙って撃ったが弾はAの体を貫通し、背後にいたBにも命中し両名ともに死亡した場合どう考えたらよいか。これは方法の錯誤の一種であるが、過剰結果の発生の問題である。これには、2つのアプローチがある。Aを中心にする考え方とBを中心にする考え方である。まず、Aを中心にすると、錯誤の問題ではないことになる。ただ背後にいたBとの関係で、Bの死は過剰結果の発生となるので、Aに対する殺人罪とBに対する過失致死罪の二罪が成立し、観念的競合によって、殺人罪で処罰される。これに対して、Bを中心とすると、方法の錯誤の問題として捉えられ、具体的符合説は殺人罪と過失致死罪が、法定的符合説では、AとBに対する殺人二罪が成立（Bに対しても、人を狙った結果での死亡だから）することで、やはり、観念的競合により重い罪で処罰される。ただ、法定的符合説のこのような考え方は、故意を二重に評価しているとして批判されている。

　最後に因果関係の錯誤について触れる。因果関係の錯誤は、2つの形がある。橋げたの事例と呼ばれる形といわゆるヴェーバーの概括的故意の事例といわれているものである。橋げたの事例とは、Bを溺死させる目的で橋の上から突き落としたが、実際は途中の橋げたに頭をぶつけて脳挫傷で死亡したというものである。因果の流れの中で、行為者の認識にずれが生じたものであるが、行為者からすればBの死因は関係なく、死亡したことで当初の目的を果たしているのだから、この場合の錯誤は意味を持たないとされる。問題なのが、ヴェーバーの概括的故意の事例である。

　殺害しようと首を絞めたところ、ぐったりしたので死亡したと思って近くの海岸に遺棄したところ、実はまだ生きており、海岸の砂を吸って死亡したというものである。他

の事例と違って、ヴェーバーの概括的故意の事例は、首を絞める第一の行為と遺棄するという第二の行為があることで、両行為の関係をどう考えるかである。これには錯誤論として考える考え方と、両行為を１つに考える考え方の２つある。

　錯誤として考えると、具体的符合説は第一の行為の未遂罪が成立し、第二の行為には過失致死罪が認められるとする。また、法定的符合説は、両行為を相当因果関係説の相当性の範囲内である限り、故意を認めようとする。この事例では、首を絞めた後、被害者を遺棄することは相当であるとし、殺人罪が成立する。両行為を大きな１つの行為と捉えるヴェーバーの概括的故意説は、結局行為者は当初の目的が達成されたのだから、殺人罪が成立するとする。両行為について、１つの故意を認め既遂を考える考え方である。

第3節　法律の錯誤

● 法律の錯誤とは何か ●

　法律の錯誤とは、行為者の錯誤により禁止される法律が存在しているのに存在していないとして誤信し、自己の行為は許されると思って行為を行う場合、ないしは、法律の存在は知っていたが、その内容を誤信し禁止されていることを行うことの２種類ある。

　前者は法律の不知、後者はあてはめの錯誤と呼ばれている。しかし、法律の錯誤は、条文の上では、はっきりとしている。すなわち、第38条第３項は「法律を知らなかったとしても、そのことによって、罪を犯す意思がなかったとすることはできない。ただし、情状により、その刑を減軽することができる。」と規定する。そもそも、なぜこのような規定があるかというと、その根底に法の不知は許さずという原則があるからである。

　もし、この規定がなければ、法律を知らなかったから犯罪に該当する行為を行ったのは仕方なかったという言い訳が通ることになり、法治国家として存続が危うくなってしまう。法律の錯誤は、違法性の意識の消極的・裏返しの問題である。なぜなら、法律の錯誤は、違法性の意識を全く持っていない場合と考えられるからである。そうすると、法律の錯誤は全てにわたって許されないとするのか、それとも許される場合があるのか、先に述べたような、違法性の意識に関する学説により、可否が理解されよう。

　違法性の意識不要説では、故意は阻却されない。なぜなら、法の不知は許さずの考えを厳格に守るため、違法性の意識はもとより必要ないからである。一方、厳格故意説は、故意を阻却するとする。理由として、第38条でいう法律とは、自己の行為に適用さ

れる刑罰条項の不知は、故意を阻却しないという意味であるとする。すなわち、あてはめの錯誤は許されると解する。制限故意説は、故意が阻却されるためには、さらに違法性の意識の可能性までなかったことが必要であるとする。さらに、責任説は、禁止の錯誤が不可避で違法性の意識の可能性もないなら、責任を阻却するとする。

　法律の錯誤の判例は、古いが重要なものがある。それが「もま・むささび事件」と「たぬき・むじな事件」である。もま・むささび事件とは、被告人が、その地方でもまと呼ばれていた動物が、禁猟獣であるむささびと知らずに捕獲してしまったというものである。判決は、被告人はむささび、すなわち、もまをもまと知って捕獲したのだから犯罪事実の認識に欠けるところはなく、単に法律の不知にすぎず、故意は阻却されないとした（大判大正13・4・25刑集3・364）。これは、学問上も、もまとむささびは同一であることが一般に知られていることが前提とされたのである。

　他方、たぬき・むじな事件は、被告人は十文字むじなと俗称されている、別の獣であると誤信して、たぬきを捕獲した事実に対して、古くからの習俗上、たぬきとむじなは、別の動物と思われてきたから、被告人にはたぬきを捕獲する意識が欠けており、狩猟法違反における故意はなかったとした（大判大正14・6・9刑集4・378）。こちらの、たぬき・むじな事件は別の動物であることが古くから認められてきたことが前提である。

　似たような事件であるにもかかわらず、もま・むささび事件は法律の錯誤とされ、たぬき・むじな事件は事実の錯誤と判決されたのである。しかし、たぬき・むじな事件でも、たぬき、つまりむじなをむじなと知って捕獲したのだから犯罪事実の認識に欠けることなく、法律の錯誤と解する余地は十分ある。少なくとも、両判決はどちらの錯誤にしても同一の錯誤にならなければおかしい事例である。このように事実の錯誤と法律の錯誤の区別は難しい。

　それは、事実の錯誤の事実が単なる構成要件的事実はもちろん、規範的な意味も含み多様な考えとなっているからである。また、法律の錯誤における法律も単なる法律を指すだけでなく、違法性に関する事実の錯誤の概念も生ずる。

　そこで、規範的構成要件の錯誤とは、例えば、わいせつ物頒布罪でいう、文書のわいせつ性について、文書としてはまずそれを認識することが構成要件的事実の認識である。しかしさらに、それがわいせつであるかの認識は、法律的に許容されているかの違法性の認識の問題であり、はっきりと所属が分かれる。また、違法性に関する事実の錯誤とは、正当化事情に関する錯誤とも呼ばれ、違法性に関する正当化事情、すなわち、違法性が阻却される事実がないにもかかわらず、これをあると誤信する場合である。先に述べた誤想防衛がこれに該当する。事実の錯誤として考えられる。

第8章

共犯論

第1節　共犯とは何か

● 共犯の種類 ●

　共犯とは、通常単独で行われる犯罪を複数の者で行う場合をいう。これを任意的共犯と呼ぶ。これに対して、犯罪の中には、あらかじめ複数の者が行わないと成立しないものもある。これを必要的共犯と呼ぶ。例えば、重婚罪や賄賂罪（対向犯と呼ばれる）や内乱罪、騒乱罪、多衆不解散罪（多衆犯と呼ばれる）がある。

　共犯は第60条で共同正犯が規定され、第61条には教唆犯が、また第62条で幇助犯が規定されている。共同正犯・教唆犯・幇助犯の３つを指す場合、広義の共犯と呼ばれ、教唆犯・幇助犯の２つだけを指す場合、狭義の共犯と呼ばれている。従って、一口に共犯といっても、それが広義の共犯の意味なのか、狭義の共犯なのかを考えなければならない。

● 共犯の理論 ●

　犯罪主体には、正犯と共犯がある。正犯とは、教唆犯・幇助犯に対する概念であり（単独正犯や同時正犯とともに共同正犯も正犯である）、基本となる構成要件該当行為を行う者である。それに対して、教唆犯・幇助犯は正犯に具体的にかかわる形で犯罪に参加する。

　なお、共犯の概念を最初に確定して、共犯以外は正犯だとする拡張的正犯概念と、逆に正犯の概念を確定し共犯は正犯以外と考える限縮的（限縮的）正犯概念がある。制限的正犯概念は、まず正犯の処罰を決定してから、それ以外の者を処罰するということから妥当性があり通説となっている。そうすると、正犯と狭義の共犯とはどこで区別

されるか。

　区別の基準は、①主観説、②実質説、③形式説、④行為支配説がある。主観説は、因果関係論から出発し、正犯と共犯は因果関係からは区別できず、結局正犯者の意思で行為した者が正犯、加担者の意思で行為した者が共犯とする。実質説は、同じく因果関係論から考え、正犯は結果に対して原因を与えた者であり、共犯は単に条件を与えたにすぎない者であるとする。形式説は、因果関係論とは関係なく、構成要件論の立場から、正犯は構成要件に該当する行為、すなわち実行行為を行う者であり、共犯は実行行為以外で加担する者であるとする。行為支配説は、正犯は行為支配がなければならないことを理由に、犯罪に対する支配力がある者が正犯、ない者が共犯とする考え方である。

　次に、狭義の共犯が成立するには、正犯がどこまで犯罪を行えばよいのか。共犯の従属性の問題である。これには、①共犯従属性説と②共犯独立性説の争いがある。従属性説は、共犯が成立するには、正犯が現実に犯罪行為を行うことが必要であるとする。理由として、共犯は正犯を通して構成要件を実現するものなので、正犯が実行行為を行わないと、教唆や幇助の意味がない。あるいは、条文の文言からも教唆犯や幇助犯は正犯の存在が前提となっていること等が挙げられる。共犯独立性説は、特に共犯は正犯が実行行為を行うこととは関係がないとする。この考え方は、正犯が実行行為を行わなくても、教唆・幇助として独立して処罰されることになる。理由は、教唆や幇助自体、独立した犯罪類型であり、行為者の危険性が見られるからであるとする。従属性説が通説である。

　そうであると、従属の程度が次に問題となる。これには、ⅰ最小従属性説、ⅱ制限従属性説、ⅲ極端従属性説、ⅳ誇張従属性説の各説がある。最小従属性説は、共犯が成立するには、正犯は構成要件該当行為を行えばよいとする。制限従属性説は、正犯が構成要件に該当するだけでなく、違法性も必要であるとする。極端従属性説は、正犯には構成要件該当性、違法性、有責性までも必要であるとする。誇張従属性説は、構成要件、違法性、有責性の他に、一定の処罰条件も必要であるとする。構成要件該当性だけ要すればよいとする最少従属性説と、一定の処罰条件までも要求する誇張従属性説は妥当でない。また、極端従属性説も、正犯の実行行為は客観的に判断されればよく、責任も有するとするのは妥当でないとする。制限従属性説が通説である。

　最後に、狭義の共犯は、自ら構成要件該当行為を行っていないにもかかわらず、なぜ処罰されるのか。共犯の処罰根拠を考える。①責任共犯論、②違法共犯論、③因果共犯論がある。責任共犯論とは、共犯は正犯を責任ある行為に引き入れ、堕落させた

から処罰されるとする。違法共犯論は、共犯は正犯に違法な行為を行わせたり、援助することから処罰されるとする。また因果的責任論は、共犯は正犯が引き起こした結果を惹起したからであるとする（通説）。なお、因果的責任論には、純粋惹起説、混合惹起説、修正惹起説の各学説に分かれる。

第2節　間接正犯

● 間接正犯の形態 ●

　正犯には2つの種類がある。直接正犯と間接正犯である。通常、道具を使用して犯罪を行うことはよくあることであり、この場合、道具の力を借りて結果を実現する。しかし、これを道具でなく、人を利用して結果実現を図る場合が間接正犯である。間接正犯の概念が登場する原因となったのが、次の事例とされる。

　すなわち、Aは10歳の少年Bを利用して、万引きをさせた。この場合、実行行為者は少年Bであるが、14歳未満（刑事責任無能力者）であるので処罰はできない。またAは極端従属性説や誇張従属性説を採る限り、背後者として教唆犯の処罰もできない（最小従属性説や制限従属性説を採れば、この点間接正犯の概念は不要となる）。もっとも、少年Bを中心としてAの正犯性を論じるとすると、拡張的正犯概念となってしまうことも、この事例の難しさがある。

　そこで、先に述べたように道具を使用して犯罪を行うのだから、Bという少年をあたかも道具として利用したと考えれば、間接正犯として処罰が可能であるとした。間接正犯が道具の理論と呼ばれるゆえんである。従って、間接正犯は他人を利用して自己の犯罪目的を果たす形であるから、ⅰ被利用者を一方的に利用し、具体的危険性が認められる。ⅱ主観的には直接実現する意思を有し、客観的にも法益侵害・犯罪実現の現実的危険性を有する行為を行っている。このことから、間接正犯は、自ら当該犯罪を行ったと同視され得るので、現在では正犯の一形態として認知されている。

● 間接正犯の種類 ●

　間接正犯にはどのような種類があるか。他人を利用するのであるから、被利用者の状態により類型化が可能である。①被利用者が、是非を弁別する能力を全く欠いている形。

これは、小さな子供であったり、精神病質の者を道具として利用する場合である。②強制し、意思の自由を失っている者を利用する形。いわゆる死んだ道具の利用である。背中に拳銃を突きつけ、犯罪を強要する場合である。③故意がない者を利用する形。これは、医師が殺害したい患者に対し、事情を知らない看護師に毒入り注射器を渡し、注射させる場合。これに関連して、看護師の毒入り注射に過失が認められた場合、看護師には過失犯が成立し、医師は殺人の間接正犯が認められるとする。一方で、医師を殺人の教唆とする考え方もある。なぜなら、過失犯を利用する間接正犯の概念はそぐわないからであるとする。

　④目的を欠いている者を利用する形。例えば、映画製作会社の小道具担当者に、ドラマで使用するから本物そっくりの偽札を作ってほしいと虚偽の目的を伝え、実際はその偽札を悪用する場合（通貨偽造罪は目的犯なので、担当者は犯罪の目的はなかった）。この場合、小道具の担当者は、偽札を作製する故意はあるので、「目的なき故意ある道具の利用」とも呼ばれる。同様に公務員に頼まれて非公務員が収賄行為を行ったような場合は、「身分なき故意ある道具の利用」である。なお、間接正犯の成立が否定される「故意ある幇助的道具の利用」もある。⑤被利用者自身の行為を利用する形。追死の意思がないにもかかわらず、無理心中を図る場合等がある。

第3節　共同正犯

● 共同正犯とは何か ●

　共同正犯は、第60条で「2人以上共同して犯罪を実行した者は、すべて正犯とする」としている。例えば、被害者を殺害しようと、AとBとCが話し合って、実行に移したとする。AとBは家に侵入し、Aが被害者を羽交い絞めにし、Bが被害者を殺害した。その時、Cは道路上で見張りをしていた。このような状況で、殺害の実行行為者はBであり、殺人罪が適用されることに疑問はない。では、Aはどうか。背後から羽交い絞めをしたことは殺人罪の直接的実行行為ではないので、AあるいはCは殺人罪を免れるか。これが共同正犯の問題である。

　第60条が意味するところは、共同して行ったのだから、少なくともAは手助けではなく、殺人罪の共同正犯となり殺人罪が成立する旨規定されている。Cの行為は、いわゆる見張り行為と共同正犯として問題がある。見張りが、例えば逮捕・監禁を見張るよう

な、当該犯罪に重要な性質を有している場合では共同正犯は認められようが、単なる外で見張るような場合は、殺人の実行行為とはみなされない。学説は幇助犯が成立する見解が有力である。しかし、判例は共同正犯を広く認める傾向がある。共謀共同正犯の影響があるといえよう。

共同正犯は、「一部行為の全部責任」として知られる。他人が行った行為についても、共同して実行した場合には自らも責任を負うとする考え方である。これは一見すると、責任主義に反するのではないかと思われるが、共同正犯は、それぞれの共同実行者がお互いに協力し合い、補完し一体となって結果発生を実現するので、全体的に見れば、一部の行為しか担っていない場合でも、全体の責任を負うことになる。なお、同時正犯（同時犯）の場合は、意思疎通なく、偶然その場で犯罪を行ったにすぎないので、各々が自らの行為のみ責任を負えばよいことになる。

共同正犯は複数人が共同して行うということであるが、それでは、共同正犯は、一体何を共同して行うのか。古くから犯罪共同説と行為共同説の対立がある（罪名従属性の問題として捉えられる）。犯罪共同説は、1つの犯罪を共同して行うことだとする。1つの犯罪とは、同一の故意を持って行うことを意味する（数人一罪）。犯罪共同説は「共同して犯罪を実行した」という条文の文言に忠実な解釈とされる。

それに対して、行為共同説は、複数人が共同の行為によって、各自が意図する犯罪を行うことであるとする（数人数罪）。行為共同説は、条文の文言を「共同して」と、「犯罪を実行した」との間を区切り、関連性を希薄にして解釈する。そうすれば、複数の犯罪が共同可能となるとするのである。これは、多様な犯罪の意図を持った者であっても、共同の意思を持って集い、実行すれば共同正犯が認められることになる。具体的な事例で考えれば、Aは殺人の故意で、Bは傷害の故意で、被害者を襲撃する意図で話し合い実行に移し、Aの行為により死亡した場合、犯罪共同説は共同正犯が成立せず、Aには殺人罪がBには傷害罪が成立するにとどまる。

これに対して、犯罪共同説から、そこまで厳格に解しない立場として部分的犯罪共同説がある。この考え方は、異なる故意を持って共同で犯罪を実行した場合にも、罪が重なり合う限度で共同正犯を認めようとする。この事例では、殺人と傷害の重なり合う部分、すなわち、傷害の部分が共同正犯となり、Aは殺人罪と傷害致死罪（結果的には殺人罪）・Bは傷害致死罪が成立する。

一方、行為共同説では、この場合も共同正犯が成立し、Aは殺人罪の共同正犯が、またBは傷害致死罪の共同正犯になる。反対に、もしBの行為で被害者が死亡した場合、犯罪共同説は共同正犯が成立せず、部分的犯罪共同説は、Aには殺人未遂罪と傷害致

死罪が、Bは傷害致死罪が成立する。行為共同説は、Aは殺人の共同正犯がBは傷害致死罪の共同正犯が成立する。なお、行為共同説から出発した構成要件的行為共同説が、近時有力説となっている。単に事実の共同では共同正犯の成立は認められないが、構成要件上重要な行為の一部を共同した場合、共同正犯が成立するとする説である。

●━━ 共同正犯の成立要件 ━━●

　共同正犯が成立するための要件は、共同実行の事実、すなわち2人以上の者が共同して犯罪を実行したこと（客観側面）と、共同して犯罪を行おうという共同実行の意思（主観側面）である。共同して犯罪を実行するとは、共同実行者がお互いを利用あるいは補充し合う事実が必要である。そして、共同実行者は構成要件実現の現実的危険性のある行為を要する。

　共同実行の意思については、利用・補充を意図しながら結果実現を目指す意思を指す。共同実行の意思は、明示的なものでも、暗示的なものであってもよい。また、意思は数人間に直接的に発生した場合に限らず、一部の者を介在し、他の者に連絡されたような、間接的に発生した場合であってもよいとされる。なお、事前の協議を行ってから実行行為に移す必要はなく、その場でお互い意思の疎通が生じた場合であって共同正犯は認められる（偶然的共同正犯）。

第4節　共同正犯の諸問題

●━━ 共謀共同正犯 ━━●

　本節は、共同正犯の成立要件から考察した場合、問題が生ずると思われる諸形態を見ていく。最初に共謀共同正犯である。共謀共同正犯とは、2人以上の者が事前に謀議し、その中のある者が共同意思により実行した場合、実行しなかった他の共謀者も含めて全員共同正犯に問えるとする考え方である。

　共謀共同正犯は、組織犯罪を例に考えられることが多い。例えば、地下鉄サリン事件で実行に加担しなかった首謀者も殺人罪で死刑になった。しかし、条文の文言では、共同して実行する者が全て正犯とされるのに、共謀共同正犯は実行しない者（共同実行の事実に欠ける・客観的側面の欠如）も正犯とするので、これが認められるか、教唆

犯とされるか、従前より議論されてきた。

　学説は、肯定説・否定説がある。肯定説の代表的見解として、共同意思主体説がある。これは、犯罪を実現する意思で2人以上の者が意思形成をし、そこには共同意思主体が生まれる。その共同意思主体の活動によって、たとえ実行したのが一部の者であったとしても、共同者全員が共同正犯となる、とする。共同意思主体説に対しては、次のような批判がある。共同正犯の範囲を不当に広げ、罪刑法定主義に反する、あるいは共同意思主体という、ひとつの枠組みで考えることで、個人責任の原則に反する等である。肯定説の二番目として、間接正犯類似説がある。この考え方は、首謀者をはじめとする実行行為者以外の者が実行行為者を支配し、道具のように利用することで、自己の犯罪実現を果たしていることから、自ら行ったと同視しうる。また、被利用者も心理的影響を受け、お互いに利用・補充の関係があるとする。これに対しては、類似とはいっても、間接正犯の支配関係と、共謀共同正犯の場合の支配関係は性質が異なる等の批判がある。

　さらに、肯定説の三番目として、包括的正犯説がある。これは、正犯は重要な役割を担っている者との考えから、全員が構成要件の実行行為を分担する必要はなく、共同実行の意思があり、構成要件の一部を共同して行ったと評価される実行行為者以外の者に対しても、共同正犯が認められるとする、近時の有力説がある。

　一方、否定説は、共同正犯は実行行為を一部でも行う者であり、全く行っていない者を正犯にすることは、条文の解釈上無理があるし、教唆犯として正犯と重く処罰が可能であるとする（かつての通説）。これに対する批判は、狭義の共犯である教唆犯と正犯では意味合いが違う、実行行為者を特定することが困難なこともある、といったものがある。判例は、共同意思主体説により肯定していたが、近時は間接正犯類似説から一貫して肯定する。

●━ 過失の共同正犯 ━●

　次に、主観的側面の欠如から問題となる共同正犯を見ていく。最初に、過失と共同正犯の問題である。共同正犯は、共同実行の意思すなわち故意が実行行為者に備わっていなければならないが、過失の場合、共同正犯が考えられうるのか。例えば、仲間2台のオートバイがツーリング中、ともに歩行者にけがを負わせた場合、2人に自動車運転過失致傷罪の共同正犯が成立するか。犯罪共同説からは、否定される。その理由は、特定の犯罪に対する故意を共有することが、共同実行の意思であるから、犯罪実現に

向けられた意思のない過失の場合、共同正犯は考えられないとする。あるいは、過失犯処罰は例外的で、共同正犯を認める実効性がないとする。

これに対して、行為共同説からは肯定される。実行行為者がお互いに他人の行為を利用・補充する意思のもとそれぞれの実行行為を行うのであればよく、特定の実現意思を持った行為である必要はないから過失も肯定する。なお、犯罪共同説からこれを認めようとする立場もある。過失の中には、共同行為者に対し、共同の注意義務が義務づけられているものもあり、その場合は、お互いに遵守すべき注意義務に共同して違反したと認められれば、過失の共同正犯もありうるとする。

● 承継的共同正犯 ●

承継的共同正犯とは、先行者が実行行為の一部を行ったあと、途中で後行者が先行者と共同実行の意思を有し、実行に加担することである。例えば、先行者Aが強盗の意思で被害者に暴行・脅迫を加えた後、後行者Bが参加し、被害者から金品を奪った場合、Aは強盗罪が成立するが、Bは果たして強盗罪が成立するか、それとも窃盗罪が成立するか（途中参加のBはそれ以前の暴行・脅迫は行っていない）の問題である。

参加後の窃盗行為につき共同正犯が認められるのは当然であるが、暴行・脅迫の責任も負うのか。肯定説は、後行者は先行者の参加以前の行為を理解し、了解して参加している以上、いわば先行者の行為を利用したといえるとし、特に結合犯等では全体的に共同実行の意思が認められるとする。一方、否定説によると、後行者は最初から先行者の犯罪を共同する意図はなく、後に共同実行の意思を有したのに過ぎないので、関係のない先行者が行った行為について責任を負わないとする。

● 片面的共同正犯 ●

片面的共同正犯とは、2人以上の者がお互いに意思の連絡は持っておらず、片方のみ犯罪実行の意思がある場合である。例えば、Aが被害者に傷害の意思で馬乗りになって殴っていたところ、その光景を見ていたBが、Aに知られずに被害者の足を押さえていたような場合である。BはAの傷害行為に加担しようと被害者の足を押さえたが、AはBと共同で傷害する意思は持っていない。この場合、AとBは傷害罪の共同正犯が成立するか否か。

片面的共同正犯は、双方に意思の連絡のない同時犯と双方に意思の連絡がある共同

正犯の中間に位置する。肯定説は、行為共同説から説明しやすい。すなわち、共同正犯は数人がそれぞれの意図した犯罪を共同で行うことであるから、行為を共同する意思さえあればよいので、協力関係がみられれば犯罪を共同することについての意思の連絡は必要ないとする。

　これに対して、否定説は、犯罪共同説の立場から、共同正犯がすべて正犯とされるのは共同実行の意思がお互いにあり、利用・補充しあっているからで、相互に共同実行の意思がみられない片面的共同正犯は認められず、同時犯であるとする。

●─ 結果的加重犯と共同正犯 ─●

　結果的加重犯とは、例えば、傷害致死罪のように基本となる犯罪（傷害）を行った場合、より重い結果（死亡）が発生することをいう。そして、重い結果については過失があれば足りるとされる。この結果的加重犯が共同正犯とどのようにかかわるかというと、共同実行行為者が結果的加重犯を行った場合、重い結果が生じた部分の過失犯に対して、共同正犯が認められるか否かである。

　肯定説は、基本犯と重い結果との間に条件関係があれば重く生じた結果の共同正犯が成立するとか、基本犯と結果との複合犯罪であるから過失の共同正犯が認められれば結果的加重犯の共同正犯も認められる。あるいは、基本犯を行った時点で重い結果が生ずる危険性を認識すべき注意義務があり、たとえ一部の者が重い結果を生じさせても、全ての者に過失が認められるとする。

　否定説は、過失は無意識で引き起こされるので、共同実行の意思が欠如するゆえ、過失の共同正犯は認められず、従って結果的加重犯の共同正犯も否定されるべきであるとする。否定説では、基本犯の共同正犯のみ認められる。

●─ 共犯と身分 ─●

　共犯と身分の問題（ここでいう共犯は、広義の共犯である。通説・判例）とは、身分のない者が身分のある者と共同実行した場合に共同正犯が成立するかである。身分犯は、真正身分犯と不真正身分犯に分かれる。真正身分犯は、例えば、収賄罪のように公務員という、一定の身分を有する場合に成立する犯罪である。また不真正身分犯は、身分を有しなくても犯罪は成立するが、身分を有していたことで罪が重くなるもの、例えば、業務上横領罪のように業務によって自己が占有する他人の物を横領すれば業務

者であるがゆえ、単純横領罪より罪が重くなるような場合である。

　しかし、共犯と身分の問題は答えが出ている。刑法は第65条第1項で「犯人の身分によって構成すべき犯罪行為に加功したときは、身分のない者であっても、共犯とする」と規定しているので、身分のない者が身分を有する者に加功した場合、身分なき者も共犯になる。他方、同条第2項は「身分によって特に刑の軽重があるときは、身分のない者には通常の刑を科する」とし、共犯関係の中で、不真正身分犯のように刑に差が出たとき、身分のない者は重く処罰しないとする。すなわち、第1項は真正身分犯を、第2項は不真正身分犯のことを規定していると、一般的には理解されている。

　これに対し、第1項は身分の連帯性を示し第2項は身分の個別性を示していることから、両項は矛盾するとして、第1項は真正身分犯・不真正身分犯共通の成立範囲の規定であり、第2項は不真正身分犯の刑の扱いに関する規定と理解する考え方もある。

●━━　共犯からの離脱　━━●

　諸問題も多義にわたるが、最後に共犯からの離脱について見る。一旦、共犯関係になったとしても、途中で関係を解消できるか否かの問題である。これは、離脱は可能か、可能であれば離脱する場合の要件は何か、である。

　まず、離脱の可能性について、実行の着手前と後で考えが異なる。共犯者が実行の着手前であれば、離脱を考えている者はその意思を表明し、共犯関係にある者が離脱を認めれば、もはや共犯として着手後の責任を負うことはない。実行に着手してしまった後の離脱は、中止未遂の成立が問題となる。すなわち、共犯者を積極的に結果発生防止へと働きかけ、実際に防止できた場合のみ中止未遂が認められる。従って、結果が出てしまえば、中止未遂は成立せず、刑の減免もない。このことから、厳密には実行の着手後の離脱は、本来の意味での離脱（離脱者個人の問題でなく、という意味）とは異なり、共犯全体の結果不発生を成し遂げられるかの問題である。

　他にも、実行の着手の前後に関係なく、離脱を考えているものと他の者との結果に対する物理的および心理的因果性で判断し、因果関係が断絶したとき離脱者は離脱が認められるとする考え方もある。

　個別に見ると、ⅰ共同正犯からの離脱は、共同実行行為者との相互利用・補充の関係が解消されれば認められる。ⅱ教唆犯からの離脱は、教唆したあと、被教唆者が実行に移らないよう積極的に阻止することが必要である。ⅲ幇助犯からの離脱は、幇助行為によって実行されようとする犯罪行為を積極的に阻止したことが必要と考えられる。

第5節　教唆犯と幇助犯

● 教唆犯 ●

　教唆犯について、刑法第61条第1項は「人を教唆して犯罪を実行させた者には、正犯の刑を科する。」、また第2項は「教唆者を教唆した者についても、前項と同様とする。」と規定する。教唆とは、人に特定の犯罪を決意するよう唆すことをいう。教唆は、ある程度具体的指示を含む犯罪の唆しでなければならない。単に犯罪をしろ、では教唆とならない。教唆のやり方に制限はない。言葉ではっきり言う場合でも暗示的な場合でもよいとされる。

　ここで重要なのは、いまだ犯罪を決意していない人に教唆することである。すでに犯罪を決意している人に教唆は成立しない。教唆する相手は、制限従属性説によれば、責任無能力者であってもよい（幼児や重度の精神病者に対しては間接正犯が成立）。教唆犯が成立するには、故意が必要である。この故意については、人に犯罪を実行する決意を生じさせる意思があればよいと解する説と、決意を生じさせる意思の他に、教唆された者が行う犯罪の結果発生の認識も必要とする説がある。

　前者の説は、教唆者が当初から未遂で終わらせる目的で唆した場合、被教唆者が犯罪実行の意思を持った以上、教唆犯が成立することになる。これは、いわゆる未遂の教唆を認める見解である。未遂の教唆（アジャン・プロボカトゥール）は、薬物犯罪のおとり捜査で用いられるもので、例えば、薬物の取引を未然に防ぐため、おとりを利用する捜査手法である。この場合、犯罪が完成してしまえば、おとり捜査は失敗であり、当初から未遂で終わることを想定している。おとり捜査の是非は刑訴法に譲るが、未遂の教唆は許されるか。

　後者の説では、結果発生の認識がなければならないので、それが欠如する未遂の教唆は認められない。なお、教唆されている者にとって、その認識は必要でなく、教唆者のみが教唆の意思を持っていればよい（片面的教唆）。一方で、過失で教唆をしてしまうことも観念上考えられる（過失の教唆）し、過失犯を教唆することも考えられる（過失犯の教唆）が、この両者については否定されている。

　教唆の成立要件として、犯罪を実行させたという客観的側面が必要である。これは、教唆された者が教唆に基づいて決意し、実行することである。前述のように、犯罪行為

から独立して、教唆行為のみを処罰しない共犯従属性説によれば、教唆された者が実行に出なかった、あるいは、教唆行為と因果関係が認められなかったような場合は、教唆犯の成立は否定される。

　他方、教唆した結果、実行に出たが既遂とならなかった場合は、教唆者は当該犯罪の（処罰規定があれば）未遂犯の限度で教唆犯が成立する。教唆犯が成立した場合、教唆者には正犯の刑（正犯と同じ重さ）で処せられる。また、教唆するように教唆することも同様に処罰される。

●─　幇助犯　─●

　幇助犯は、教唆犯とともに狭義の共犯である。第62条の第1項は「正犯を幇助した者は、従犯とする。」、第2項は「従犯を教唆した者には、従犯の刑を科する。」、また第63条は「従犯の刑は、正犯の刑を減軽する。」としている。ここから、幇助犯は従犯とも呼ばれる。幇助犯は、正犯を援助することで、正犯の犯罪行為を助ける。重要なのは、幇助犯は教唆犯と異なり、すでに犯罪意思を有している者に対して働きかけることである。

　それでは、幇助とは何か。幇助とは実行行為以外のやり方で、正犯が犯罪を行い易くすることをいう。方法に種類はない。例えば、武器を渡すとか、逃走資金を援助するといった物的（有形的）援助でもよいし、決意している人を励ましたり、助言をしたりする精神的（無形的）援助であってもよい。また援助行為は作為・不作為を問わない。幇助犯の成立要件は、幇助の意思と正犯が実行行為を行った事実である。幇助の意思は正犯者を幇助する意思があればよいとする説と、幇助の意思および正犯者が実行する犯罪結果に対するある程度の認識が必要とする説の2つがあることは、教唆犯と同様である。幇助された者は援助された認識は必要なく、幇助犯に幇助の意思があればよい（片面的幇助）。

　幇助が行われる時機は、実行の着手の前後を問わない。実行行為終了後に幇助は成立しないが、独立した犯罪類型が存在する場合に限り処罰される（事後従犯）。なお、未遂の幇助、過失の幇助、過失犯の幇助は教唆犯と同様、認められない。正犯が実行行為を行った事実という客観的側面は、正犯が犯罪を実行したということが重要であるから、正犯が実行しなかったとき（予備の幇助は意味がなく）、あるいは幇助と結果との因果関係が認められなかったとき（正犯の原因行為に勢いを与えたといえないとき）は、幇助犯は成立しない。幇助犯の刑は必要的減軽であり、教唆犯と比べると軽いものとなっている。これは、関与の対象者が、すでに犯罪意思を有しているぶん、違法性や非難可能性の面で少ないからとされる。

第**9**章

罪数論

第1節　罪数とは何か

●―　罪数論　―●

　罪数論とは、犯罪を行った者に刑罰を科すとき、犯罪行為がいくつ該当するのか、1つなのか、複数なのかを考えるものである。もちろん、1つの行為で1つの犯罪結果しか出ていなければ、当然であるが1つの犯罪である。これを単純一罪という。しかし、1回の行為で2つ以上の結果が出る場合もある。

　そのようなとき、どう処理するかが罪数の問題である。1つの罪とされるものには、単純一罪の他に、法条競合、包括的一罪があり、これを本来的一罪という。また、観念的競合と牽連犯というものもあり、これらを科刑上一罪という。一方で確定判決を経ていない数罪を意味する併合罪もある。

　それでは、罪数を決める基準は何か。学説は、行為者の犯罪意思で個数を考える行為者基準説、犯罪行為の数で考える行為基準説、構成要件該当性の評価で決定する構成要件標準説、侵害された法益の数で考える法益標準説、罪数の種類で標準も変えるべきとする個別標準説がある。構成要件基準説が通説である。

●―　本来的一罪　―●

　単純一罪の他に、犯罪結果が複数出ているにもかかわらず一罪とされる法条競合は、2個以上の構成要件に重複する場合、どの刑罰法規を適用するかの問題である。これには、ⅰ普通法と特別法の関係に当たる場合、ⅱ吸収関係に当たる場合、ⅲ基本法と補充法の関係に当たる場合、ⅳ択一関係に当たる場合がある。

　普通法・特別法関係は、例えば、自動車で歩行者を轢いて傷害を与えた場合、刑法

の業務上過失致傷罪と自動車運転処罰法の過失運転致傷罪が該当するが、特別法が優先される原則から、自動車運転処罰法で処罰される。

　吸収関係に当たる場合とは、一方の犯罪が他方の犯罪を吸収することをいう。例えば、人を殺害する際、衣服が破れたりすることもあるであろう。この場合、殺人罪と器物損壊罪が成立するが、実際、器物損壊罪は殺人罪に吸収され、殺人罪のみ適用される。なお、吸収関係は、包括的一罪に類型化される考え方もある。

　基本法・補充法の関係とは、法益保護の関係で2つの法規が補充しあうことをいう。例えば、人を傷害した場合、傷害罪と暴行罪が考えられるが、ともに保護法益は身体の安全であるため、傷害罪と（傷害に至らない）暴行罪の二罪が成立するかというと、基本法たる傷害罪が優先され、補充関係にある暴行罪は適用されない。

　択一関係は、2つの法規のうち、どちらかが択一的に適用される場合で、例えば、横領罪と背任罪が両方成立しても、横領罪が適用されれば背任罪は適用されない。同様に、未成年者誘拐罪が成立すれば、営利誘拐罪は適用されない。

　包括的一罪とは、客観的には複数の犯罪に該当するように見えるが、実質的に1つの構成要件該当と評価されるものを指す。科刑上一罪に近い性質を持っているとされる。狭義の包括的一罪と吸収一罪がある。狭義の包括的一罪は、構成要件上、複数の行為が含まれそれが不可分の関係にある場合である（逮捕・監禁）。

　これには、ａ常習犯のように、将来の同一行為の反復性から、構成要件を複数回行うことを予定している場合（常習賭博罪）、ｂ営業犯のように、営利の目的で同種の行為を継続して繰り返すことを構成要件が予定している場合（わいせつ物頒布罪）、ｃ職業犯のように、営利の目的は持っていないが、業として同種の行為を継続・反復することを予定している構成要件である場合（医師法における無免許医業罪）がある。

　いずれも反復・継続した複数回の行為は包括して1個の行為とされる。また、同一の法益に向けられた行為が連続して同一の構成要件に規定されている場合、同一の犯罪意思を有し、同一の法益に向けられた数個にわたる同種行為が時間的・場所的に近接している場合もある。これに該当しなければ、複数の犯罪として併合罪となる。吸収一罪を法上競合でなく、包括的一罪に分類する立場があることは、前述した。その場合、吸収関係に当たる場合の例が、これに該当する。

第2節　科刑上一罪

●━━　観念的競合　━●

　観念的競合と牽連犯は科刑上一罪である。科刑上一罪とは、行為は複数の犯罪に該当するが、刑を科す方策として一罪で処理することをいう。刑法第54条第1項に「一個の行為が二個以上の罪名に触れ、又は犯罪の手段若しくは結果である行為が他の罪名に触れるときは、その最も重い刑により処断する。」と規定されている。前段の部分が観念的競合、後段が牽連犯である。そして、一罪での処理の仕方は一番重い罪の刑罰で処罰する、というものである。

　まず、観念的競合は一所為数法・想像的競合とも呼ばれ、1つの行為が複数の構成要件に該当する場合である。従って、本来はその全ての犯罪を処罰することになるが、行為が1つであるため一罪で処理し、その中の重い犯罪で処罰するのが合理的と思われるためである。1つの行為をめぐって、判例は、法的評価をはなれ構成要件的観点を捨てた自然的観察のもとで行為者の動態が社会的見解上1個のものと評価される場合としている。

　このように判例は構成要件的評価で判断しないとするが、学説は自然的観察によって判断すべきとする説、社会的な判断による説もあるが、構成要件を基準に判断する説もある。これは、どうしても規範的に判断せざるを得ないという理由からである。

　2個以上の罪名に触れるとは、複数の構成要件に該当し数罪が成立するとの法的評価である。例えば、1回の投石によって、人を傷害し、窓ガラスを割り、花瓶も壊すような場合（異種類の観念的競合）もあれば、複数人に傷害を負わせるように同一の構成要件に複数該当する場合（同種類の観念的競合）もある。

●━━　牽連犯　━●

　牽連犯は、第54条後段で規定される、2つの行為が犯罪の手段と結果との関係にある場合、重い方の犯罪で処罰するものである。手段と結果の関係について、学説は、数罪の間に経験則上、通常といえる類型的な手段と結果の関係が必要であるとする客観説、行為者の牽連の意思で足りるとする主観説、通常手段と結果の関係にあり、行

為者も牽連を認識している必要があるとする折衷説に分かれる。例えば、住居侵入罪と強盗罪、住居侵入罪と窃盗罪等、あるいは、文書偽造罪と同行使罪、文書偽造罪と詐欺罪が牽連犯の認められる事例である。一方で、保険金目的の放火罪と詐欺罪、殺人罪と死体遺棄罪等は牽連犯が認められない事例である。

　他の罪名に触れるときとは、複数の犯罪が各構成要件に該当することである。観念的競合と同様に、同一の構成要件に該当する同種類の牽連犯も認められる。なお、牽連犯は必要ないとする考え方もある。牽連犯を認める根拠に乏しく、存在理由がないからであるとする。この場合は、数罪を認めて包括的一罪ないしは併合罪として処理すればよいとの主張であるが、これに対しては、被告人に不利益に働く恐れがあるとして反対する立場も多い。

● かすがい理論 ●

　かすがい理論とは、本来併合罪に該当する複数の犯罪が、それぞれ、ある別の犯罪と科刑上一罪、すなわち、観念的競合や牽連犯の関係になる場合に、それらが全体として科刑上一罪となる場合をいう。この別の犯罪はかすがい（2つを結びつけるの意）現象となり、複数の犯罪と別の犯罪全てを結びつけることになる。例えば、住居に侵入し3名を殺害した場合、3名の殺害は併合罪であるが、住居侵入という手段があるため、住居侵入・3つの殺人全てが牽連犯となる。

　その他、科刑上一罪で問題となるものに、不作為犯と観念的競合の問題および共犯と罪数の問題がある。まず前者は、例えば、自動車を運転して人を轢き、そのまま逃走した場合、救護義務と報告義務の2つの作為義務に違反するとして、この2つの作為義務は観念的競合か併合罪かの問題である。逃走行為自体、救護義務違反であり、同時に報告義務違反とする観念的競合説と、1個の行為で救護と報告の両方の作為義務を課すのは酷であるとし、併合罪が成立するとの併合罪説の2つがある。

　他方、共犯と罪数の問題は、共同正犯と教唆・幇助に分けられる。共同正犯は、犯罪共同説からは、数人に対する犯罪行為は1つであるから観念的競合とされ、行為共同説からは、それぞれにつき複数の共同正犯を認めるので併合罪が成立するであろう。教唆・幇助の場合は、教唆・幇助の行為を基準に考えるべきとし、1個の教唆・幇助により複数行為があった場合は、観念的競合・牽連犯が成立する。

第3節　併合罪

●─　併合罪　─●

　併合罪は、刑法第45条に「確定判決を経ていない二個以上の罪を併合罪とする。ある罪について禁錮以上の刑に処する確定判決があったときは、その罪とその裁判が確定する前に犯した罪とに限り、併合罪とする。」との規定がある。従って、併合罪には複数の犯罪がいずれも確定判決を経ていない場合（同時的併合罪）と、複数の犯罪があった中で、ある犯罪が先に発覚しそれにつき禁錮以上の確定判決があった場合、その罪と確定判決以前に行われた犯罪とが併合罪になる場合（事後的併合罪）の２種類が存在する。

　そして、併合罪は複数の罪を総合的に判断することにより、単一の刑で処理するものである。処理の仕方としては、それぞれの刑のうち最も重い刑で処する吸収主義、最も重い刑を基礎とし、これに加重していく加重主義、同種犯罪の刑は累積し異種犯罪の刑は同時に科する併科主義、の各方法がある。

　わが国は加重主義を原則とし、補充的に吸収主義と併科主義を用いて刑が計算される。加重主義がとられているのは、有期懲役・禁錮および罰金刑である。懲役と禁錮は、第47条で最も重い罪の刑の長期にその２分の１を加えたものを長期とするが、それぞれの罪について定めた刑の長期の合計は超えてはならないとする。罰金については、第48条第２項により、それぞれの罪に定めた罰金の多額の合計以下で決めることになる。

　吸収主義をとっているのは、死刑、無期懲役、無期禁錮である。死刑は第46条第１項で、無期懲役・無期禁固は同条第２項で、いずれも他の刑を科さない（死刑の場合、没収はこの限りでなく、無期刑の場合は、罰金・科料・没収はこの限りでないことから、併科主義がとられる）。第48条第１項では、罰金と他の刑は併科され、第53条第１項で拘留・科料と他の刑は併科される。それでは、第45条の規定はなぜ存在するのか。

　これは、複数の犯罪を行った者に対し、それぞれの犯罪を認めるのが本来であるが、それだと複数の審理を同時に行わなければならず、手続き的な問題であるとする説。また、複数の審理からそれぞれの刑を考えるとき、その者の素質や環境が影響を及

ぼし二重に評価されることになるし、確定判決があった場合はすでに素質や環境は考慮されているから、全体を考えたうえで刑を適用するのがよいからとする説。さらに、共通した行為者人格が発現した行為については、一括した判断が必要であり、確定判決を受けたことで、人格形成に重要な影響が与えられ、以降の新たな人格態度がとられることを期待されるからとする説もある。

第10章

刑罰論

第1節　刑罰とは何か

● 刑罰の本質 ●

　刑罰は、国家の名のもとに社会の秩序を維持するため、犯罪者に対して加えられる制裁である。犯罪者から生命や自由、財産をはく奪する。これは、犯罪者にとっては害悪以外の何ものでもない。しかし、それが正当化される理由は、大別して2つの考え方、応報刑の思想と目的刑の思想にある。

　まず、応報刑論は、絶対刑論をもとに、犯罪が行われたがゆえに処罰される、とする。法益を侵害されたのと同等の制裁を科す考え方である。古くは、有名なハンムラビ法典の「目には目を、歯には歯を」（同害報復）の思想である。哲学的にも各人が彼の行為に値するものを受け取るべし、犯罪は法に対するマイナスであり、刑罰を科すことはマイナスに対するマイナスで国家に原状回復を図る等、説明されてきた。

　しかし、応報刑の思想は、その背景に刑罰の意義は科すことにあり、時に過酷で見せしめのための刑罰に傾く恐れがある。わが国でも古くは、また、一部の地域では現在も見せしめの公開処刑が行われているようである。もちろん、宗教的思想やその他の思想から行われているのであろう。しかし、犯罪に厳しく対処しすぎることは、逆に同害報復の思想からも刑罰のバランスを崩し国民が委縮することは、遠まわしに避けられない。もちろん、民主主義国家ではそこまでバランスを心配しなくてもよいであろう。

　そこで、もう1つの考え方がある。目的刑論である。目的刑論は、相対刑論をもとに、犯罪が行われないように刑罰を科すことが本質であるとされる。すなわち、犯罪の予防・抑止に重点を置いた刑罰論である。その目的の達成のために、国民全体に向かって犯罪を行わないよう、働きかけるのが本質と考える。これを一般予防論という。それに対して、一度犯罪を行った者が、再び犯罪を繰り返すことにも神経を使う。再犯の防止は、

当該犯罪経験者という特定な者が対象であるから、これを特別予防論という。一般予防と特別予防は、目的刑論にとって車の両輪というべきである。

　しかし、実際は考え方の違いにより、どちらが重視されるべきかの議論はある。一般予防を重視すると、犯罪者処罰により一般人に影響を与え、犯罪を防げるとする。しかし、本当に国を挙げて防止できるかというと、特段科学的な証明も難しい。反対に、行き過ぎた応報刑論と同様に厳罰化や見せしめに傾きやすくなる。特別予防を重視する立場は、再犯防止に効果のある刑罰こそ正しい刑罰で、本質を成しているとする。ここから、教育刑論が派生する。

　教育刑論は、犯罪者の教育・改善を行うことで再犯防止に寄与することが、刑罰の本質であるとする。しかし、教育刑論に対しても、改善の必要性の根拠が不明確、教育・改善ができない者には長期な刑罰が必要となってしまう、常習犯罪者に教育・改善は不可能である等の批判がなされる。

　従って、応報刑論、一般予防目的刑論、特別予防目的刑論・教育刑論のどれか1つで刑罰の本質を説明することは無理がある。どの考え方も、行き過ぎれば危険な思想になるがゆえに、それぞれの考え方の危険な部分を排除しつつ、総合的に刑罰の本質を考えるべきである。それには、応報刑論が基本となることは当然であるし（非難に基づく責任をとるべく、害悪を受け入れる）、さらに、一般予防の観点も必要となる、また再犯を減らすことも社会秩序の維持から当然である。

第2節　刑罰の種類

●─　刑罰の体系　─●

　わが国の刑罰の体系はどのようになっているか。刑法第9条で「死刑、懲役、禁錮、罰金、拘留及び科料を主刑とし、没収を付加刑とする。」と規定している。死刑から科料までの6種類が単独で科される刑罰であり、没収が主刑に付随する形で科される刑罰となっている。死刑のことを生命刑、懲役と禁錮、拘留を自由刑、罰金・科料を財産刑と呼んでいる。刑の重さについては、各犯罪に示されている（法定刑）。当然のことであるが、重い犯罪には重い刑罰が、そこまで重くない犯罪に対しては、比較的軽い刑罰が用意されている。

　例えば、殺人罪の法定刑は、死刑、無期もしくは5年以上の懲役刑であり、窃盗罪の

法定刑は、10年以下の懲役、あるいは、50万円以下の罰金となっている。殺人罪で５年以上とあるのは、下が５年であるから下限規定、反対に窃盗罪は、上が10年までとなっているから上限規定である。なお、殺人罪が第199条で懲役５年以上としか規定されていないが、上限は何年までか。刑法第12条第１項によると、懲役は、無期と有期があり、有期懲役は20年までとする。有期の禁錮刑も同様で20年である（第13条第１項）。

　一方で、窃盗の場合、10年以下となっているので、有期懲役の下限は１月以上（有期禁錮も同じ）である（第12条第１項および第13条第１項）。また、死刑や無期懲役・無期禁錮を減軽する場合は、長期30年まで減軽することができる（第14条第１項）。それに対して、有期懲役や有期禁錮を加重する場合も同じく30年までとなっており、逆に減軽する場合は、１月未満に下げられる（第14条第２項）。このように、減軽したり加重したりする修正刑の幅を処断刑という。

●━ 刑罰の種類 ━●

　刑罰の種類を個別に見ていく。まず、死刑である。死刑は、生命のはく奪を目的とした刑罰である。刑法では、18種類の犯罪で死刑がある。死刑は刑事施設内で絞首して執行される（第11条第１項）。ここでいう刑事施設とは、拘置所である。刑務所ではない。なぜなら、死刑は絞首のときが刑の執行であるから、それまでの期間は、刑罰ではない。従って、刑罰執行施設である刑務所にいないのである（拘置所に併設する形で死刑執行施設が刑務所の場合もある）。

　死刑はその是非をめぐり廃止論と存置論が争われている。廃止論は、①死刑は国家による残虐な刑罰である、②国民に殺人を禁止するのに国家が殺人をするのは矛盾する、③死刑囚に教育・改善の機会を奪う、④一般人や犯罪者に威嚇力はない、⑤誤判の場合取り返しがつかない、⑥死刑は世界的に廃止の流れである、等がある。

　これに対して存置論は、①残虐な刑罰でないことは最高裁でも認められており、憲法違反ではない、②生命を奪った犯罪者の方が残忍である、③死刑が選択されたのは、改善の余地がないからである、④一定の威嚇力はある、⑤誤判は死刑事件に限られない、⑥世論や被害者が死刑存続を願っていることが多い、等と主張される。世界的な動向として見れば、廃止の流れである。先進国で死刑が存置されているのはアメリカの一部の州とわが国くらいである。

　次に、死刑の適用要件は、永山事件で示された。すなわち、ⅰ犯行の罪質、ⅱ犯行の動機、ⅲ犯行の態様、ⅳ結果の重大性、ⅴ遺族の被害感情、ⅵ社会的影響、ⅶ犯人

の年齢、viii前科、ix犯行後の情状、が挙げられている。死刑は法務大臣の命令により（刑訴法第475条第1項）判決確定から6箇月以内に執行されなければならない（刑訴法同条条第2項）。ただし、再審の請求等があった期間は、6箇月に含めない（刑訴法同条第2項）。もし、死刑が法務大臣によって命令されたら、5日以内に執行しなければならない（刑訴法第476条）。

　自由刑である懲役刑と禁錮刑は、刑事施設で拘置される点で同一であるが、懲役刑が所定の作業（刑務作業）を行わせるのに対して（第12条第2項）、禁錮刑にはそれがない（第13条第2項）。もっとも、禁錮刑の受刑者も希望すれば刑務作業をすることができる。なお、拘留は、1日以上30日未満の長さで刑事施設に収容される。禁錮刑と同じく作業の義務はない（第16条）。似たものとして勾留があるが、これは未決勾留すなわち、判決が確定する以前の者が刑事施設に収容されていることを指し、刑罰ではない。

　自由刑については、近年、自由刑の単一化が議論されている。禁錮刑はいわゆる非破廉恥罪の刑罰として、通常の犯罪と異なった処遇をすべきとされてきたが、その意味も薄れ、また前述のように、禁錮刑も懲役刑と同様に刑務作業を行う者が増加し、両罰の実質的相違点が見出しにくい状況であることから、区別をなくし、懲役刑と禁錮刑を単一化すべきと考えられている。

　最後に、財産刑である。罰金刑は、1万円以上である。ただし、下げる場合はそれ未満にすることができる（第15条）。また、科料は、千円以上1万円以下である（第17条）。罰金が完納できない場合、その者は1日以上2年以下の長さで労役場に留置される（第18条第1項）。科料が完納できない者は、1日以上30日以下で労役場に留置される（第18条第2項）。その際、刑作業が課される。

　これに似たものとして、過料がある。これは刑事法とは関係のない制裁であるため、刑罰ではない。なお、没収も財産刑的性質を有しているとされる。それは、没収したものが国庫に帰属される処分とされるからである。没収の対象は、犯罪行為の証拠となるものや犯罪に用いられたもの、犯罪によって得られたもの等である。

　その他として、判決により自由刑が言い渡されたが、それが3年以下の場合、および罰金刑が50万円以下の場合、情状により1年から5年までの執行猶予を付すことができる（第25条第1項）。以前に禁錮以上の刑罰を受けていないこと等の条件は付く（同条第1号・第2号ないしは第2項）が、執行猶予が付された場合、猶予期間中、保護観察が付く（第25条の2）。しかし、途中で解除されることもある（同条第2項）。

　また逆に執行猶予が取り消されることもある（第26条第1項）。それは、猶予期間中にさらに罪を犯し禁錮以上の刑に処せられ執行猶予の言い渡しがない（同条第1号）場

合、猶予の言い渡し以前に犯した他の犯罪により、禁錮以上の刑に処せられ、執行猶予の言い渡しがなかった（同条第2号）場合、猶予の言い渡し以前に他の犯罪で禁錮以上の刑に処せられたことが発覚した（同条第3号）場合である。刑の一部執行猶予とは、これまでの執行猶予が刑の全部の執行猶予であったのに対し、情状により、その刑の一部の執行が猶予されるものである。これは、一部の執行が猶予された刑については、そのうち猶予がされなかった部分の期間を執行し、当該部分の期間の執行が終わった日あるいは、その執行を受けることがなくなった日からその猶予の期間を起算することになる（同条第2項）。

　また、その他として、刑の時効がある。これは、刑訴法の公訴時効と異なる。刑の時効は、刑の言い渡しが確定した日から計算して、一定の期間が経過すると刑の執行が消滅するものである（第32条）。

　刑の重さにより、時効期間が異なる（同条第1号から第6号）。刑罰の消滅は、刑の執行の終了、執行猶予期間の終了、刑の執行の免除、時効の完成、犯罪者の死亡、恩赦等がある。

第2部

各　論

Specific Offences

第1章

生命・身体に関する罪

第1節　人の始期

　刑法上の人の始期はいつか。言い換えれば、人が殺人罪や傷害罪の被害者となりうるのはいつからか。そもそも「生物学的な人の生命は、精子と卵子の結合、受精卵の着床、胎児、出生、死亡までの過程を辿る。」（川端博他編『裁判例コンメンタール刑法〔第２巻〕』立花書房、2008年、441頁）着床→胎児→母親の体内からの一部露出→全部露出という過程があるところ、どの段階を刑法上の人の始期とするか。この区別により、堕胎罪になったり殺人罪になったりする。他方、民法では、その３条に「私権の享有は、出生に始まる。」とある。したがって、民法では全部露出した時点で初めて人として扱われることになる。ただし、その886条に、「胎児は、相続については、既に生まれたものとみなす。」という規定がある。刑法にはこれらの出生に関する条文はないため、解釈が必要となる。

●─　人の始期（学説）　─●

分娩開始説・陣痛開始説（出産開始説）…分娩・陣痛が開始した時から人とする説
一部露出説（判例・通説）…胎児が母体から一部露出した時から人とする説
全部露出説…胎児が母体から全部露出した時から人とする説
独立呼吸説…胎児が独立して呼吸を開始した時から人とする説

　通説・判例が一部露出説を採る理由は、一部でも母体外に身体が出た瞬間から、身体に対する攻撃が可能になるので、刑法上の保護が必要になるからである。

【判例】胎児の身体の一部が露出後に殺害（殺人罪）
　妊娠を他人に知られるのを恐れた女性が、便所で分娩を催したため、嬰児の

顔の一部が体外に出たところを両手で強く押さえ、汲み取り式便所に産み落した上、棒で押し込んで窒息死させたという事件である。「胎児が未だ母体より全然分離して呼吸作用を始むるに至らざるも既に母体より其一部を露出したる以上母体に関係なく外部より之に死亡を来すべき侵害を加ふることを得るを以て殺人罪の客体と為り得べき人なりと云うを妨げざるものとす」（大判大正8・12・13刑録25・1367）

第2節　人の終期

　刑法上の人の終期すなわち人の死亡の時期はいつからか。人の死は、従来、自発呼吸停止、脈拍停止、瞳孔散大の3点から死をとらえる三徴候説（心臓死説）でとらえてきたが、医学の発達により、脳死という新しい死の概念が登場した。すなわち、病院で生命維持装置を装着され、人工呼吸器によって心臓や肺を動かすことが可能となったため、脳が不可逆的に蘇生しない状態となっても、身体が生きている状態が生じることとなった（脳死）。臓器移植をするためにはこの脳死状態で臓器を摘出する必要がある。従来の三徴候説（心臓死説）によれば、脳死になっても心臓が動いているため、人の死ではないことになる。すると、この心臓が動いている状態で臓器移植のために臓器を摘出すると、傷害罪か傷害致死罪か殺人罪が成立することとなってしまう。この問題は立法により解決した。平成9（1997）年に臓器移植法が成立し、脳死状態の人の臓器を摘出することができることになった。これにより、脳死した人の身体から臓器を摘出しても、傷害罪や殺人罪等になることは回避された。

三徴候説（判例・通説）…自発呼吸停止、脈拍停止、瞳孔散大の3点から死期をとらえる説

脳死説…脳の死により死期をとらえる説

第3節　殺人罪

「人を殺した者は、死刑又は無期若しくは5年以上の懲役に処する。」（199条）
　殺人罪は、人の生命という最も重い法益を侵害する犯罪である。世界的には、謀殺、故殺など殺人罪の種類を分ける国が多い。予備罪処罰がある。予備罪とは、実行に着手したが結果の発生に至らなかった未遂罪よりも前の段階（犯罪の準備段階）について処罰するものである。殺人罪の予備罪が認められた事件として、次の下級審判例がある。

【判例】「松本サリン事件」（殺人罪の予備罪）

「松本サリン事件実行犯グループの一員として、サリン散布の際の警備役を担当した上、犯行現場と教団施設をワゴン車で往復して共犯者らを搬送し、更にその後サリン生成化学プラント建設等に関与した者について、殺人、殺人未遂罪の共同正犯及び殺人予備罪の成立を認め」（東京地判平成1・6・12判タ1006・286）た。

第4節　尊属殺人罪の削除

かつて刑法は、普通殺人罪（199条）の他に尊属殺人罪（200条）の重罰規定を設けていた。

旧刑法200条「自己又は配偶者の直系尊属を殺したる者は死刑又は無期懲役に処する。」

普通殺人罪の当時の法定刑は、死刑又は無期懲役又は3年以上の懲役であった。最高裁は、尊属殺人罪の法定刑は、普通殺人罪の法定刑と比較して重すぎるため、法の下の平等（憲法14条1項）に違反するとして無効とした。この判決後、長い間立法府は刑法200条を削除しなかったが、違憲判決後は運用停止とされた。そして、平成7年の刑法の条文を平易化する改正の際にようやく削除された。また、この際、200条以外の尊属に対する加重規定（尊属に対する傷害罪等）もあわせて削除された。

【判例】尊属殺人罪最高裁違憲判決

最高裁「主文　原判決を破棄する。被告人を懲役2年6月に処する。この裁判確定の日から3年間右刑の執行を猶予する。理由（略）尊属殺の法定刑は、それが死刑または無期懲役刑に限られている点（現行刑法上、これは外患誘致罪を除いて最も重いものである。）に於いてあまりにも厳しいものというべく、（略）すなわち尊属に対する敬愛や報恩という自然的情愛ないし普遍的倫理の維持尊重の観点のみをもってしては、これにつき十分納得すべき説明がつきかねるところであり、合理的根拠に基づく差別的取扱いとして正当化することはとうていできない。以上のしだいで、刑法200条は、尊属殺の法定刑を死刑または無期懲役刑のみに限っている点において、その立法目的達成のため必要な限度を遙かに超え、普通殺に関する刑法199条の法定刑に比し著しく不合理な差別的取り扱いをするものと認められ、憲法14条1項に違反して無効であるとしなければならず、したがって、尊属殺にも刑法199条を適用するのほかはない。この見解に反する当審従来の判例はこれを変更する。」「なお、被告人は少女のころに実父から破倫の行為を受け、以後本件に至るまで10余年間これと夫婦同様の生活を強いら

れ、その間数人の子までできるという悲惨な境遇にあったにもかかわらず、本件以外に
なんら非行も見られないこと、本件発生の直前、たまたま正常な結婚の機会にめぐりあっ
たのに、実父がこれを嫌い、あくまでも被告人を自己の支配下に置き醜行を継続しよう
としたのが本件縁由であること、このため実父から旬日余にわたって脅迫虐待を受け、
懊悩煩悶の極にあったところ、いわれのない実父の暴言に触発され、忌まわしい境遇か
ら逃れようとしてついに本件にいたったこと、犯行後ただちに自首したほか再犯のおそ
れが考えられないことなど、諸般の情状にかんがみ、同法25条１項１号によりこの裁判
確定の日から３年間右刑の執行を猶予し、第一審および原審における訴訟費用は刑訴
法181条１項但書を適用して被告人に負担させないこととして主文のとおり判決する。」
（補足意見、反対意見あり）（最大判昭和48・4・4刑集27・3・265）

第5節　自殺関与罪と同意殺人罪

　「人を教唆し若しくは幇助して自殺させ、又は人をその嘱託を受け若しくはその承諾
を得て殺した」（202条）場合に成立する。

　本罪は、4つの類型の犯罪を処罰する規定となっている。すなわち、前段の自殺関与
罪は、**自殺教唆罪**、**自殺幇助罪**、後段の同意殺人罪は**嘱託殺人罪**、**承諾殺人罪**となっ
ている。これらは１つの条文で規定されているので、法定刑は同じである。では、法定
刑が同じであれば犯罪類型を分ける意味はないか。下級審判例であるが、夫婦が自動
車の中で練炭を使って心中しようとしたが夫だけが生き残った事件で、一審では**承諾殺
人罪**としたが、控訴審では事実誤認を争い、**自殺幇助罪**の主張が認められたものがあ
る。控訴審では、妻も練炭に火をつけていたなど自殺に関して積極的な行為に出ていたこと
が認められたのがその理由である。この裁判でも争われたように、**自殺幇助罪**よりも**承
諾殺人罪**の方が重い犯罪となる。

●─　自殺関与罪の処罰根拠　─●

　そもそも自殺は犯罪でないとすると（刑法に自殺罪は存在しない）、自殺したい人か
ら自殺を手伝って欲しいと頼まれ手伝う行為（犯罪でない行為の幇助）がなぜ犯罪とし
て処罰されるかが問題となる。この理由として、自殺はそもそも違法ではあるが、可罰
的違法性がないから処罰されないという考え方がある（可罰的違法阻却説）。次に、自
殺はそもそも違法ではあるが、期待可能性がないから責任が阻却されるという考え方が

ある（責任阻却説）。一方、自殺がそもそも違法でないとすると、制限従属性説によれば、違法でない自殺に関与しても違法にはなり得ないことになる。共犯者の行為が違法となるのは、正犯者の違法な行為を手伝うからであると解すると、正犯者の違法でない行為（自殺）を手伝ったのに、なぜ違法になるのかということが問題となる。しかし、自殺自体は違法でないとしても、他人の自殺を手伝うことは違法になるという解釈は成り立つと考えられる。つまり、違法は人によって相対化（個別化）するということである。他人に自殺を手伝って欲しいと頼まれたとしても、自殺は手伝ってはいけないという刑法上の評価は可能ということである。刑法上は、本人が自殺することと、自殺を頼まれて手伝う行為は別に評価することができるから、自殺者本人が自殺をする行為は犯罪ではないが、それを手伝う行為は犯罪になるということである。一方、もし自殺罪を処罰する規定があったとしても、既遂犯の犯人は死亡しているので、処罰されるのは未遂犯だけとなる。そうすると、自殺に失敗した人を更に処罰するのは気の毒なので、処罰を控えるとする刑事政策的な考え方もある。

【判例】承諾殺人罪の成立を否定して自殺幇助罪を認めた事件

「原判決は、被害者が練炭の着火を一部分担したとしても、殺害の実行行為の準備行為にすぎないとするが、（略）練炭への着火は、練炭コンロを車内に置いてドアを閉めるという直接的な生命侵害行為と密接不可分の行為であり、単なる準備行為にすぎないとする原判決の評価は、いささか形式的にすぎ、賛同できない。そうすると、被告人の行為は、自殺の意思を有する被害者に対し、共同して自殺行為を行うことにより、その自殺の実行を容易にしたものとして、自殺幇助に該当すると認めるのが相当である。」（東京高判平成25・11・6判タ1419・230、高刑速（平25）122）

［ 被害者の自殺の意思に問題がある場合 ］

嘱託殺人・承諾殺人は、自殺をする気のある人の自殺を手伝った場合に成立するので、この嘱託・承諾が真摯なものでなければ、自殺を手伝う罪ではなく単なる殺人罪となる。

【判例】偽装心中（殺人罪）

被告人は、接客婦A（当時22歳）「と馴染となり遊興を重ねる中、同女との間に夫婦約束まで出来たが、他面（略）数十万円の借財を負うに至り、両親からはAとの交際を絶つよう迫られ最近に至り自らもようやく同女を重荷に感じ始め、同女と関係を断ち過去の放縦な生活を一切清算しようと考えその機会を来るのを待っていたところ遂

に（略）同女に対し別れ話を持ち掛けたが同女は之に応ぜず心中を申出でた為め困り果て同女の熱意に釣られて渋々心中の相談に乗っていたものの（略）最早被告人の気が変わり心中する気持がなくなっていたに拘らず（略）同女が自己を熱愛し追死してくれるものと信じているのを奇貨とし同女をのみ毒殺しようと企て真実は追死する意思がないのに追死するものの如く装い同女をして其旨誤信せしめ予め買求め携帯してきた青化ソーダ致死量を同女に与えて之を嚥下させよって同女をして即時同所に於て右青化ソーダの中毒により死亡せしめて殺害の目的を遂げ」たという事案につき「被害者の意思が自由な真意に基かない場合は刑法第202条にいう被殺者の嘱託または承諾としては認められない。自己に追死の意思がないに拘らず被害者を殺害せんがため、これを欺罔し追死を誤信させて自殺させた所為は、通常の殺人罪に該当する。」（最判昭和33・11・21刑集12・15・3519）

【判例】威迫して自殺させた事件（自殺教唆罪）

「甲はその妻乙が丙と不倫関係があると邪推し、乙に対し連日の如く常軌を逸した虐待、暴行を加え、乙に強要して右姦通事実を承認し、或は自殺する旨を記載した書面を書かせるなど乙の自殺を予見しながら執拗に肉体的精神的圧迫を繰り返し、乙はこれがため遂に自殺を決意し自殺するに至ったときは、甲について自殺教唆罪が成立する。」（広島高判昭和29・6・30刑集7・6・944）

【判例】5年11月の幼児（殺人罪）

「自殺の何たるかを理解するの能力なき幼児は自己を殺害することを嘱託し又は殺害を承諾するの能力がなきものとす」（大判昭和9・8・27刑集13・1086）

【判例】精神分裂病に罹患した者（殺人罪）

「被害者が通常の意思能力もなく、自殺の何たるかを理解せず、しかも被告人の命ずることは何でも服従するのを利用して、その被害者に縊首の方法を教えて縊首せしめ死亡するに至らしめた所為は、殺人罪にあたる。」（最決昭和27・2・21刑集6・2・275）

第6節　堕胎罪

「妊娠中の女子が薬物を用い、又はその他の方法により、堕胎」（212条）した場合に成立する。堕胎とは、自然の分娩に先立ち、胎児を母体外に出すことである。

堕胎罪には、自己堕胎罪（212条）、同意堕胎罪及び同致死傷罪（213条）、業務上堕胎罪及び同致死傷罪（214条）、不同意堕胎罪（215条）、不同意堕胎致死傷罪（216条）がある。現在は母体保護法があるため、倫理的理由や経済的理由により子どもを育てられない場合の堕胎は処罰されないため、本罪は死文化している。堕胎罪の**保護法益**は、第一次的に、胎児の生命・身体の安全、第二次的に、母体の生命・身体の安全である。

【判例】堕胎とは
「堕胎罪は自然の分娩期に先ち人為を以て母体より胎児を分離せしむるに因て成立す」（大判明治42・10・19刑録15・1420）

第7節　遺棄罪

　「老年、幼年、身体障害又は疾病のために扶助を必要とする者を遺棄した」（217条）場合に成立する。「老年者、幼年者、身体障害者又は病者を保護する責任のある者がこれらの者を遺棄し、又はその生存に必要な保護をしなかったとき」（218条）は、**保護責任者遺棄罪**となり刑が重くなる。

　遺棄罪とは、保護を必要とする者を保護のない状態に置くことによって、生命・身体を危険に晒すことにより成立する。**保護法益**は、遺棄された者の生命・身体の安全である。遺棄罪の典型例は、自分で家に帰れないような幼い子どもや高齢者を知らない場所に遺棄して立ち去るような場合である。抽象的危険犯である（通説・判例）。したがって、例えば、幼い子どもを遺棄したけれどもたまたま通行人がすぐに救護したため、実際には生命や身体に対する具体的な危険が生じなかったとしても、成立する。幼い子どもを知らない場所に置いて来れば、その子どもの生命・身体に対する危険は生じるからである。一方で、遺棄罪を抽象的危険犯とすると、その成立範囲があまりにも広すぎてしまうことから、具体的な危険のあることが必要であるとする説も有力である。

【判例】遺棄罪は抽象的危険犯
「刑法第217条の罪は扶助を要すべき老者幼者不具者又は病者を遺棄するに因り直に成立するものにして其行為の結果現実に生命身体に対する危険を発生せしめたると否とに関係なきものとす」（大判大正4・5・21刑録21・670）

　一方、遺棄行為によって抽象的危険さえも存在しなかったような場合には、遺棄罪は成立しないことになる。団藤重光は、「図式的な形でいえば、たとえば警察の門前に捨子をしても単に援助が予想されるにすぎないから遺棄になるが、他人が拾い上げるのをたしかめた上で立ち去ったときは遺棄にならないという結論になろう（略）。もっとも他人が拾い上げたというだけで、つねに具体的危険の発生がないとはいえないのは、もちろんである。」（団藤重光『刑法綱要各論』〔第3版〕創文社、1990年、452頁）という。

　遺棄行為には2つの類型がある。1つは扶助を必要とする者をわざわざ安全な場所から移動させることによって遺棄する場合（例えば、赤ちゃんをわざわざ山の中に置いてくる）である。2つ目は扶助を必要とする者を扶助しないで、そのまま遺棄する場合（例えば、病人を家に置いてそのままにしておく）である。どちらの形態であっても被害者の危険を増大させているため遺棄罪となる。

［ 遺棄罪の客体 ］

　本罪は保護しないことにより成立するため、誰が保護責任者かが問題となる。保護義務の原因には①法令②契約・事務管理③慣習・条理がある。

【判例】扶助を必要とする者とは

「刑法第217条所定の扶助を要すべき者とは老幼不具又は疾病に因りて精神上若くは身体上の欠陥を生じ他人の扶持助力を待つに非ざれば自ら日常の生活を営むべき動作を為す能わざる者を総称するものにして其生活資料を自給し得ると否とに関係なきものとす」（大判大正4・5・21刑録21・670）

【判例】高度の泥酔者は「病者」にあたる

「高度の酩酊により身体の自由を失い、他人の扶助を要する状態である者は、刑法第218条第1項の『病者』にあたる。」（最決昭和43・11・7判時541・83）

【判例】覚せい剤により錯乱状態にある者は「扶助を必要とする者」にあたる

「被告人らによって注射された覚せい剤により被害者の女性が錯乱状態に陥った午前零時半ころの時点において、直ちに被告人が救急医療を要請していれば、同女が年若く（当時13年）、生命力が旺盛で、特段の疾病がなかったことなどから、十中八九同女の救命が可能であったというのである。そうすると、同女の救命は合理的な疑いを超える程度に確実であったと認められるから、被告人がこのような措置をとること

なく漫然同女をホテル客室に放置した行為と午前2時15分ころから午前4時ころまでの間に同女が同室で覚せい剤による急性心不全のために死亡した」（最決平成元・12・15刑集43・13・879）事件に219条の成立を認めた。

 【判例】実子をマンションに置き去りにして死なせた事件（保護責任者遺棄罪、同致死傷罪）

「被告人は、東京都××区（住所省略）××号室に居住し、実子のB（当時14歳）、C（当時6歳）、D（当時3歳）及びE（当時2歳）を監護していたものであるが、（略）子供を養育する煩わしい生活から逃れ、当時交際していたFとの同棲生活を送るため、幼者で、保護すべき責任がある右4名を置き去りにすることを決意し、昭和63年1月21日ころ、右4名を右××号室に放置したまま家出して遺棄し、よって、同所において、右Dをして同年7月18日から入院加療約1か月半を要する栄養失調症の傷害を負わせたものである。」（東京地判昭和63・10・26判タ690・245）

第8節　傷害罪と暴行罪

「人の身体を傷害した」（204条）場合は傷害罪となり、「暴行を加えた者が人を傷害するに至らなかったとき」（208条）は暴行罪となる。

●— 傷害罪と暴行罪の線引き —●

傷害罪と暴行罪の違いは、条文上必ずしも明確ではない。ここで注意が必要なのは、私たちの日常用語としての「傷害」及び「暴行」と刑法上の「傷害」及び「暴行」は異なることである。すなわち、私たちの日常用語では「傷害」や「暴行」と言わないものも傷害罪や暴行罪として処罰される。

次に、傷害罪と暴行罪の線引きの意義は2つある。すなわち、傷害罪には過失犯処罰があるが暴行罪には過失犯処罰がない。このため、両者の区別は、処罰か不処罰かを分けることになる。次に、強盗罪か強盗致傷罪を分けるというものである。すなわち、強盗罪の中に吸収される暴行と評価されるか、それとも強盗致傷罪として評価される傷害とされるかを分けることになる。

● 傷害とは何か（学説） ●

①生理的機能障害説（通説・判例）…人の生理的機能を侵害したこととする説
②身体完全性侵害説…人の身体の完全性を侵害したこととする説
③折衷説…人の生理的機能を侵害したことあるいは人の身体の完全性を侵害したこととする説

　例えば、女性の頭髪を切除した場合、被害者は痛くも痒くもないので、①説を採れば傷害罪にはならず、暴行罪となる。一方、②説を採ると、身体の完全性は侵害されているので、傷害罪が成立する。

【判例】他人の髪の切断（暴行罪）

「刑法第204条の傷害罪は他人の身体に対する暴行に因り其生活機能の毀損即ち健康状態の不良変更を惹起することに因りて成立するものにして毛髪鬚髯の如きは毛根を身体の内部に寄託し其外表に叢生し以て其保護装飾の作用を為すが故に身体の一部として法の保護する目的たることを失わすと雖も不法に之を裁断し若くは剃去する行為は之を以て直ちに健康状態の不良変更を来したるものと謂うを得ず従て刑法第204条を以て処断すべき傷害罪に該当せず然れども右行為が身体の一部に対する不法侵害たる暴行なることは之を争うの余地存せず唯傷害の結果を生ぜしめさりしものなれば刑法第208条の暴行罪を以て之を処罰するを相当とす」（大判明治45・6・20刑録18・896）

[暴行の故意で暴行し傷害の結果が生じた場合の扱い]

　暴行の故意で暴行行為に及んだのに傷害の結果が生じた場合、何罪に問うべきか。刑法の原則通りに解釈すれば、傷害については故意がないので、故意の傷害罪にはならないことになる。傷害の結果を生じさせたことについて過失があれば過失傷害罪となるが、過失もなければ無罪となってしまう。このような場合、判例は処罰の合理性の観点から、傷害罪の成立を認める。

【判例】暴行の故意で傷害の結果を生じさせた場合（傷害罪）

「1　傷害罪は、結果犯であって、その成立には、傷害の原因たる暴行についての意思があれば足り、特に傷害の意思の存在を必要としない。2　被告人が被害者に

対して大声で『何をボヤボヤしているのだ』等と悪口を浴せ、矢庭に拳大の瓦の破片を投げつけ、なおも『殺すぞ』等と怒鳴りながら側にあった鍬を振りあげて追いかける気勢を示したので、被害者がこれに驚いて難を避けようとして夢中で逃げ出し、約20間走り続けるうち誤って鉄棒に躓いて転倒し、打撲傷を負うた場合には、右傷害の結果は被告人の暴行によって生じたものと解するのが相当である。」（最判昭和25・11・9刑集4・11・2239）

　しかし、これに対しては批判がある。すなわち、暴行の結果的加重犯として傷害罪の成立を認めることは、刑法38条1項の趣旨に反し、責任主義の考えに反するのではないかというのである。この反対説は、責任主義の徹底という長所がある。しかし、暴行の故意で暴行すれば故意の暴行罪となるのに、暴行の故意でより重い傷害の結果が生じたのに、不可罰となってしまうのはおかしいのではないかという再批判がある。そもそも傷害罪は暴行罪の延長線上にある。また、暴行する際に相手に傷害を負わせないように暴行するというのは実際上は考えにくい。例えば、人を殴る時に相手が怪我をしないように、例えば座布団を当ててから殴る人はいない。そうであるとすれば、やはり傷害を負わせる明確な故意は認められなかったとしても、傷害罪の故意責任は免れることはできないことになる。

［ 傷害の未遂 ］

　傷害の故意で傷害行為に出たが、傷害の結果が発生しなかった場合、刑法には傷害未遂罪の規定がないため、不可罰となる。しかし、例えば、相手に傷害を負わせるつもりで石を投げたのに、たまたまコントロールが悪くて当たらなかったような場合を不可罰とするのは問題である。そこで、判例は処罰の合理性の観点から、これを暴行罪として扱う。

【判例】傷害の未遂①投石したが当たらなかった場合（暴行罪）

　「暴行とは人に向って不法なる物理的勢力を発揮することで、その物理的力が人の身体に接触することは必要でない。例えば人に向つて石を投じ又は棒を打ち下せば仮令石や棒が相手方の身体に触れないでも暴行は成立する。群衆の中に棒を揮って飛込み暴れ廻われば人や物に衝らないでも暴行というに十分である。して見ると右暴行の結果石や棒が人の身体に衝りこれに傷を負わせることは暴行の観念から離れ傷害の観念に移行包摂せられるものというべきである。記録によると被告人等は同僚で仲良し

である被害者Bを脅かす目的で悪戯けて夜間同人に向うてその数歩手前を狙うて四五十米手前から投石したことが認められるが石は投げた所に止るものでなくはねて更に同方向に飛ぶ性質のものであるから数歩手前を狙って投げても尚Bに向って投石したといい得るし投石の動機がいたづらであっても又その目的が同人を脅かすことにあっても投石行為を適法ならしめるものでないから右被告等の投石行為はBに向って不法の物理的勢力を発揮したもの即ち暴行行為を為したものといい得る。」（東京高判昭和25・6・10高刑集3・2・222）

【判例】傷害の未遂②椅子を投げたが当たらなかった場合（暴行罪）

「所論椅子が相手方の体に当らなかった事実は何等暴行罪の成立を妨げるものではない。けだし、暴行とは人に向って不法の物理的勢力を発揮することで、その物理的勢力が人の身体に接触することは必ずしも必要でないと解すべきところ、本件において、右被告人の椅子をA目がけて投げつけた行為はAに向って不法の物理的勢力を発揮したもの、即ち暴行をなしたものといい得るからである。」（仙台高判昭和30・12・8裁特2・24・1267）

【判例】傷害の未遂③狭い四畳半の部屋で日本刀の抜き身を振り廻した場合（暴行罪）

被告人は、「同女を思い止まらせるためにその目の前で日本刀を抜いて振り廻して脅そうと考え、立ち上がつて同女の目の前で日本刀の抜き身を何回か上下に振つているうちに力が入つてAの腹に刀が突きささつた事実を認めることができるのであつて、（略）狭い四畳半の室内でAを脅すために日本刀の抜き身を数回振り廻すが如きは、とりもなおさず同女に対する暴行であるというべきであり、被告人は暴行の意思をもつてAに対し暴行を加え、その暴行により同女に判示のような傷害を与え、その結果同女をして死亡するに至らしめたものであるから、暴行の故意をもつてなした行為により傷害致死の結果を生ぜしめたものといわなければならない。」（最決昭和39・1・28刑集18・1・31）

［ 暴行によらない傷害 ］

　暴行を手段としなくても傷害の結果を生じさせた場合は、傷害罪となる。傷害罪はその手段を限定していないからである。

【判例】暴行によらない傷害①性病を感染（傷害罪）

「性病を感染させる懸念のある事を認識しながら、婦女に対し詐言を弄し病毒を感染させた場合は、傷害罪が成立する。」（最判昭和27・6・6刑集6・6・795）

 【判例】暴行によらない傷害②連日連夜の騒音により隣人を頭痛症等にした事件（傷害罪）

「被告人は、自宅の中で隣家に最も近い位置にある台所の隣家に面した窓の一部を開け、窓際及びその付近にラジオ及び複数の目覚まし時計を置き、約1年半の間にわたり、隣家の被害者らに向けて、精神的ストレスによる障害を生じさせるかもしれないことを認識しながら、連日朝から深夜ないし翌未明まで、上記ラジオの音声及び目覚まし時計のアラーム音を大音量で鳴らし続けるなどして、同人に精神的ストレスを与え、よって、同人に全治不詳の慢性頭痛症、睡眠障害、耳鳴り症の傷害を負わせたというのである。以上のような事実関係の下において、被告人の行為が傷害罪の実行行為に当たるとして、同罪の成立を認めた原判断は正当である。」（最決平成17・3・29刑集59・2・54）

［ 同意傷害 ］

　傷害すること自体に、被害者の承諾や同意があった場合、どのように扱うか。被害者に承諾や同意があれば傷害罪は成立しないのか。「殴ってもいいよ」、「怪我させていもいいよ」といって他人に自分を傷害させた場合にも傷害罪は成立するのか。この場合は、社会通念の観点から、判断することになる。

 【判例】やくざの指つめを他人に依頼（傷害罪）

「被告人がAから指をつめることを依頼されて、有合せの風呂のあがり台、出刃包丁、金づち（略）を用い、Aの左小指の根元を有合せの釣糸でしばって血止めをしたうえ、風呂のあがり台の上にのせた小指の上に出刃包丁を当て金づちで2、3回たたいて左小指の末節を切断したことは争いがない事実である。」「しかし、右のような、Aの承諾があったとしても、被告人の行為は、公序良俗に反するとしかいいようのない指つめにかかわるものであり、その方法も医学的な知識に裏付けされた消毒等適切な措置を講じたうえで行われたものではなく、全く野蛮で無残な方法であり、このような態様の行為が社会的に相当な行為として違法性が失われると解することはできない。」（仙台地石巻支判昭和62・2・18判タ632・254）

第9節　傷害致死罪

　「身体を傷害し、よって人を死亡させた」（205条）場合に成立する。傷害罪の結果的
加重犯である。すなわち、人を死に至らしめる故意がなかったとしても、死の結果につ
いて故意責任が負わせられる。この場合、行為である暴行・傷害と結果である死との
間に因果関係のあることが必要である。また、責任主義の観点から、結果の予見可能
性と致死の結果に相当因果関係を要する説が多い。

【判例】暴行したら被害者が逃走して溺死（傷害致死罪）
　「人の身体に対し暴行を加うる認識ありて暴行を加え因て溺死の結果を生ぜし
めたる以上刑法第205条第1項に謂ゆる致死罪成立す」（大判昭和17・4・11刑集21・211）

【判例】被害者に特殊事情がある場合①被害者の衰弱（傷害致死罪）
　「死亡の結果が直接に身体の衰弱より生じたりとすると苟も其衰弱が傷害に起
因したる以上は傷害は死亡に原因を与えたるものと謂ふべし然らば傷害を以て直ちに死
亡の原因と判断するは失当に非ず」（大判明治43・10・3刑録16・1589）

【判例】被害者に特殊事情がある場合②被害者に持病（傷害致死罪）
　「他人に対し暴行を加えて之を憤激せしめ被害者の精神興奮が其の暴行に対す
る反抗争闘中の筋肉激動と相須て予て脳血管硬化症に罹れる被害者の血壓を上昇せし
めて脳出血を発作し遂に死亡するに至りたるときは其の行為は刑法第205条の傷害致死
罪を構成す」（大判大正14・12・23刑集4・780）

【判例】被害者に特殊事情がある場合③被害者に持病（傷害致死罪）
　「顔面を蹴った暴行行為は致命的なものでないとしても、偶々被害者が高度の
脳梅毒にかかっていたため脳組織の破壊により死亡するに至ったときは、傷害致死罪が
成立する。」「被告人の暴行もその与えた傷創もそのものだけは致命的なものではないが
（A医師は傷は10日位で癒るものだと述べている）被害者Xは予て脳梅毒にかかって居り
脳に高度の病的変化があったので顔面に激しい外傷を受けたため脳の組織を一定度崩
壊せしめその結果死亡するに至ったものであることは原判決挙示の証拠即ち鑑定人B、
Cの各鑑定書の記載から十分に認められるのである。（略）被告人の行為が被害者の脳

梅毒による脳の高度の病的変化という特殊の事情さえなかったならば致死の結果を生じなかったであろうと認められる場合で被告人が行為当時その特殊事情のあることを知らずまた予測もできなかったとしてもその行為がその特殊事情と相まって致死の結果を生ぜしめたときはその行為と結果との間に因果関係を認めることができるのである。」（最判昭和25・3・31刑集4・3・469）

【判例】被害者の行為の介入①創傷が化膿して丹毒症を併発（傷害致死罪）

「事実認定に依ればAの死亡の結果は直接膿毒症より生じたるものなるも其膿毒症は傷害に基因したるや明かなり而して創傷の為め化膿することは普通有り得べき事柄にしてAの死亡が医師の責任に帰すべき過誤に基くことは原判決の認めざる所なれば同人の死亡を以て偶発的原因に基くものと論ずるを得ず」（大判大正3・9・1刑録20・1579）

【判例】被害者の行為の介入②暴行された被害者が自ら海中に飛び込み死亡（傷害致死罪）

「被害者Aが被告Bの暴行に関する動作に因り意思の自由を失ひ其水に飛込み溺れたる状態は恰も陸上にて同様の状態に陥りたる者が逃走転倒すると同一にして畢竟被告Bの動作との間に因果の連絡あるものと謂ふべく従てAの溺死は被告Bの暴行を原因とするものにして被告Bは之れが結果に付き刑法上の罪責に任ずべきものとす」（大判大正8・7・31刑録25・899）

【判例】被害者の行為の介入③被害者の過失で傷口から病原菌が入り丹毒症（傷害致死罪）

「犯人の行為によりて生じたる傷口より病菌の侵入したる為丹毒症を起したるときは仮令其の間に於て被害者が治療の方法を誤りたる事実ありとするも犯人の行為と被害者の疾病との間に因果関係の成立を認むべきものとす」（大判大正12・7・14刑集2・658）

【判例】被害者の行為の介入④被害者が逃走しようとして池に落ちて死亡（傷害致死罪）

「本件被害者の死因となったくも膜下出血の原因である頭部擦過打撲傷が、たとえ、被告人及び共犯者2名による足蹴りの暴行に耐えかねた被害者が逃走しようとして池に落ち込み、露出した岩石に頭部を打ちつけたため生じたものであるとしても、被告人ら3

名の右暴行と被害者の右受傷に基づく死亡との間に因果関係を認めるのを相当とした原判決の判断は、正当である。」（最決昭和59・7・6刑集38・8・2793）

【判例】被害者の行為の介入⑤被害者が逃走し交通事故により死亡（傷害致死罪）

「被告人4名は、他の2名と共謀の上、被害者に対し、公園において、深夜約2時間10分にわたり、間断なく極めて激しい暴行を繰り返し、引き続き、マンション居室において、約45分間、断続的に同様の暴行を加えた。被害者は、すきをみて、上記マンション居室から靴下履きのまま逃走したが、被告人らに対し極度の恐怖感を抱き、逃走を開始してから約10分後、被告人らによる追跡を逃れるため、上記マンションから約763mないし約810m離れた高速道路に侵入し、疾走してきた自動車に衝突され、後続の自動車にれき過されて、死亡した。以上の事実関係の下においては、被害者が逃走しようとして高速道路に侵入したことは、それ自体極めて危険な行為であるというほかないが、被害者は、被告人らから長時間激しくかつ執ような暴行を受け、被告人らに対し極度の恐怖感を抱き、必死に逃走を図る過程で、とっさにそのような行動を選択したものと認められ、その行動が、被告人らの暴行から逃れる方法として、著しく不自然、不相当であったとはいえない。そうすると、被害者が高速道路に侵入して死亡したのは、被告人らの暴行に起因するものと評価することができるから、被告人らの暴行と被害者の死亡との間に因果関係を肯定した原判決は、正当として是認することができる。」（最決平成15・7・16刑集57・5・950）

第10節　同時傷害罪の特例

「2人以上で暴行を加えて人を傷害した場合において、それぞれの暴行による傷害の軽重を知ることができず、又はその傷害を生じさせた者を知ることができないときは、共同して実行した者でなくても、共犯の例による。」（207条）

　AとBが、意思の連絡なしに、Cに対して同時に暴行を加えた結果、Cが傷害を負ったが、傷害の結果がAの暴行によるものなのか、Bの暴行によるものなのかが判明しなかった場合の特例である。このような場合において、刑法の原則に従えば、どのように扱われるか。AもBも暴行の故意で暴行をしており、傷害罪の故意がないため、両者とも故意の傷害罪には問えないため、AもBも暴行罪となる。傷害の結果については、「罪を犯す意思がない行為は、罰しない」（刑法38条1項）があてはまるからである。しかし、

このようなケースを暴行罪にしか問えないとするのは不合理であるとして、設けられたのが本罪である。すなわち、共犯ではないが「共犯の例による」として、AもBも傷害罪にするという特例を設けたのである。また、傷害致死についても適用される（通説・判例）。

　一方で、刑法の大原則である責任主義から見ると、問題がないとは言えない。すなわち、行為者には傷害の故意はなく、また、行為者の暴行と傷害の因果関係も認定できないのに、傷害罪にするという規定だからである。このような問題点が残るため、本罪の適用は限定的に行われている。

　なお、傷害の結果が生じたのは自分の責任ではないことが証明できれば、この特例はあてはめられないことになり、暴行罪で処罰されることになる。しかし、この点にもまた批判がある。すなわち、本来挙証責任は検察官にのみあるのであって、被告人にはないのであるから、自己の暴行によって傷害の結果が生じたのではないと証明できなければ傷害罪となってしまうとするのはおかしいのではないかというのである（挙証責任の転換）。つまり、本来、被告人には、犯罪結果は自分の責任ではないと証明する責任はないということである。判例はこの立法趣旨につき、次のように説明する。「刑法207条は、もともと数人によるけんか闘争などのように、外形的にはいわゆる共犯現象に類似しながら、実質的には共犯でなく、あるいは共犯の立証が困難な場合に、行為者を知ることができず又はその軽重を知ることができないというだけの理由で、生じた結果についての責任を行為者に負わせ得ないとすることの不合理等に着目し、刑事政策上の要請から刑法の個人責任の原則に譲歩を求め、一定の要件のもとに、共犯者でない者を共犯者と同一に扱うことにしたものである。」（札幌高判昭和45・7・14高刑集23・3・479）

【判例】同時傷害罪①（否定例）

「立法の趣旨からすれば、同条の適用を認め得るのは、原則として、（イ）数人による暴行が、同一場所で同時に行われたか、または、これと同一視し得るほど時間的、場所的に接着して行われた場合のよう（略）に、行為の外形それ自体が、いわゆる共犯現象に強く類似する場合に限られ、かりに、（ロ）右各暴行間の時間（略）的、場所的間隔がさらに広く、行為の外面面だけでは、いわゆる共犯現象とさして強度の類似性を有しない場合につき同条の適用だけを認め得るとしても、それは、右時間的、場所的感覚の程度、各犯行の態様、さらに暴行者相互間の関係等諸般の事情を総合し、右各暴行が社会通念上同一の機会に行われた一連の行為と認められ、共犯者でない各行為者に対し生じた結果についての責任を負わせても著しい不合理を生じない特段の事情

が認められる場合であることを要すると解するのが相当である。」「ところで、（略）被告人Aの被害者Dに対する原判示第1の暴行と、（略）被告人Bの同被害者に対する原判示第2の暴行は、いずれも原判示Cの食堂の内部または同食堂前の路上で行われたものであって、場所的にきわめて所接した地点で行なわれているが、右第2の暴行は、第1の暴行が終了し、被告人Aが右食堂を立ち去った後、ふたたび同店内に立ち戻りカウンター付近に酩酊して寝込んだ同被害者に対し、まったく別個の原因に端を発して被告人Bによって行なわれるに至ったものであって、被告人Aの暴行終了後約40分の時間的経過があり、しかも、被告人両名は右食堂の客と主人という以外、何ら特別の関係がなく、互いに地方の暴行を現認してもいないというのであるから、右は、前記（イ）の場合、（すなわち各暴行の時間的近接性がとくに強く、行為の外形それ自体が、いわゆる共犯現象に強く類似する場合）にあたらないことは明らかであるといわねばならず、他方、右暴行の時間的間隔の程度、各犯行の態様、暴行者相互の関係等いずれの面よりしても、共犯者でない両名に対し、生じた結果についての責任を負わせても著しい不合理を生じない特段の事由が存するとは認められないのであるから、前記（ロ）の場合にもあたらない。そうすると、被害者Dが被告人Bの暴行を受けた約3時間後に医師の診察を受け、内臓損傷の疑いがあったので開腹手術を受けたが、すでに内臓破裂に基づく胆汁の腹腔内への流入のため生命に危険のある状態であって、結局、原判示第2の暴行の約70時間後に死亡したこと、被告人両名の暴行がいずれも右のような内臓損傷を生ぜしめる蓋然性が高く、右両名以外に被害者に右傷害を生ずるような暴行を加えた者があったとは認められないこと等、所論指摘の諸点を考慮にいれても、本件につき刑法207条の適用を否定した原判決はまことに正当であって、原判決に同条の解釈、適用の誤があるとは認められない。」（札幌高判昭和45・7・14高刑集23・3・479）

【判例】同時傷害罪②（肯定例）

「(1) 被告人A及び同Bは、犯行現場となった本件ビルの4階にあるバーの従業員であり、本件当時も、同店内で接客などの仕事をしていた。被告人Cは、かねて同店に客として来店していたことがあり、本件当日（略）、被告人Bの誘いを受け、同店で客として飲食していた。被害者は、午前4時30分頃、女性2名とともに同店を訪れ、客として飲食していたが、代金支払いの際、クレジットカードでの決済が思うようにできず、午前6時50分頃までに、一部の支払手続をしたが残額の決済ができなかった。被害者は、いらだった様子になり、残額の支払について話がつかないまま、同店の外に出た。(2) 被告人A及び同Bは、被害者の後を追って店外に出て、本件ビルの4階エレベーターホー

ルで被害者に追い付き、午前6時50分頃から午前7時10分頃までの間、相互に意思を通じた上で、こもごも、次のような暴行（以下「第1暴行」という。）を加えた。すなわち、被告人Aが、4階エレベーターホールで被害者の背部を蹴って、3階へ至る途中にある階段踊り場付近に転落させ、さらに、被害者をエレベーターに乗せた際、その顔面をエレベーターの壁に打ち付け、4階エレベーターホールに引きずり出すなどし、被告人Bが、同ホールにあったスタンド式灰皿に、被害者の頭部を打ち付けるなどした。その上、被告人Aは、床に仰向けに倒れている被害者の顔面を拳や灰皿の蓋で殴り、顔面あるいは頭部をつかんで床に打ち付けるなどし、被告人Bも、被害者を蹴り、馬乗りになって殴るなどした。(3) 被告人Cは、午前7時4分頃、4階エレベーターホールに現れ、同店の従業員の甲が被告人A及び同Bを制止しようとしている様子を見ていたが、甲と被告人Aが被害者のそばを離れた直後、床に倒れている被害者の背部付近を1回踏み付け、被告人Bに制止されて一旦同店内に戻った。その後、被告人Cは、再度4階エレベーターホールに現れ、被告人A及び同Bが被害者を蹴る様子を眺め、午前7時15分頃、倒れている状態の被害者の背中を1回蹴る暴行を加えた。(4) 被告人Aは、被害者から運転免許証を取り上げて、同店内に被害者を連れ戻し、飲食代金を支払う旨の示談書に氏名を自署させ、運転免許証のコピーを取るなどした。その後、被告人A及び同Bは、同店内で仕事を続け、被告人Cも同店内でそのまま飲食を続けた。(5) 被害者は、しばらく同店内の出入口付近の床に座り込んでいたが、午前7時49分頃、突然、走って店外へ出て行った。甲は、直ちに被害者を追いかけ、本件ビルの4階から3階に至る階段の途中で、被害者に追い付き、取り押さえた。(略) 被告人Cは、その後の午前7時54分頃までにかけて、次のような暴行（以下「第2暴行」という。）を加えた。すなわち、被告人Cは、階段の両側にある手すりを持って、自身の身体を持ち上げ、寝ている体勢の被害者の顔面、頭部、胸部付近を踏み付けた上、被害者の両脚を持ち、3階まで被害者を引きずり下ろし、サッカーボールを蹴るように被害者の頭部や腹部等を数回蹴り、いびきをかき始めた被害者の顔面を蹴り上げるなどした。(6)(略) 被害者は、午前8時44分頃、病院に救急搬送され、開頭手術を施行されたが、翌日午前3時54分頃、急性硬膜下血腫に基づく急性脳腫脹のため死亡した。第1暴行と第2暴行は、そのいずれもが被害者の急性硬膜下血腫の傷害を発生させることが可能なものであるが、被害者の急性硬膜下血腫の傷害が第1暴行と第2暴行のいずれによって生じたのかは不明である。」「同時傷害の特例を定めた刑法207条は、2人以上が暴行を加えた事案においては、生じた傷害の原因となった暴行を特定することが困難な場合が多いことなどに鑑み、共犯関係が立証されない場合であっても、例外的に共犯の例によることとしている。同

条の適用の前提として、検察官は、各暴行が当該傷害を生じさせ得る危険性を有するものであること及び各暴行が外形的には共同実行に等しいと評価できるような状況において行われたこと、すなわち、同一の機会に行われたものであることの証明を要するというべきであり、その証明がされた場合、各行為者は、自己の関与した暴行がその傷害を生じさせていないことを立証しない限り、傷害についての責任を免れないというべきである。」(最決平成28・3・24刑集70・3・1)

第11節　業務上過失致死傷罪

「業務上必要な注意を怠り、よって人を死傷させた者は、5年以下の懲役若しくは禁錮又は100万円以下の罰金に処する。重大な過失により人を死傷させた者も、同様とする。」(211条)

単に「過失により人を死傷した」過失致死罪(210条)は、法定刑が「30万円以下の罰金又は科料」であるが、業務性があることで刑が重くなる。

自動車事故などにより人を死傷した場合には、長い間本罪が適用されていたが、**自動車運転処罰法**ができたため、同法で処罰されるようになった。

● 業務性とは ●

「刑法第211条にいわゆる業務とは、本来人が社会生活上の地位に基き反復継続して行う行為であって、かつその行為は他人の生命身体等に危害を加える虞あるものであることを必要とするけれども、行為者の目的がこれによって収入を得るにあるとその他の欲望を充たすにあるとは問わないと解すべきである。」(最判昭和33・4・18刑集12・6・1090)

「業務上」というのは、「仕事上」という意味ではない。従って、仕事で反復継続して行う行為はもちろん含まれるが、その行為によって利益を得ることに限定されるものではない。

【判例】「熊本水俣病事件」(業務上過失致死罪)
工場排水に含まれた水銀に汚染された魚を食べた母親のお腹の中にいた胎児が熊本水俣病に罹患して出生し、その後死亡した事件である。
「Aを被害者とする業務上過失致死罪の成否について　一、二審判決の認定によれば、

被告人らが業務上の過失により有害なメチル水銀を含む工場排水を工場外に排出していたところ、被害者の１人とされているAは、出生に先立つ胎児段階において、母親が右メチル水銀によって汚染された魚介類を摂食したため、胎内で右メチル水銀の影響を受けて脳の形成に異常を来し、その後、出生はしたものの、健全な成育を妨げられた上、12歳９か月にしていわゆる水俣病に起因する栄養失調・脱水症により死亡したというのである。ところで、弁護人甲の所論は、右のとおりAに病変の発生した時期が出生前の胎児段階であった点をとらえ、出生して人となった後の同人に対する関係においては業務上過失致死傷罪は成立しない旨主張する。しかし、現行刑法上、胎児は、堕胎の罪において独立の行為客体として特別に規定されている場合を除き、母体の一部を構成するものと取り扱われていると解されるから、業務上過失致死罪の成否を論ずるに当たっては、胎児に病変を発生させることは、人である母体の一部に対するものとして、人に病変を発生させることにほかならない。そして、胎児が出生し人となった後、右病変に起因して死亡するに至った場合は、結局、人に病変を発生させて人に死の結果をもたらしたことに帰するから、病変の発生時において客体が人であることを要するとの立場を採ると否とにかかわらず、同罪が成立するものと解するのが相当である。」（最決昭和63・2・29刑集42・2・314）

第12節　危険運転致死傷罪

　自動車を運転して過失で人を死傷させた場合、従来は、業務上過失致死傷罪で処罰された。そして、法定刑の上限は懲役５年であった（なお、この懲役５年以下となる以前は懲役３年以下の法定刑であり、昭和43（1968）年の引き上げ当時は５年に上げることにも大きな反対論があった）。しかし、その後悪質なドライバーによる死傷事故が続発し、さらに、被害者や遺族が「刑が軽すぎる」と発言したことなどを契機として、世論に危険運転による交通事故を特別に処罰しなければならないという厳罰化の機運が高まり、平成13（2001）年11月の刑法の一部改正により、危険運転致死傷罪（旧208条の２）が新設された。平成16（2004）年には法定刑が引き上げられ、更に平成19（2007）年には二輪車にも適用範囲が拡大した。平成25（2013）年11月27日には「自動車の運転により人を死傷させる行為等の処罰に関する法律」が公布され、危険運転致死傷罪はその２条に移された。

　危険運転致死傷罪新設のきっかけとなったとされる事件は、次の東名高速道路で前方不注視・酩酊運転により大型貨物トラックが追突して幼児２名が焼死した事件である。

【判例】東名高速大型トラックの二児焼死事件（危険運転致死傷罪創設のきっかけとなった事件）

事実関係は、「本件は、職業運転手である被告人が、酒気を帯び、アルコールの影響により正常な運転ができないおそれのある状態で、東名高速道路において大型貨物自動車を運転し（略）、酔いのために的確な運転操作が困難な状態になっていたのであるから、直ちに運転を中止すべき注意義務があったのに、これを怠り、運転を継続した過失により、折からの渋滞のために減速進行中であったA運転車両（以下「A車両という。）及びB運転車両（以下「B車両」という。）に順次自車を衝突させ、更に、自車をA車両に乗り上げてこれを炎上させるなどした結果、A車両の後部座席に乗車していた当時3歳及び1歳の二児を焼死するに至らしめたほか、5名の被害者に対して加療約1週間から2か月間の負傷をさせた（略）事案である。」（東京地裁平成12年6月8日判決）（業務上過失致死傷（211条）及び道路交通法117条の2、65条（酒酔い運転の罪）により懲役4年）

「所論は、業務上過失致死事件は、その結果が重大であり、被害者及びその遺族の無念さは殺人事件や傷害致死事件と異なるところがない、刑事司法は、かかる被害者や遺族の声及び国民一般の感覚には真摯に耳を傾けるべきである、と主張する。この被害者、遺族らの声に耳を傾けるべきであるとする点は当然のことである。そして、本件被害者を含む国民の視点からみた場合に、本件のごとき重大な事故を惹起した被告人の刑事責任を懲役4年と評価することが軽いと感じられるとすると、業務上過失致死傷罪の量刑のあり方を一般的に見直すべきではないかということが、十分検討すべき事柄になるのは確かである。しかしながら、近時におけるこの種事案の量刑の実際をみても本件における原審の量刑が軽すぎるということのできる運用状況ではないことは当裁判所にも顕著な事実である。このような状況のもとで、本件被告人についてのみ他と比較して重い刑罰をもって臨むとすれば、所論が指摘する国民感情に応えることができたとしても、一方で、刑事司法の重要な原則として要請される処罰の公平性を損なう恐れがあるといわざるを得ない。」（控訴棄却・確定）（東京高判平成13・1・12判タ1064・218）

本事件では、検察官の量刑不当（求刑は懲役5年）が退けられ懲役4年が確定した。

　危険運転致死傷罪には様々な問題点が指摘されている。結果的加重犯の形式を採っているが、法定刑を見ると、傷害罪（懲役15年以下）や傷害致死罪（懲役20年以下）と非常に近いものとなっており、法定刑が重すぎることである。このことから、立法者は危険運転致死傷罪を故意の傷害罪や傷害致死罪と同様に捉えていると考えられる。

　次に、重罰になる危険運転致死傷罪の赤信号殊更無視罪と単なる道路交通法違反と

なる赤信号無視罪の区別が不明確であるという問題がある。判例では、殊更無視について「赤信号であることの確定的な認識を意味するのではなく、およそ赤信号に従う意思のないものをいう」（最決平成20・10・16刑集62・9・2797）としているが、行為者にとって両者を分ける基準となりうるか難しい。

【判例】福岡飲酒運転3児死亡事件（危険運転致死傷罪の成立が認められた事件）

第1審：業務上過失致死傷罪（懲役7年6月）控訴審：危険運転致死傷罪（懲役20年）最高裁：危険運転致死傷罪（懲役20年）

第1審「（犯罪事実）第1　被告人は、平成18年8月25日午後10時48分ころ、業務として普通乗用自動車を運転し、福岡市（略）の海の中道大橋上の道路をA方面からB方面へ向けて進行するに当たり、前方を注視して進路の安全を確認しながら進行すべき業務上の注意義務があるのにこれを怠り、漫然と進行方向の右側を脇見しながら時速約100キロメートルで進行した過失により、折から、進路前方を走行中のI（当時33歳）運転の普通乗用自動車を間近に迫って初めて発見し、急制動の措置を講じるとともにハンドルを右に急転把したが及ばず、同車右後部に自車左前部を衝突させ、その衝撃により、I運転車両を左前方に逸走させて海の中道大橋から海中に転落、水没させ、よって、同月26日午前零時4分ころ、同区（略）の病院において、同車同乗者P（当時3歳）を、同日午前零時33分ころ、同区（略）所在の病院において、同車同乗者Q（当時1歳）を、同日午前2時25分ころ、上記病院において、同車同乗者O（当時4歳）をそれぞれ溺水により死亡させたほか、上記Iに加療約3週間を要する全身擦過傷等の傷害を、同車同乗者N（当時29歳）に加療約3週間を要する全身擦過傷等の傷害をそれぞれ負わせた。第2　被告人は、酒気を帯び、呼気1リットルにつき0.15ミリグラム以上のアルコールを身体に保有する状態で、平成18年8月25日午後10時48分ころ、第1記載の海の中道大橋上の道路において、普通乗用自動車を運転した。第3　被告人は、平成18年8月25日午後10時48分ころ、第1記載の海の中道大橋上の道路において、同記載のとおり、普通乗用自動車を運転中にPらを死傷させる交通事故を起こしたのに、直ちに車両の運転を停止して、負傷者を救護する等必要な措置を講ぜず、かつ、その事故発生の日時及び場所等法律の定める事項を直ちに最寄りの警察署の警察官に報告しなかった。」（福岡地判平成20・1・8刑集65・7・1260）

控訴審「危険運転致死傷罪にいうアルコールの影響により正常な運転が困難な状態とは、アルコールの影響により現実に道路及び交通の状況等に応じた運転操作を行うことが困難な心身の状態を意味すると解するのが相当である。これを本件についてみると、

被告人は、自車を走行させるための相応の運転操作は可能であったが、前方注視を行う上で必要な視覚による探索の能力が低下したために前方の注視が困難となって先行車の存在を間近に迫るまで認識することができない状態にあり、現実に道路及び交通の状況等に応じた運転操作を行えなかったものであって、アルコールの影響により、正常な運転が困難な状態で本件事故を起こしたと認められる。そして、被告人の認識について検討するに、アルコールによる視覚への影響という事柄の性質上、その影響が本人である被告人に分からないはずはないのであって、本件事故当時、被告人は当然に自らの視覚に異常が生じて前方の注視が困難な状態であることを認識していたと認められる。また、被告人は、自らが上記のとおり相当のアルコールを摂取した事実を認識し、身体のバランスを崩して平衡感覚を保ち得ないなどの体験をしたり、自ら酔っている旨も発言していること、Aからもふだんと違う高速度の運転について指摘されていることなどからして、相当に酒に酔っていることも自覚できていたと認められる。そうすると、被告人には、アルコールの影響による正常な運転の困難性を基礎付ける事実の認識に欠けるところはなく、危険運転致死傷罪の故意も認められる。」(福岡高判平成21・5・15刑集65・7・1260)

上告審「上告棄却(略)　1　刑法(平成19年法律第54号による改正前のもの)208条の2第1項前段の『アルコールの影響により正常な運転が困難な状態』とは、アルコールの影響により道路交通の状況等に応じた運転操作を行うことが困難な心身の状態をいい、アルコールの影響により前方を注視してそこにある危険を的確に把握して対処することができない状態もこれに当たる。2　飲酒酩酊状態にあった被告人が、直進道路において高速で自動車を運転中、先行車両の直近に至るまでこれに気付かず追突し、その衝撃により同車両を橋の上から海中に転落・水没させ、死傷の結果を発生させた事案において、追突の原因が、被告人が先行車両に気付くまでの約8秒間終始前方を見ていなかったか又はその間前方を見てもこれを認識できない状態にあったかのいずれかであり、いずれであってもアルコールの影響により前方を注視してそこにある危険を的確に把握して対処することができない状態にあったと認められるときは、アルコールの影響により正常な運転が困難な状態で自動車を走行させたものとして、危険運転致死傷罪が成立する。」(最決平成23・10・31刑集65・7・1138)

第13節　過失運転致死傷罪

　自動車運転による死傷事故は業務上過失致死傷罪で処罰されてきたが、刑が軽過ぎ

るなどの批判を受けて、平成19（2007）年に自動車運転過失致死傷罪（211条2項）が新設された。現在は自動車運転処罰法5条に過失運転致死傷罪として移された。本罪の新設のきっかけとなった事件は、埼玉のわき見運転により保育園児4名が死亡するなどした事件である。しかし、本罪については、法定刑が従来適用されていた業務上過失致死傷罪の5年以下の懲役又は禁錮から、7年以下の懲役又は禁錮と重罰化されたことに理由がないという批判がある。

 【判例】埼玉わき見運転による保育園児ら4名死亡事件（自動車運転過失致死傷罪新設のきっかけとなった事件）

「被告人は、平成18年9月25日午前9時55分ころ、業務として普通乗用自動車を運転し、埼玉県甲市ab丁目〈番地略〉内の交差点をc通り方面から乙市d区方面へ向けて左折進行するに当たり、左折後に進入しようとする道路は、周囲に民家等が建ち並び、幅員が約6mと比較的狭い道路であったから、歩行者等が道路の両端等を通行していることが予測されたのに、同道路の路面等を一瞥しただけで、歩行者等の有無や状況を全く確認しないまま、左折して同道路に進入した上、自車を加速させようとした。そして、このような場合、自動車の運転者としては、速やかに前方左右を注視し、進入道路における歩行者等の有無や状況をいち早く確認して、その進路の安全を確認するとともに、適宜自車の速度を調節し、ハンドル、ブレーキ等を的確に操作して、その進路を適正に保持しながら進行すべき業務上の注意義務があった。ところが、被告人は、これを怠り、上記道路に進入した後も、前方左右を注視することなく、助手席に置いていた携帯カセットテーププレーヤーに視線を向けて、同プレーヤーを左手で操作し、右片手のみでハンドルを操作しながら、その進路の安全を全く確認しないまま、漫然と自車を時速約50ないし55kmまで加速して進行した過失により、自車を同道路の左側端へ向けて逸走させた上、折から甲市ab丁目〈番地略〉先の同道路左側端に立ち止まって被告人運転車両の通過を待っていた保育園児及び保育士の集団を前方約15.7mの地点に迫って初めて認め、急制動の措置を講じたが間に合わず、同集団に自車を突入させて、自車前部を同集団内にいたA（当時21歳）らに順次衝突させ、同人らを路上に転倒させ、跳ね飛ばすなどした。その結果、（略）、B（当時3歳）ほか3人に対し、同記載の各傷害をそれぞれ負わせて、同人ら4人を死亡させるとともに、（略）、上記Aほか16人に対し、同記載の各傷害をそれぞれ負わせた。」「本件は、多くの交通事犯の中でも、過失行為の危険性や悪質性が際だっており、被害結果も、悲惨で痛ましく、誠に重大な事案であり、被害者らの遺族や家族の被害感情はいずれも峻烈である。しかも、被告人の無謀で危険な

運転性癖には根深いものがあり、本件事故は、起こるべくして起こったともいえる。さらに、被告人の犯行後の情状が芳しくないことにも照らすと、被告人の罪責は余りにも重く、被告人のために酌むべき事情を最大限考慮しても、被告人に対しては、現行法上可能な最高刑をもって臨むほかはない。」（懲役5年）（さいたま地判平成19・3・16裁判所HP）

平成25（2013）年には、「危険運転致死傷罪」を含む特別法として、「自動車の運転により人を死傷させる行為等の処罰に関する法律に関する法律」（平成25年11月27日法律第86号）（「**自動車運転処罰法**」）が立法された。

第14節　凶器準備集合罪

「2人以上の者が他人の生命、身体又は財産に対して共同して害を加える目的で集合した場合において、凶器を準備して又はその準備があることを知って集合」（208条の2）すると成立する。

例えば、暴力団の抗争事件などで暴行行為等に及ぶ前段階であっても、凶器を準備して集合した時点で既遂犯として取り締まりができるところに特徴がある。

●── 性質上の凶器と用法上の凶器 ──●

本罪にいう凶器には、性質上の凶器と用法上の凶器がある。前者は元々人を殺傷する道具であるピストルや日本刀などがあてはまる。後者は使い方によっては凶器となる包丁や木刀などがあてはまる。

【判例】ダンプカーは凶器でない
「原判決は、被告人らが他人を殺傷する道具として利用する意図のもとに原判示ダンプカーを準備していたものであるとの事実を確定し、ただちに、右ダンプカーが刑法208条ノ2にいう『兇器』にあたるとしているが、原審認定の具体的事情のもとにおいては、右ダンプカーが人を殺傷する用具として利用される外観を呈していたものとはいえず、社会通念に照らし、ただちに他人をして危険感をいだかせるに足りるものとはいえないのであるから、原判示ダンプカーは、未だ、同条にいう『兇器』にあたらないものと解するのが相当である。」（最判昭和47・3・14刑集26・2・187）

第2章

自由に関する罪

第1節　脅迫罪

　「生命、身体、自由、名誉又は財産に対し害を加える旨を告知して人を脅迫した」(222条1項) 場合に成立する。抽象的危険犯であり、実際に脅迫された相手が畏怖しなかったとしても、その危険さえあれば成立する。害を加える対象は、「生命、身体、自由、名誉又は財産」と列挙されているが、通説は貞操も含めるとする (例示的列挙)。また、脅迫罪は、本人だけでなく、親族を脅迫することによっても成立する。加害の告知の方法に制限はない。したがって、文書であると口頭であると電話であるとメールであるとを問わず、また明示的であると黙示的であるとを問わない。

【判例】脅迫とは

　「脅迫罪 (刑法第222条) は同条に列記したる法益に対して危害の至るべきことを不法に通告するに因り成立し必ずしも被通告者に於て畏怖の念を起したることを要せず」(大判明治43・11・15刑録16・1937)

　一般に人が畏怖するだろうという程度の脅迫行為があれば、脅迫罪は成立する。例えば、暴力団組員が、組名や地位や氏名を明記した名刺を差し出して、「××組の若頭の△△だ」等と名乗り出た場合は、仮に相手が畏怖しなかったとしても、本罪の適用となる。一般人にとって暴力団構成員は畏怖する存在であり、その暴力団員が名刺を差し出して名乗ったならば、実際には何も危害が加えられなかったとしても、何か自分に対して危害が加えられるのではないかと一般の人は畏怖するからである。

【判例】村八分事件にすると言って脅迫 (肯定例)

　「その地域における多数者が結束して、特定の一人又は数人に対し将来一切の交際を断つべきこと、いわゆる村八分の決定をし、これを通告することは、それらの者をその集団社会における共同生活圏内から除外して孤立させ、それらの者のその圏内に

おいて享有する、他人と交際することについての自由とこれに伴う名誉とを阻害することの害悪を告知することに外ならないのであって、それらの集団社会の平和を乱し、これに適応しない背徳不正不法等があって、この通告に社会通念上正当視される理由があるときは格別しからざる限り、刑法第222条所定の脅迫罪の成立を免れないのである。」（大阪高判昭和32・9・13高刑集10・7・602）

【判例】出火見舞葉書郵送事件（肯定例）

町村合併をめぐって「2つの派の抗争が熾烈になっている時期に、一方の派の中心人物宅に現実に出火もないのに『出火御見舞上げます。火の元に御用心。』、『出火御見舞申上げます。火の用心に御注意』という趣旨の文面の葉書を発送し、これを配達させたときは、脅迫罪が成立する。」弁護人は「刑法222条の脅迫罪は同条所定の法益に対して害悪を加うべきことを告知することによって成立し、その害悪は一般に人を畏怖させるに足る程度のものでなければならないところ、本件2枚の葉書の各文面は、これを如何に解釈しても出火見舞にすぎず、一般人が右葉書を受取っても放火される危険があるとの畏怖の念を生ずることはないであらうから、仮に右葉書が被告人によって差出されたものであるとしても被告人に脅迫罪の成立はない」と主張したが、最高裁は脅迫罪の成立を認めた。（最判昭和35・3・18刑集14・4・416）

第2節　強要罪

「生命、身体、自由、名誉若しくは財産に対し害を加える旨を告知して脅迫し、又は暴行を用いて、人に義務のないことを行わせ、又は権利の行使を妨害」（223条1項）すると成立する。

脅迫又は暴行して相手に義務のないことを行わせたり、権利の行使を妨害すると本罪となる。手段と結果との間には因果関係が必要である。**保護法益**は意思決定の自由及び意思実現の自由である。また、強要罪は処罰範囲が極めて広くかつ不明確であるため、「開かれた構成要件」の典型といわれる。

【判例】義務のないことを行わせるとは

「刑法第223条第1項に所謂『人をして義務なき事を行わしめ』とは自己に何等の権利権能なく従て対手人に其義務なきに拘らず同条所定の脅迫又は暴行を用い強て作為不作為又は認容を為さしめたる者を処罰するの旨趣なりとす」（大判大正8・6・

30刑録25・820）

【判例】義務なくバケツをもって立たせる（強要罪）
　13歳の子守の少女を叱責する手段として「水入バケツ或は二斗醤油空樽等を数十分間ないし数時間胸辺又は頭上に支持せしめその間しっかり持てと言」う等した事案において「刑法第223条第１項に所謂『人をして義務なき事を行わしめ……』とは自己に何等の権利権能なく従て対手人に其義務なきに拘わらず同条所定の脅迫又は暴行を用い強て作為不作為又は認容を為さしめたる者を処罰するの趣旨に外ならず」（大判大正8・6・30刑録25・820）

第3節　逮捕監禁罪

　「不法に人を逮捕し、又は監禁」（220条）した場合に成立する。逮捕とは、他人の身体を有形力を使って拘束することをいい、監禁とは、他人をある場所から出られなくすることをいう。
　警察官による逮捕は不法ではないので、逮捕監禁罪にならない。また、一瞬の間または数秒間逮捕するということはあり得ないので、本罪の成立には、一定の時間の継続を必要とする。しかし何分経過後から監禁罪が成立するかという判断は困難である。また、逮捕と監禁行為は連続しているため、両者の区別は困難である。逮捕は、人の身体を直接的に支配して、行動の自由を拘束することである。監禁は、人を一定の場所から脱出できないような状態に置くことである。**保護法益**は、身体の場所的移動の自由である。

【判例】逮捕とは
　「不法逮捕罪の成立には自由の束縛が多少の時間継続するを必要とす」（大判昭和7・2・29刑集11・141）

【判例】監禁とは
　「不法監禁罪は継続して不法に人の行動の自由を拘束し一定の場所より脱出することを得さらしむるに因りて成立し多少の時間この状態の継続することを要するもその長短はこれを問うを要せざるものとす」（大判昭和7・2・12刑集11・75）

【判例】児童を部屋の柱に南京錠で拘束（逮捕監禁罪）

「被告人が、妻であるBと共謀の上、自宅において、Bの実子で被告人と養子縁組をしていた当時8歳の被害児童Aに対し、かねてその一端を居間の柱に巻き付けて南京錠を掛けてつないであった鉄製の鎖の他端を、Aの腰部に巻き付けて南京錠を掛けてその身体を上記柱につなぎ、その後、外出した被告人らがすぐに戻ってくるわけではないことがAに明らかになって、Aがあらかじめ隠しておいた南京錠の合鍵を使用することが現実的に可能になるまでの相当時間にわたり、Aの身体の自由を拘束した」（最決平成28・1・15判例集未搭載）

　逮捕監禁罪の成立には、閉じ込めておくことは必要でない。例えば、判例は「婦女を強いて姦淫しようと企て、自己の運転する第二種原動機付自転車荷台に乗車せしめ、1,000メートル余り疾走した場合」（最決昭和38・4・18刑集17・3・248）に監禁罪の成立を認める。このように、事実上被害者の移動の自由を奪うことによっても成立する。また、このような有形的方法だけではなく、無形的方法による監禁罪も成立する。例えば、入浴中の女性の衣類を隠す場合等がこれにあたる。この場合、女性は浴室から出ることができないので、監禁状態となるからである。また、被監禁者に監禁されていることの認識は必要ない。

 【判例】被害者が監禁されていることを知らない場合①（生後1年7月の幼児）（肯定例）

「監禁罪がその法益とされている行動の自由は、自然人における任意に行動しうる者のみについて存在するものと解すべきであるから、全然任意的な行動をなしえない者、例えば、生後間もない嬰児の如きは監禁罪の客体となりえないことは多くの異論のないところであろう。しかしながら、それが自然的、事実的意味において任意に行動し得る者である以上、その者が、たとえ法的に責任能力や行動能力はもちろん、幼児のような意思能力を欠如しているものである場合にも、なお、監禁罪の保護に値すべき客体となりうるものと解することが、立法の趣旨に適し合理的というべきである。」（京都地判昭和45・10・12刑月2・10・1104）

 【判例】被害者が監禁されていることを知らない場合②（偽計による逮捕・監禁）（肯定例）

特殊飲食店を経営している被告人が、女性を接客婦として雇い入れたが、被告人方か

ら逃げたので同女の意志に反してでも連れ戻そうと決意し、同女に対し病院に入院中の同女の母の許まで行くと話して誤信させ、あらかじめ被告人宅まで直行するようにいいふくめて雇った者の運転するタクシーに乗りこませ、被告人もこれに陪乗してから右運転手に発車を命じ、同所からタクシーを疾走させ、その間同女を右車内から脱出不能の状態におき、もって不法にこれを監禁した事件について「刑法第220条第1項にいう『監禁』は、暴行または脅迫によってなされる場合だけではなく、偽計によって被害者の錯誤を利用してなされる場合をも含むものと解すべきである。」（最決昭和33・3・19刑集12・4・636）

［逮捕・監禁致死傷罪］

「前条の罪を犯し、よって人を死傷させた者は、傷害の罪と比較して、重い刑により処断する。」（221条）逮捕又は監禁して人を死傷させると本罪となる。結果的加重犯である。

【判例】12歳女児を自動車に監禁して女児が飛び降りた事件（監禁致死罪）
「被告人が、テレホンクラブを通じて知り合った被害者に対し、いわゆる援助交際をする代償に2万円を支払うことを約束して、自己の自動車内においてわいせつな行為をした後、被害者に対し、顔面に催涙スプレーを噴き付け、手錠を掛けるなどの暴行脅迫を加えた上、被害者をホテルに連れ込んで性的な暴行を加えるため、同車を発進、疾走させるなどして監禁し、畏怖した被害者をして、両手首に手錠をしたまま高速道路を高速走行中の同車から飛び降りさせ、後続車両に轢過させて死亡させた」（神戸地判平成14・3・25判タ1097・312）

第4節　略取誘拐罪

人を略取誘拐すると本罪となる。略取・誘拐とは、人をその保護されている生活環境から離脱させて、自己又は第三者の実力支配下におくことをいう。暴行・脅迫を手段とすると略取となり、欺罔・誘拐を手段とすると誘拐となる。欺罔は嘘をいって騙すことであり、誘拐は甘言により惑わすことである。拐取とは、誘拐と略取のことである。客体や目的等により罪名が分かれる。未成年者を誘拐すれば**未成年者略取及び誘拐罪**（**224条**）、成人を略取誘拐する場合は、営利やわいせつ、結婚等目的があることが要件となり、**営利目的等略取誘拐罪（225条）**となる。身代金目的があると、**身代金目**

的略取罪（225条の2）となる。この他、所在国外移送目的（226条）、人身売買（226条の2）、被略取者引き渡し（227条）の規定がある。未遂犯処罰がある。

●─ 保護法益（学説） ─●

①被拐取者の自由とする説
②親権者等の監督権とする説
③①説と②説の両方とする説（通説）

　①説は未成年者の場合に当てはまらないことになり、②説は成人の場合にあてはまらないことになるので、③説が通説となっている。

●─ 未成年者略取罪 ─●

「未成年者を略取し、又は誘拐した」（224条）場合である。

【判例】未成年者の親権者による誘拐（未成年者略取誘拐罪）

離婚係争中で妻の下にいる2歳の長男の保育園帰りを狙って、夫が無理矢理連れて出した行為について、親権者でも未成年者略取誘拐罪が成立するかが争われた。認定された事実は「(1) 被告人は、別居中の妻であるBが養育している長男C（当時2歳）を連れ去ることを企て、平成14年11月22日午後3時45分ころ、甲県乙市内の保育園の南側歩道上において、Bの母であるDに連れられて帰宅しようとしていたCを抱きかかえて、同所付近に駐車中の普通乗用自動車にCを同乗させた上、同車を発進させてCを連れ去り、Cを自分の支配下に置いた。(2) 上記連れ去り行為の態様は、Cが通う保育園へBに代わって迎えに来たDが、自分の自動車にCを乗せる準備をしているすきをついて、被告人が、Cに向かって駆け寄り、背後から自らの両手を両わきに入れてCを持ち上げ、抱きかかえて、あらかじめドアロックをせず、エンジンも作動させたまま停車させていた被告人の自動車まで全力で疾走し、Cを抱えたまま運転席に乗り込み、ドアをロックしてから、Cを助手席に座らせ、Dが、同車の運転席の外側に立ち、運転席のドアノブをつかんで開けようとしたり、窓ガラスを手でたたいて制止するのも意に介さず、自車を発進させて走り去ったというものである。」「本件において、被告人は、離婚係争中の他方親権者であるBの下からCを奪取して自分の手元に置こうとしたものであって、そ

のような行動に出ることにつき、Bの監護養育上それが現に必要とされるような特段の事情は認められないから、その行為は、親権者によるものであるとしても、正当なものということはできない。また、本件の行為態様が粗暴で強引なものであること、Cが自分の生活環境についての判断・選択の能力が備わっていない2歳の幼児であること、その年齢上、常時監護養育が必要とされるのに、略取後の監護養育について確たる見通しがあったとも認めがたいことなどに徴すると、家族間における行為として社会通念上許容され得る枠内にとどまるものと評することもできない。以上によれば、本件行為につき、違法性が阻却されるべき事情は認められないのであり、未成年者略取罪の成立を認めた原判断は、正当である。」（最決平成17・12・6刑集59・10・1901）

［ 営利目的等略取及び誘拐罪 ］

　「営利、わいせつ、結婚又は生命若しくは身体に対する加害の目的で、人を略取し、又は誘拐」（225条）すると成立する。

　本罪は、営利等の目的で略取・誘拐した場合に成立する目的犯である。営利目的等が達せられなくても、誘拐に成功すれば本罪が成立する。わいせつ目的とは、姦淫目的等のことであり、結婚目的とは、法律婚だけでなく事実婚も含む。

 【判例】営利目的とは

　「被誘拐者に芸妓稼業に従事させ、これによって被誘拐者の収得または調達した金銭を被誘拐者自身の債務の弁済にあてさせる目的で誘拐をする行為は、営利の目的をもって人を誘拐する行為に該当し、営利誘拐罪における営利の観念には、その受ける利益が不法であることを必要としない。」（大判大正14・1・28刑集4・14）

 【判例】結婚・わいせつ目的とは

　「肉体関係の継続という一時的享楽の目的で婦女を誘拐したときは、わいせつの目的で人を誘拐した場合に当る。」（岡山地判昭和43・5・6下刑集10・5・561）

［ 身の代金目的略取罪 ］

　「①近親者その他略取され又は誘拐された者の安否を憂慮する者の憂慮に乗じてその財産を交付させる目的で、人を略取し、又は誘拐した」（刑法225条の2）場合に成立する。

　本罪には未遂罪処罰（228条）と予備罪処罰（228条の3）がある。身の代金目的略

取罪は昭和39年に新設された。この当時身代金目的の誘拐事件が発生していたことが背景にある。本罪は、近親者その他略取され又は誘拐された者の安否を憂慮する者の憂慮に乗じてその財物を交付させる目的をもって略取すると成立する目的犯である。この「安否を憂慮する者」とは、親族のように親しい者に限定されるのか、知人その他の者であっても安否を憂慮する者であれば当たるのかが問題となる。

 【判例】安否を憂慮する者に会社の幹部が認められた事件（身代金目的略取誘拐罪）

被告人が、身の代金目的で、相互銀行の社長を誘拐した事件について、弁護人はA相互銀行の社長及び幹部らは共に銀行の役員であり、社長は同銀行幹部である代表取締役らの事実上の保護関係にあるものではないから、「安否を憂慮する者」には該当せず、営利目的誘拐罪であると主張した。

最高裁「刑法225条の2にいう『近親其他被拐取者の安否を憂慮する者』には、単なる同情から被拐取者の安否を気づかうにすぎないとみられる第三者は含まれないが、被拐取者の近親でなくとも、被拐取者の安否を親身になって憂慮するのが社会通念上当然とみられる特別な関係にある者はこれに含まれるものと解するのが相当である。本件のように、相互銀行の代表取締役社長が拐取された場合における同銀行幹部らは、被拐取者の安否を親身になって憂慮するのが社会通念上当然とみられる特別な関係にある者に当たるというべきであるから、本件銀行の幹部らが同条にいう『近親其他被拐取者の安否を憂慮する者』に当たるとした原判断の結論は正当である。」（最決昭和62・3・24刑集41・2・173）

［ 解放による刑の減軽 ］

誘拐犯人が、公訴提起前に、略取され又は誘拐された者を安全な場所に解放すると、刑が必ず減軽される（228条の2）。身の代金目的略取罪の新設と同時にこの規定が設けられた。誘拐された者は犯人に殺害されることが多いため、解放すれば必ず減軽するとして、犯人に誘拐者の殺害を思いとどまらせようとする政策的な規定である。これは情がよい場合の恩典として減軽されるのではなく、必ず減軽されるところに特徴がある。従って、犯人が被害者を足手まといになって解放したとしても減軽される。

【判例】「安全な場所」とは（肯定例）
身代金目的の誘拐のため、会社役員の小学校1年生の長女に小学校正門で声

を掛け、女の子に母親に頼まれて迎えにきたなどと嘘を告げて、車に乗せて誘拐した後、身代金の交付要求の方法を考えているうちにその決意がにぶり、身代金誘拐を断念して両親のもとに返そうと考え、自宅の父親に電話し、「Aちゃんは自分が預っている。申訳ないことをした。15分以内に車から降ろして、その場所を連絡する。」旨告げ、民家数軒がある脇道上に同女を降して父親が迎えに来ることを告げて同児のもとから立ち去り、同児を解放し、たまたま同所を通りかかった付近住民に発見されて同人方に保護救出され、同人の連絡により迎えに来た父親に引き取られたという事件に認められた。(最決昭和54・6・26刑集33・4・364)

第5節　強制わいせつ罪

「13歳以上の者に対し、暴行又は脅迫を用いてわいせつな行為をした」場合及び「13歳未満の者に対し、わいせつな行為をした」(176条)場合に成立する。

相手が13歳未満の場合は、暴行又は脅迫がなくても成立し、また相手の同意があったとしても成立する。13歳未満の者はわいせつの意味を理解できないからである。暴行又は脅迫は、強盗罪のように、相手方の反抗を抑圧するまでの程度は必要なく、反抗が困難である程度のものであればよい(通説)。ただし、暴行又は脅迫がなく、とっさに女性の胸や臀部を触っても本罪が成立する場合がある。**保護法益**は個人の性的自由である。未遂犯処罰がある(180条)。

【判例】強制わいせつ罪における暴行・脅迫

「他人の家宅に侵入したる者が臥床に寝たる婦女の意思に反しその肩を抱」き「左手をその陰部に当て猥褻の行為を為したる(略)が如きは強大なる力を持ちいたると否とを問わず刑法第176条前段に所謂暴行と称すべきものとす」(大判大正13・10・22刑集3・749)

[錯誤のある場合]

相手が13歳未満の者であるのに、13歳以上の者と誤信してわいせつ行為をした場合は、事実の錯誤があるので、故意が阻却され、強制わいせつ罪は成立しないことになる。また、13歳以上の者であるのに、13歳未満であると誤信してわいせつ行為をした場合は、相手が13歳以上であるので、本罪は成立しないことになる。

［ わいせつ概念の相対性 ］

　強制わいせつ罪のわいせつと公然わいせつ罪のわいせつは異なる。前者は被害者の性的な羞恥心、嫌悪感情から判断され、後者は社会的法益を侵害する罪であるため、第三者の視点から判断される。例えば、無理やりキスをする行為は公然わいせつ罪にはならないが、強制わいせつ罪にはなる。刑法典以外にもわいせつ罪を処罰する規定がある。児童福祉法34条1項6号には「児童に淫行させる行為」の処罰規定（同法60条1項）がある。また、痴漢行為については、都道府県条例による処罰規定がある。

【判例】承諾のないキッスは強制わいせつ罪（肯定例）

「接吻は相手方に対する愛情の表現であり、殊に成長した男女間のそれは性欲と無関係なものではない。しかし性的な接吻をすべて反風俗的のものとし刑法にいわゆる猥褻の概念を以て律すべきでないのは所論のとおりであるが、それが行われたときの当事者の意思感情、行動環境等によって、それが一般の風俗道徳的感情に反するような場合には、猥褻な行為と認められることもあり得るのである。」（東京高判昭和32・1・22高刑集10・1・10）

［ 強制わいせつ罪の成立にわいせつの意図は必要か ］

　強制わいせつ罪が成立するためには、行為者にわいせつの意図が必要であるかは明文に規定はないが、判例はこれを必要であると解して来た。しかし、平成29年判例でこれが変更され、わいせつの意図は不要と**判例変更**された。

【判例】わいせつの意図は必要（昭和45年判例）（不成立）

第1審不要→控訴審不要→最高裁必要

報復目的で女性の裸体写真を撮るために部屋の中で脅迫して「5分間裸で立たせた」行為について、性欲の刺戟興奮以外の目的での行為に強制わいせつ罪を構成するかが問題となった事件である。

「強制わいせつ罪が成立するためには、その行為が犯人の性欲を刺戟興奮させまたは満足させるという性的意図のもとに行なわれることを要し、婦女を脅迫し裸にして、その立っているところを撮影する行為であっても、これが専らその婦女に報復し、または、これを侮辱し、虐待する目的に出たときは、強要罪その他の罪を構成するのは格別、強制わいせつの罪は成立しない。」（最判昭45・1・29刑集24・1・1）

【判例】わいせつの意図は不要（平成29年判例）（成立）

犯罪事実の要旨「被告人は、被害者が13歳未満の女子であることを知りながら、被害者に対し、被告人の陰茎を触らせ、口にくわえさせ、被害者の陰部を触るなどのわいせつ行為をした」

「ア　昭和45年判例の示した（略）解釈は維持し難いというべきである。（略）元来、性的な被害に係る犯罪規定あるいはその解釈には、社会の受け止め方を踏まえなければ、処罰対象を適切に決することができないという特質があると考えられる。（略）昭和45年判例は、その当時の社会の受け止め方などを考慮しつつ、強制わいせつ罪の処罰範囲を画するものとして、同罪の成立要件として、行為の性質及び内容にかかわらず、犯人の性欲を刺激興奮させ又は満足させるという性的意図のもとに行われることを一律に求めたものと理解できるが、その解釈を確として揺るぎないものとみることはできない。イ　そして、『刑法等の一部を改正する法律』（平成16年法律第156号）は、性的な被害に係る犯罪に対する国民の規範意識に合致させるため、強制わいせつ罪の法定刑を6月以上7年以下の懲役から6月以上10年以下の懲役に引き上げ、強姦罪の法定刑を2年以上の有期懲役から3年以上の有期懲役に引き上げるなどし、『刑法の一部を改正する法律』（平成29年法律第72号）は、性的な被害に係る犯罪の実情等に鑑み、事案の実態に即した対処を可能とするため、それまで強制わいせつ罪による処罰対象とされてきた行為の一部を強姦罪とされてきた行為と併せ、男女いずれもが、その行為の客体あるいは主体となり得るとされる強制性交等罪を新設するとともに、その法定刑を5年以上の有期懲役に引上げたほか、監護者わいせつ罪及び監護者性交等罪を新設するなどしている。これらの法改正が、性的な被害に係る犯罪やその被害の実態に対する社会の一般的な受け止め方の変化を反映したものであることは明らかである。ウ　以上を踏まえると、今日では、強制わいせつ罪の成立要件の解釈をするに当たっては、被害者の受けた性的な被害の有無やその内容、程度にこそ目を向けるべきであって、行為者の性的意図を同罪の成立要件とする昭和45年判例の解釈は、その正当性を支える実質的な根拠を見いだすことが一層難しくなっているといわざるを得ず、もはや維持し難い。」「故意以外の行為者の性的意図を一律に強制わいせつ罪の成立要件とすることは相当でなく、昭和45年判例の解釈は変更されるべきである。」裁判官全員一致（最大判平成29・11・29裁判所HP）

第6節　強制性交等罪

「13歳以上の者に対し、暴行又は脅迫を用いて性交、肛門性交又は口腔性交（以下「性交等」という。）をした者は、強制性交等の罪とし、5年以上の有期懲役に処する。13歳未満の者に対し、性交等をした者も、同様とする。」（177条）未遂犯処罰がある（180条）。

明治40（1907）年にできた刑法177条の強姦罪等が、平成29（2017）年に、約110年ぶりに大改正された。重要な変更点は以下の点である。法定刑の引上げについては、世論の性犯罪に対する厳罰化要求が背景にある。

①強姦罪の構成要件の変更（強制性交等罪の主体（加害者）と客体（被害者）の拡張）

改正前の「強姦罪」の被害者は女性に限られており、加害者は男性に限られていた。したがって、女性が強姦罪の加害者となるには、共犯のみに限られていた。すなわち「強姦罪は、その行為の主体が男性に限られるから、刑法65条1項にいわゆる犯人の身分に因り構成すべき犯罪に該当するものである」（最決昭和40・3・30刑集19巻2号125頁）とされていた。最高裁は「女性が男性と共謀して、強姦の犯罪行為に加功した」事例に「身分のない者も、身分のある者の行為を利用することによって、強姦罪の保護法益を侵害することができるから、身分のない者が、身分のある者と共謀して、その犯罪行為に加功すれば、同法65条1項により、強姦罪の共同正犯が成立すると解すべきである。」（最決昭和40・3・30刑集19・2・125）として、女性は強姦罪の主体となるには、男と共犯関係にある時にのみ認めていた。

しかし改正後の強制性交等罪は、姦淫行為に限定されず、性交類似行為も対象としており、処罰範囲が拡張した。その理由は、肛門性交、口腔性交のように、他人の性器が自己の体内に挿入されたり、またはその逆に自己の性器を他人の体内に挿入させられたりするという濃厚な性的接触を強制される行為は、被害者にとっては姦淫行為と同様に苦痛があるので、姦淫行為に限定されるべきではないからというものである。これにより加害者・被害者共に、性別の制限がなくなった。

②法定刑の引上げ

近年の性犯罪に対する国民の厳罰化意識から、法定刑が引き上げられた。なお、裁判員裁判では、職業裁判官よりも裁判員の方が、性犯罪に対して厳罰の傾向がある。

③強姦罪等の非親告罪化

改正前の強制わいせつ罪、強姦罪、準強制わいせつ罪、準強姦罪及び未遂罪は、被

害者の名誉やプライバシー保護の観点から親告罪であったが、改正により親告罪ではなくなった。その理由は、告訴をするかしないかを被害者に決めさせるのは酷であること、犯人に告訴したことが判明して報復のおそれが生じることを避けるためとされている。

④監護者わいせつ罪及び監護者性交等罪の新設

179条1項「18歳未満の者に対し、その者を現に監護する者であることによる影響力があることに乗じてわいせつな行為をした者は、第176条の例による。」

179条2項「18歳未満の者に対し、その者を現に監護する者であることによる影響力があることに乗じて性交等をした者は、第177条の例による。」

本罪は平成29年改正により新設された。実親や養親などの監護者が、18歳未満の子ども等に対して強いてわいせつ行為や性交等をしたとしても、暴行・脅迫が認められなかったり抗拒不能と評価できない場合があり、監護者との性的行為を承諾をしているものと認められてしまい、処罰が困難であった。このような背景から、18歳未満の者を監護する者が、その影響力に乗じて、18歳未満の者と性的行為に及んだ行為を処罰するために新設されたものである。被害者の意思決定を自由な意思決定と評価することができないことや18歳未満の者を監督・保護すべき立場にある者（監護者）が被害者の脆弱な性的自由を侵害していることに悪質性があることから新設されたものである。未遂犯処罰がある（180条）。

●─ 「現に監護する者」とは ─●

現に18歳未満の者を監督し、保護している者のことをいう。法律上の監護権の存否は問わず、事実上監護していればこれにあたる。現にその者の生活全般にわたって、経済的・精神的な観点から、依存・被依存ないし保護・被保護の関係が継続的に認められることが必要とされる。実親や養親などが典型例である。その他は、親族や親の内縁の配偶者などがあてはまる。

●─ 「影響力があることに乗じて」とは ─●

一般的・継続的に、被監護者の意思決定に影響を及ぼしうる関係が存在することが必要である。この場合、誘惑、威迫などは必要ではない。

強制性交等罪の暴行・脅迫の程度（学説）

強制性交等罪が成立するためには、どの程度の暴行又は脅迫が必要となるか。

①強盗罪と同様に被害者の反抗を不可能にする程度のものとする説
②被害者の反抗を著しく困難にする程度のものであれば足りるとする説（判例）
③暴行・脅迫の大小強弱を問わないとする説

　強制性交等罪の暴行・脅迫と強盗罪の暴行・脅迫の程度は異なると考えられている。性行為の持つ特殊性から、和姦かどうかの判断が困難である点を考慮に入れなければならない。強制性交等罪での暴行・脅迫は、強盗罪に求められる程度のものは必要でないため、②が妥当となる。

【判例】強姦罪（強制性交等罪）の暴行・脅迫の程度
「刑法第177条にいわゆる暴行又は脅迫は相手方の抗拒を著しく困難ならしめる程度のものであることを以て足りる。」（最判昭和24・5・10刑集3・6・711）

【判例】強姦罪（強制性交等罪）の実行の着手時期
「被告人が、外1名と共謀のうえ、夜間1人で道路を通行中の婦女を強姦しようと企て、共犯者とともに、必死に抵抗する同女を被告人運転のダンプカーの運転席に引きずり込み、発進して同所から約5,800メートル離れた場所に至り、運転席内でこもごも同女を強姦した」事件につき「被告人が同女をダンプカーの運転席に引きずり込もうとした時点において強姦罪の実行の着手があったものと解するのが相当である。」その理由は「被告人が同女をダンプカーの運転席に引きずり込もうとした段階においてすでに強姦に至る客観的な危険性が明らかに認められるから、その時点において強姦行為の着手があったと解するのが相当であ」るからとされる。（最決昭和45・7・28刑集24・7・585）

【判例】夫婦間の強姦罪（強制性交等罪）（肯定例）
「自分の遊び仲間である共犯者Aと2人で暴力を用いて妻をその実家から無理矢理連れ出し自宅に連れ帰る途中、Aと共謀のうえ、同女を輪姦しようと企て、白昼人

里離れた山中において、同女に対し暴行を加えてその反抗を抑圧したうえ、こもごも同女を強いて姦淫した」という事件につき「婚姻中夫婦が互いに性交渉を求めかつこれに応ずべき所論の関係にあることはいうまでもない。しかしながら、右『婚姻中』とは実質的にも婚姻が継続していることを指し、法律上は夫婦であっても、婚姻が破綻して夫婦たるの実質を失い名ばかりの夫婦にすぎない場合には、もとより夫婦間に所論の関係はなく、夫が暴行又は脅迫をもって妻を姦淫したときは強姦罪が成立し、夫と第三者が暴力を用い共同して妻を輪姦するに及んだときは、夫についてももちろん強姦罪の共同正犯が成立する。」(広島高松江支判昭和62・6・18判時1234・154)

[準強制わいせつ罪・準強制性交等罪]

「人の心神喪失若しくは抗拒不能に乗じ、又は心神を喪失させ、若しくは抗拒不能にさせて、わいせつな行為をした者は」(178条1項)準強制わいせつ罪となる。

「人の心神喪失若しくは抗拒不能に乗じ、又は心神を喪失させ、若しくは抗拒不能にさせて、性交等をした者は」(178条2項)準強制性交等罪となる。

本罪は被害者の心神喪失または抗拒不能な状態を利用したり、またはそれらの状態を犯人自らが作り出して行う強制わいせつ行為や強制性交等の処罰規定である。

[心神喪失とは]

準強制わいせつ罪、準強制性交等罪の「心神喪失」とは、睡眠、泥酔、精神障害等により正常な判断ができない状態をいう。判例は、「当時43歳で、成人の重度精神薄弱者収容施設である○○園に収容され、知能指数21の重度の白痴で、4、5歳の知能程度しかなく、善悪の判断ができない」者にこれを認めている。(東京高判昭和51・12・13東高刑時報27・12・165)

【判例】抗拒不能①自己の夫と錯誤（肯定例）

「犯人に当初より強姦の意思があり、被害者が睡気其の他の事情により犯人を自己の夫と誤認しているのに乗じて姦淫」した事件で「被害者が（略）陥った重大な錯誤（自己の夫と間違えると云う）に乗じ犯人が其の婦女を姦淫した以上右性交の当時或はその直前には被害者が睡眠より完全に覚醒していたとしても、なお被害者が犯人を自己の夫と誤認している状態の継続する限り右は刑法第178条にいわゆる抗拒不能に乗じて婦女を姦淫したものと解するを妨げないものと謂うべきである」(広島高判昭和33・12・24高刑集11・10・701)

【判例】抗拒不能②治療に必要であると誤信（肯定例）

「医師が其の治療患者たる少女（18歳－引用者）の自己を信頼するの厚きに乗じ必要なる施術を為すものの如く誤信せしめて姦淫したるときは強姦罪成立するものとす」（大判大正15・6・25刑集5・285）

［強制わいせつ致死傷罪・強制性交等致死傷罪］

　強制わいせつ罪や強制性交等罪等を犯して人を死傷させた場合は、本罪の適用となる。強制わいせつ罪と傷害罪の併合罪とするよりも重罰になる。死傷結果が生じれば、強制わいせつや強制性交等の罪が未遂に終わったとしても既遂となる。結果的加重犯であるため、死傷の結果の故意は必要ない。死傷結果に故意がある場合に、強制わいせつ罪や強制性交等罪と傷害罪や殺人罪の観念的競合にすると、故意がある場合の方が致死の結果を生ぜしめてしまった場合よりも刑罰が軽くなってしまうため、致死の結果に故意があっても本罪が適用されると解すべきである。しかし、判例は、死亡結果に故意がある場合に、殺人罪と強制わいせつ罪の観念的競合とした（最決昭和31・10・25刑集10・10・1455）。

　問題は、わいせつ行為と死傷結果の関係である。判例は死傷結果がわいせつ行為によって生じた場合だけでなく、手段である暴行・脅迫から生じた場合も本罪が成立するとし、さらにわいせつ罪に関連して生じたとしても本罪の成立を認める。

【判例】犯人が逃走する際被害者を引きずり傷害（肯定例）

「就寝中の被害者にわいせつな行為をした者が、覚せいした被害者から着衣をつかまれるなどされてわいせつな行為を行う意思を喪失した後に、その場から逃走するため、被害者を引きずるなどした暴行は、上記準強制わいせつ行為に随伴するものであり、これによって被害者に傷害を負わせた場合には、強制わいせつ致傷罪が成立する。」（最決平成20・1・22刑集62・1・1）

【判例】被害者が逃走中に転倒して傷害（肯定例）

「被害者の傷害が、共犯者の1名によって強姦された後、さらに他の共犯者らによって強姦されることの危険を感じた被害者が、詐言を用いてその場をのがれ、暗夜人里離れた地理不案内な田舎道を数百米逃走し救助を求めるに際し、転倒などして受けたものである場合には、右傷害は強姦によって生じたものというを妨げない。」（最決昭和46・9・22刑集25・6・769）

【判例】被害者が自分で負傷した場合（肯定例）

被害者「は被告人の暴行脅迫により押し倒されたとき、被告人が同女の横においた（略）ナイフに気付き、刃物さえなければ逃げられると思い、体を少し横にして右手でそのナイフをかきよせ、開いている刃を折り曲げて力一杯放擲したこと、その際右手掌に全治約5日間の外傷を蒙ったことが認められるから、右傷害は被告人の強姦行為に附随して発生したものであって、その間に因果関係が存在するものといわざるを得ないから、畢竟被告人は強姦致傷の罪の責任を免れないことは明らかである。」（東京高判昭和37・4・25東高刑時報13・4・98）

【判例】被害者が逃走時に死亡した場合（肯定例）

「被害者は、被告人の手を振り切るや、従前の方向に走って逃げ（略）被害者が崖から転落して傷害を受け、そのため場合によっては死亡することがありうることは被告人の暴行から通常予測しうる範囲に属するものと解されるのであるから、被告人の所為と本件結果との間には因果関係が存するものと認めるのを相当と解するので、被害者の死亡について被告人に責任がないとはいえない。」（東京高判昭和42・3・7下刑集9・3・175）

【判例】被害者のショックと放置による凍死（肯定例）

「被害者の直接の死因は凍死であるとしても、被告人らが被害者を強いて姦淫すべく、下半身を裸にして急激な寒冷にさらしたことを含む判示暴行行為により、異常体質者の被害者をショックに陥らせて死の転帰に動機を与え、且つ、ショックに陥った被害者をすでに死亡したものと誤信して田圃に背負い出して放置して凍死せしめた行動の附加により、相合して被害者を死に致したものであるから、被告人らの右所為は包括的に単一の強姦致死罪を構成する旨の説示は正当である。」（最決昭和36・1・25刑集15・1・266）

第7節　住居侵入罪

「正当な理由がないのに、人の住居若しくは人の看取する邸宅、建造物若しくは艦船に侵入」（130条前段）した場合は本罪となる。後段の「要求を受けたにもかかわらずこれらの場所から退去しなかった」（130条後段）場合は**不退去罪**となる。後段は「しないこと」が犯罪になる真正不作為犯である。

保護法益

　かつて日本が封建的であった時代に、妻が夫の不在時に不倫相手を姦通目的で住居に招き入れるということがあった。不倫相手は妻の承諾を得て住居に入っているが、家長である夫はこれを許すはずがないことから、かつての裁判所は住居侵入罪の成立を認めた（**旧住居権説**）。つまり、住居権は夫にのみあるという考えである。しかし戦後になり、男女の同権が認められ、旧住居権説は否定された。

旧住居権説（戦前の判例）…家長である夫にのみ住居権があるとする説
住居権説…誰を住居等に立ち入らせるかを決める自由とする説
平穏説…住居等の事実上の平穏を害する立入りとする説
新住居権説（通説・判例）…住居権者の意思に反する立入りとする説

【判例】姦通と住居侵入罪①（肯定）
「被告は他人の不在に乗じ其妻と姦通する目的を以て其住宅に侵入せんとしたる者なれば縦令予め妻の承諾を得たりとするも斯る場合に於ては当然本夫たる住居権者が被告の住居に入ることを認容する意思を有すと推測し得べからざるを以て妻が本夫に代り承諾を与うるも其承諾は固より何等其効力を生ずべきに非ず」（大判大正7・12・6刑録24・1506）

【判例】姦通と住居侵入罪②（否定）判例変更
「夫だけが住居権をもつということは男女の本質的平等を保障する日本国憲法の基本原理と矛盾するし、承諾の有無に住居侵入罪についての決定的意義を認め承諾の効果にかかずらうことは妥当でない。なるほど住居者の承諾を得て平穏に住居に立ち入る行為は侵入行為とはいえない。しかしその理由は住居侵入罪の保護法益が事実上の住居の平穏であるところから住居者の承諾があれば事実上の住居の平穏が害されないと考えられるからであって、その重点は被害者の承諾の有無ではなく事実上の住居の平穏である。住居侵入罪の保護法益は『住居権』という法的な権利ではなく事実上の住居の平穏であるから夫の不在中に住居者である妻の承諾を得ておだやかにその住居に立ち入る行為は、たとい姦通の目的であったとしても住居侵入罪が保護しようとする事実上の住居の平穏を害する態様での立ち入りとはいえないから住居侵入罪は成立し

ないと解するのが相当である。」（尼崎簡判昭和43・2・29下刑集10・2・211）

［「人の住居」とは何か］

　居住者でない者が他人の住居等に侵入すると本罪が成立する。では、居住者が死亡
している場合はどうなるか。居住者を殺害してから住居に侵入した場合、住居侵入罪
は成立するか。判例はこれを肯定し住居侵入罪の成立を認める。しかし、すでに死亡
して存在しない者に対して住居の平穏を保護するという説明は妥当ではないとの批判
がある。

【判例】殺害後に被害者の自宅に侵入（肯定例）
　「被害者をM市内で殺害して財物を奪い、その25時間後に東京の被害者宅に侵
入し、更に同人の財物を奪った事案について、殺害行為と各財物奪取行為は、全体と
して一個の強盗殺人罪を構成する」「被告人らは、（被害者—引用者注）を殺害する前
から、同女を殺害した後同女方に侵入することを企図していたものであり、その実行に
及んだものであること、殺害現場と（被害者—引用者注）方住居との距離や時間的経
過の点は、前述のように航空路線の発達からしてそれほど大きいものではないと考えら
れること、（被害者—引用者注）の死亡の事実は被告人らだけが知っていたものである
こと、（被害者—引用者注）方住居は施錠され、同女の生前と同じ状況下にあったこと
などの諸点からすれば、（被害者—引用者注）方の住居の平穏は、被告人らの侵入の時
点においても、同女の生前と同様に保護されるべきものであり、被告人らはその法益を
侵害したものと解されるから、原判決が住居侵入罪の成立を認めたことに誤りはな」い。
（東京高判昭和57・1・21刑月14・1-2・1）

［居住者の意思］

　平穏説によると、犯罪目的の侵入であっても、平穏に入れば住居侵入罪は成立しな
いことになる。また、住居に入ることの承諾は、居住者全員から得なければならないと
するのもおかしい。結局、居住者の誰が承諾を与えればよいかが問題となる。すると、
居住者と管理者の意思が反する場合やマンション等の共同住宅の場合の説明が難しく
なる。いわゆる商業ビラのポスティング目的で共同住宅に侵入した場合に住居侵入罪の
成立を認めた事件はないが、政治的ビラのポスティング目的で住居侵入罪の成立を認め
た事件として「立川防衛庁宿舎事件」がある。政治的ビラのポスティング目的での住
居侵入は、憲法で保障された政治的な表現活動であるのに有罪となり、商業ビラのポス

ティング目的での住居侵入が無罪とされたことについてはどのようにとらえたらよいか。

 【判例】立川防衛庁宿舎ビラ配布事件（肯定例）
　第1審：無罪、控訴審：有罪、最高裁：有罪

第1審「被告人らが立川宿舎に立ち入った動機は正当なものといえ、その態様も相当性を逸脱したものとはいえない。結果として生じた居住者及び管理者の法益の侵害も極めて軽微なものに過ぎない。さらに、被告人らによるビラの投函自体は、憲法21条1項の保障する政治的表現活動の一態様であり、民主主義社会の根幹を成すものとして、同法22条1項により保障されると解される営業活動の一類型である商業的宣伝ビラの投函に比して、いわゆる優越的地位が認められている。そして、立川宿舎への商業的宣伝ビラの投函に伴う立ち入り行為が何ら刑事責任を問われずに放置されていることに照らすと、被告人らの各立ち入り行為につき、従前長きにわたり同種の行為を不問に付してきた経緯がありながら、防衛庁ないし自衛隊又は警察からテント村に対する正式な抗議や警告といった事前連絡なしに、いきなり検挙して刑事責任を問うことは、憲法21条1項の趣旨に照らして疑問の余地なしとしない。以上、諸般の事情に照らせば、被告人らが立川宿舎に立ち入った行為は、法秩序全体の見地からして、刑事罰に処するに値する程度の違法性があるものとは認められないというべきである。②この点、検察官は、本件各立ち入り行為が刑事処罰の対象とならないならば、居住者や管理者は、被告人らの立ち入りを受忍しなければならなくなり、また、ビラ投函を隠れ蓑とした不当な目的による立ち入りに対しても排除する手段を持ち得なくなり、かかる結論は不当であると主張する。だが、前述のとおり、被告人らが居住者や管理者の反対を押し切ってビラを投函することを止めさせることは可能であったと考えられる。そのような申し入れによって、居住者や管理者が敷地内への立ち入りを強く拒否していることが明らかになっても、立ち入りを続けた場合、あるいはビラの内容が脅迫的なものになったり、投函の頻度が著しく増える、立ち入りの際に居住者との面会を求めるなど、立ち入りの態様が立川宿舎の正常な管理及びその居住者の日常生活に悪影響をおよぼすようになった場合には、立ち入り行為の違法性が増し、刑事責任を問うべき場合も出てくると思料される。また、不当な目的を秘した立ち入りを排除できないとの点については、必ずしもビラ投函を仮装する場合に限定される問題ではなく、他方、ビラ投函を仮装したものであるか否かは、従前のものも含めた立ち入り行為の態様、立ち入った者が所属している組織の性格等から、ある程度合理的に推認することができると考えられる。よって、検察官の主張には理由がない。」（東京地八王子支判平成16・12・16判タ1177・133）

控訴審「表現の自由が尊重されるべきことはそのとおりであるにしても、そのために直ちに他人の権利を侵害してよいことにはならないことはもとよりである。本件のビラの投函行為は、自衛隊に対しイラク派遣命令を拒否するよう促す、いわゆる自衛官工作の意味を持つものであることは、ビラの文面からも明らかであるが、ビラによる政治的意見の表明が言論の自由により保障されるとしても、これを投函するために、管理権者の意思に反して邸宅、建造物等に立ち入ってもよいということにはならないのである。」（東京高判平成17・12・9）

最高裁「刑法130条前段にいう『侵入し』とは、他人の看守する邸宅等に管理権者の意思に反して立ち入ることをいうものであるところ（略）、立川宿舎の管理権者は、（略）被告人らの立入りをがこれらの管理権者の意思に反するものであった」「本件では、表現そのものを処罰することの憲法適合性が問われているのではなく、表現の手段すなわちビラの配布のために『人の看守する邸宅』に管理権者の承諾なく立ち入ったことを処罰することの憲法適合性が問われているところ、本件で被告人らが立ち入った場所は、防衛庁の職員及びその家族が私的生活を営む場所である集合住宅の共用部分及びその敷地であり、自衛隊・防衛庁当局がそのような場所として管理していたもので、一般に人が自由に出入りすることのできる場所ではない。たとえ表現の自由の行使のためとはいっても、このような場所に管理権者の意思に反して立ち入ることは、管理権者の管理権を侵害するのみならず、そこで私的生活を営む者の私生活の平穏を侵害するものといわざるを得ない。したがって、本件被告人らの行為をもって刑法130条前段の罪に問うことは、憲法21条1項に違反するものではない。」（最判平成20・4・11刑集62・5・1217）

なお、亀有マンション事件（最判平成21・11・30刑集63・9・1765）でも最高裁は政治的ビラ配布のための立入りにつき、同様に有罪としている。

［錯誤による承諾］

錯誤により住居に侵入することを承諾した場合、本罪は成立するか。判例は成立するとする。

【判例】強盗目的を隠して店舗に進入した事例（肯定例）

「強盗殺人の目的をもって店舗内に入った者は、該店舗の主人が顧客と誤信し、その店舗内に入ることを許容したとしても、住居侵入罪の責を免れない。」（最判昭和23・5・20刑集2・5・489）

【判例】強盗目的を隠して家に進入した事例（肯定例）
「犯人が『今晩は』と挨拶したのに対し、家人が『おはいり』と答えたのに応じて住居にはいった場合でも、犯人が強盗の意図でその住居にはいった以上、住居侵入罪が成立する。」（最大判昭和24・7・22刑集3・8・1363）

［ 建造物とは何か ］

【判例】囲繞地（肯定例）
「刑法130条に所謂建造物とは、単に家屋を指すばかりでなく、その囲繞地を包含するものと解するを相当とする。」（最大判昭和25・9・27刑集4・9・1783）

【判例】邸宅とは
「刑法第130条に所謂邸宅とは人の住居の用に供せらるる家屋に付属し主として住居者の利用に供せらるべき区画せる場所を謂う」（大判昭和7・4・21刑集11・407）

【判例】警察署の塀に上がる行為（肯定例）
「警察署庁舎建物及び中庭への外部からの交通を制限し、みだりに立入りすることを禁止するために設置された高さ約2.4mの本件塀は、建造物侵入罪の客体に当たり、中庭に駐車された捜査車両を確認する目的で本件塀の上部に上がった行為は、建造物侵入罪を構成する。」（最決平成21・7・13刑集63・6・590）

【判例】盗撮目的で現金自動預払機が設置された銀行支店出張所に営業中に立入る行為（肯定例）
「現金自動預払機利用客のカードの暗証番号等を盗撮する目的で、現金自動預払機が設置された銀行支店出張所に営業中に立ち入ることは、同所の管理権者である銀行支店長の意思に反することが明らかであり、その立入りの概観が一般の現金自動預払機利用客のそれと特に異なるものでなくても、建造物侵入罪が成立する。」（最決平成19・7・2刑集61・5・379）

第3章

名誉・信用に関する罪

第1節　名誉毀損罪

　「公然と事実を適示し、人の名誉を毀損した者は、その事実の有無にかかわらず」（230条1項）本罪が成立する。死者に対しても成立する（230条2項）。ただし、この場合は、虚偽の事実を適示した場合のみである。名誉に関する罪には、名誉毀損罪と侮辱罪がある。いずれも親告罪である。名誉毀損は民法にも規定がある（民法710条及び723条）。

● 保護法益 ●

　保護法益は名誉である。名誉には、**内部的名誉**と**外部的名誉**がある。**内部的名誉**とは、その人が持っている名誉感情であり、**外部的名誉**とは、その人に対する社会的な評価、社会的名誉である。本罪の保護法益は、外部的名誉である。なぜなら、本人が持っている名誉感情は刑法上保護に値しないからである。また、このことは名誉毀損罪の成立に公然性が要件となっていることからも説明できる。例えば、人前で「お前は頭が悪いな」といえば名誉毀損罪になるが、誰もいない場所で「お前は頭が悪いな」といったとしても、名誉毀損罪は成立しないことになる。また、公然と「お前は頭が悪いな」といって、実際に名誉が毀損されなかったとしても、本罪は成立する（抽象的危険犯）。

　一方、外部的名誉が保護法益となると、名誉感情を持たない小さな子供や精神薄弱者に対して公然と名誉を毀損したり侮辱した場合には犯罪とならないのかが問題となる。これについては、言われた本人が名誉感情を害したかどうかで名誉毀損罪の成否が決まるものではないため、名誉感情を持たない者に対しても成立すると考えられる。また、名誉毀損罪は法人に対しても認められる（通説・判例）。

【判例】法人も名誉毀損罪及び侮辱罪の被害者となる
「名誉毀損罪又は侮辱罪の被害者たる者は或特定せる人又は人格を有する団体なりとす」（大判大正15・3・24刑集5・117）

【判例】名誉毀損罪は抽象的危険犯
「名誉毀損罪の既遂は公然人の社会的地位を貶すに足るべき具体的事実を適示し名誉低下の危険状態を発生せしむるを以て足るものなるが故に判示認定に係る新聞紙配布に依る場合の如きは単に新聞紙配布の事実のみを以て既遂となり殊更被害者の社会的地位の傷けられたる事実の存在を要するものに非ず」（大判昭和13・2・28刑集17・141）

【判例】「九州人」と言っても名誉毀損罪は成立しない
「凡そ名誉毀損罪又は侮辱罪は或は特定せる人又は人格を有する団体に対し其の名誉を毀損し又は之を侮辱するに依りて成立するものにして即ち其の被害者は特定したるものなることを要し単に東京市民又は九州人と云うが如き漠然たる表示に依りて本罪を成立せしむるものに非ず」（大判大正15・3・24刑集5・117）

[公然性とは]
　名誉毀損罪も侮辱罪も公然性が認められなければ成立しない。公然性をどのようにとらえるか、判例の考え方は変遷している。

【判例】公然性とは不特定多数人の視聴に達する状態
「刑法第230条の名誉毀損罪に於て公然事実を適示しというは不定多数の人の視聴に達し得べき状態に於て事実を適示するの謂にして苟も不定多数の人の視聴に達することの可能なる状況の下に事実を適示する以上はたとい現実に不定多数の人の視聴に達するに至らざりし場合に於ても前掲名誉毀損罪の成立を妨げず」（大判大正12・6・4刑集2・486）

【判例】特定少数人では公然性なし
「少数の役員より成り秘密の保たれ得べき状況の下にある会合の席上に於て他人の名誉を毀損する言辞を為したる者は公然人の名誉を毀損したるものと言うを得ず」（大判昭和12・11・19刑集16・1513）

【判例】公然性とは伝播の可能性があれば少数（7人程度）でもよい

「Xが確証もないのに、YにおいてX方庭先の菰に放火したものと思い込み、X方でYの弟Aおよび火事見舞に来た村会議員Bに対し、またY方でその妻C,長女Dおよび近所のE,F,G等に対し、問われるままに、『Yの放火を見た』、『火が燃えていたのでYを捕えることはできなかった』旨述べたときは（その結果、本件では、Yが放火したという噂が村中に相当広まっている。）、不特定多数の人の視聴に達せしめ得る状態において事実を適示しYの名誉を毀損したものとして、名誉毀損罪が成立する。」（最判昭和34・5・7刑集13・5・641）

【判例】特定多数人でも公然性あり

「多数人の面前において人の名誉を毀損すべき事実を適示した場合は、その多数人が特定しているときであっても、刑法第230条第1項の罪を構成する。」（最判昭和36・10・13刑集15・9・1586）

　以上のように、不特定多数の者が知り得るという伝播の可能性があれば、特定かつ少数であっても公然性は認められる。判例は「伝播の可能性」を規準にして「公然性」を捉える。しかし、そうすると、1人に対して話しただけでも、「公然性」が認められる可能性が生じるので妥当でないという批判がある。

［ 真実性の証明による免責 ］

　「前条第1項の行為が公共の利害に関する事実に係り、かつ、その目的が専ら公益を図ることにあったと認める場合には、事実の真否を判断し、真実であることの証明があったときは、これを罰しない。

　2　前項の規定の適用については、公訴が提起されるに至っていない人の犯罪行為に関する事実は、公共の利害に関する事実とみなす。

　3　前条第1項の行為が公務員又は公選による公務員の候補者に関する事実に係る場合には、事実の真否を判断し、真実であることの証明があったときは、これを罰しない。」（230条の2）

　「公然と事実を適示し、人の名誉を毀損した」（230条1項）としても、適示した事実が、①公共の利害に関する事実であり、②公益を図る目的があり、③真実であることの証明ができた場合には、罰せられない。表現の自由（憲法21条1項）とのバランスを図るための規定である。

[①事実の公共性　②目的の公益性　③真実性の証明]

　公共性のある事実について、公益を図るために適示した場合で、内容が真実であれば、他人の名誉を毀損したとしても、処罰されない。表現の自由に配慮した規定である。また、もし事実が真実でなかったとしても、行為者は真実であると誤信しており、かつその誤信に確実な資料、根拠があれば、同様に処罰されない。一方、被告人が真実性の証明に失敗し、真偽不明となった場合には、処罰を免れないことになる。この点につき、「疑わしきは被告人の利益に」の原則に違反するのではないか、また、被告人に真実の証明を科すことになるため、挙証責任の転換があるのではないかとの批判がある。被告人には起訴された事件について、本来無罪であることの証明までは求められないからである。一方、真実性の証明はどの程度までしなければならないかという問題がある。この点については、被告人は捜査権を持たないので、証拠の優越の程度で足りると解されている。

[真実性の錯誤]

　真実であると誤信して名誉を毀損をした場合についてはどのように扱えばよいか。230条の2はどのような理由から罰しないとしているかという解釈により真実性の錯誤に対する扱いが異なることになる。

[違法阻却事由説（通説・判例）]

　230条の2の1項に「公共の利害に関する事実」、「その目的が専ら公益を図ることにあった」とあることから、また、行為者からすれば真実を言っているのに違法性があるとするのは問題があることから、違法阻却事由と解する説である。違法阻却事由の錯誤は事実の錯誤ととらえられるため、処罰されないと解される。ただし、真実であると軽信したものまでは含まれないと解する。

[処罰阻却事由説（かつての判例・立法者）]

　230条の2の1項は「罰しない」としていることから、犯罪は成立するものの、処罰のみが阻却されると解する。

【判例】真実性の錯誤が認められ故意が阻却された「夕刊和歌山事件」
　第一審「被告人は、その発行する昭和38年2月18日付『夕刊和歌山時事』に、『吸血鬼Aの罪業』と題し、A本人または同人の指示のもとに同人経営の和歌山特だね新聞

の記者が和歌山市役所土木部の某課長に向かって『出すもの出せば目をつむってやるんだが、チビリくさるのでやったんや』と聞えよがしの捨てせりふを吐いたうえ、今度は上層の某主幹に向かって『しかし魚心あれば水心ということもある、どうだ、お前にも汚職の疑いがあるが、一つ席を変えて一杯やりながら話をつけるか』と凄んだ旨の記事を掲載、頒布し、もって公然事実を摘示して右Aの名誉を毀損した。」

最高裁「刑法230ノ2第1項にいう事実が真実であることの証明がない場合でも、行為者がその事実を真実であると誤信し、その誤信したことについて、確実な資料、根拠に照らし相当の理由があるときは、犯罪の故意がなく、名誉毀損の罪は成立しないものと解するのが相当である。」(破棄差戻)(最大判昭44・6・25刑集23・7・975 夕刊和歌山事件)

　夕刊和歌山事件では、真実性の誤信は違法性の錯誤と認め、誤信に相当の理由がある場合には故意を阻却することを認めた。

【判例】個人のプライバシーは公共の事実にあたる「月刊ペン事件」

　雑誌「月刊ペン」に宗教団体の会長の私的生活についての記事を公表した事件で、「私人の私生活上の行状であっても、そのたずさわる社会的活動の性質及びこれを通じて社会に及ぼす影響力の程度などのいかんによっては、その社会的活動に対する批判ないし評価の一資料として、刑法230条の2第1項にいう『公共の利害に関する事実』にあたる場合がある。」(最判昭56・4・16刑集35・3・84)

第2節　侮辱罪

　「事実を摘示しなくても、公然と人を侮辱した」(231条)場合に成立する。

　事実を摘示しなくても成立する点で、名誉毀損罪と異なる。法定刑が拘留または科料のみという刑罰の軽い罪であり、親告罪である。

【判例】名誉毀損罪と侮辱罪との区別

　「侮辱罪は事実を摘示せずして他人の社会的地位を軽蔑する犯人自己の判断を公然発表するに因りて成立し名誉毀損罪は他人の社会的地位を害するに足るべき具体的事実を公然告知するに因りて成立するものとす」(大判大正15・7・5刑集5・303)

【判例】法人に対する侮辱罪（肯定例）

「ビル1階北側玄関柱に、管理者の許諾を受けないで、（中傷―引用者）ビラ12枚を糊で貼付し」た事件につき「侮辱罪は、法人を被害者とする場合においても成立する。」（最決昭和58・11・1刑集37・9・1341）

【判例】名誉毀損罪が成立しなければ侮辱罪も成立しない

「新聞紙の記事中侮辱に渉る記事が名誉毀損罪構成の一要素と為す場合に於ては名誉毀損行為の外特に侮辱罪を構成すべきものに非ず従て名誉毀損罪の点に関し新聞紙法第45条に依り事実証明を得たりとして処罰せざる以上は右侮辱罪の点をも併せ事件全体に付き無罪を宣告すべきものとす」（大判大正5・11・1刑録22・1644）

第3節 信用毀損罪及び業務妨害罪

「虚偽の風説を流布し、又は偽計を用いて、人の信用を毀損し、又はその業務を妨害」（233条）すると成立する。他人に嘘の噂を流したり、嘘によって他人の信用を壊したり、業務を妨害する罪である。

【判例】虚偽の風税の流布とは

「多数の者に伝播せらるるものなることを認識しながら人の信用を害すべき虚偽の事実を告知するときは其の直接告知を受くる者23人に過ぎざる場合といえども刑法第233条に所謂流布罪を構成す」（大判昭和12・3・17刑集16・365）

【判例】偽計とは

「偽計」とは、人を欺罔したり、誘惑したり、人が知らないことや錯誤の状態を利用することである。

「マジックホンと称する電気機器を電話回線に取り付け、応答信号の送出を妨げるとともに、発信側電話の度数計器の作動を不能にした行為は、有線電気通信妨害罪（略）及び偽計業務妨害罪に当た」る（最決昭和61・2・3刑集40・1・1）

【判例】中華そば屋への無言電話970回は偽計（肯定例）

「被告人が相手方の（中華そば店の―引用者注）業務を妨害する意図のもとに、約970回にわたり昼夜を問わず繰り返し電話をかけ、その都度、相手方が或は顧客等か

らの要件による電話かも知れないとの懸念から電話口に出ると、無言のまま相対し、または自己の送受話器を放置し、その間一時間にもせよ相手方の電話の発着信を不能ならしめた所為は、一面において、受信者である相手方の錯誤ないし不知の状態を利用するものであることを全く否定し得ないものがあると共に、他面において、その目的、態様、回数等に照らし、社会生活上受容できる限度を越え不当に相手方を困惑させる手段術策に当たるものというべく、これを総合的に考察すればまさに刑法233条にいわゆる偽計を用いた場合に該当するものと解するのが相当である。」（東京高判昭和48・8・7高刑集26・3・322）

【判例】信用とは

「販売される商品の品質に対する社会的な信頼は、刑法233条にいう『信用』に含まれる。」（最判平成15・3・11刑集57・3・293）

【判例】虚偽の無差別殺人の告知は業務妨害罪（肯定例）

「インターネット掲示板に、同日から1週間以内に東日本旅客鉄道株式会社A駅において無差別殺人を実行する旨の虚構の殺人事件の実行を予告し、これを不特定多数の者に閲覧させ、同掲示板を閲覧した者からの通報を介して、同県警察本部の担当者らをして、同県内において勤務中の同県土浦警察署職員らに対し、その旨伝達させ、同月27日午前7時ころから同月28日午後7時ころまでの間、同伝達を受理した同署職員8名をして、上記A駅構内及びその周辺等への出勤、警戒等の徒労の業務に従事させ、その間、同人らをして、被告人の予告さえ存在しなければ遂行されたはずの警ら、立番業務その他の業務の遂行を困難ならしめ、もって偽計を用いて人の業務を妨害した」（東京高判平成21・3・12高刑集62・1・21）

［ 威力業務妨害罪 ］

「威力を用いて人の業務を妨害した」（234条）場合も業務妨害罪として処罰される。威力を用いて人の業務を妨害すると本罪が成立するが、危険犯であるため、妨害の危険さえあれば、実際に業務が妨害されなかったとしても成立する。

【判例】「威力」とは

「同条にいう『威力』とは、犯人の威勢、人数および四囲の状勢よりみて被害者の自由意思を制圧するにたる勢力を指称する。」（最判昭和28・1・30刑集7・1・28）

【判例】「威力を用い」たとは

被告人が「部下の消防職員と共謀の上、町消防本部消防長の業務を妨害しようと企て、ひそかに、消防本部消防長室にある同人のロッカー内の作業服ポケットに犬のふんを、事務机中央引き出し内にマーキュロクロム液で赤く染めた猫の死がいをそれぞれ入れておき、翌朝執務のため消防長室に入った消防長をして、右犬のふん及び猫の死がいを順次発見させ、よって恐怖感や嫌悪感を抱かせて同人を畏怖させ、当日の朝行われる予定であった部下職員からの報告の受理、各種決済事務の執務を不可能にさせた」という事件について、「被害者の事務机引き出し内に赤く染めた猫の死がいを入れておくなどして、被害者にこれを発見させ、畏怖させるに足りる状態において一連の行為（判文参照）は、刑法234条にいう『威力ヲ用ヒ』た場合に当たる。」（最決平成4・11・27刑集46・8・623）

【判例】蛇20匹を食堂で撒き散らすのは威力業務妨害罪（肯定例）

被告人がA百貨店が不良品を販売し再三他人より注意を受けたるもこれに応ぜずと聞込み爾来同会社に対する反感を抱いていたところ、昭和6年12月24日メリケン袋在中の縞蛇20匹を携え、同日午後1時頃東京日本橋のA百貨店5階食堂に至り縞蛇20匹を同食堂配膳部に向かって撒き散らし、満員の同食堂を大混乱に陥らしめもって威力を用いて右会社の業務を妨害した行為につき「刑法第234条に所謂威力を用いたるものに該当す」（大判昭和7・10・10刑集11・1519）

【判例】総会屋が株主総会に乗り込むのは威力業務妨害罪（肯定例）

総会屋が「株主総会に乗り込み株主総会を紛糾混乱させ」る行為は、威力業務妨害罪及び強要罪にあたる。（東京地判昭和50・12・26刑月7・11-12・984）

[公務と業務]

公務員の公務が妨害された場合、公務執行妨害罪（95条）により処罰されるが、業務妨害罪の適用もあるかが問題となる。条文を見ると、公務執行妨害罪の手段は「暴行又は脅迫を用いて」とあり、業務妨害罪（233条）は「偽計又は威力を用いて」とある。したがって、公務員の仕事を妨害したが、公務執行妨害罪の要件である暴行又は脅迫がなかった場合、業務妨害罪で処罰できるだろうか。かつての最高裁は、公務は業務に含まれないとしていたが（最大判昭和26・7・18刑集5・8・1491）、摩周丸事件以降、公務は業務に含まれるとした（最大判昭和41・11・30刑集20・9・1076）。

【判例】警察官の公務に対する妨害に業務妨害罪を認めた事例（肯定）

「東京都が都道である通路に動く歩道を設置するため、通路上に起居する路上生活者に対して自主的に退去するよう説得して退去させた後、通路上に残された段ボール小屋等を撤去することなどを内容とする環境整備工事は、自主的に退去しなかった路上生活者が警察官によって排除、連行された後、その意思に反して段ボール小屋を撤去した場合であっても、威力業務妨害罪にいう『業務』に当たる。」（最決平成14・9・30刑集56・7・395）

［ 威力業務妨害罪と労働争議行為 ］

　労働者の団結権、団体交渉権、争議権は憲法28条で保障される。労働争議行為の中で、威力業務妨害罪に当たる行為に出る場合がある。例えば、会社で賃上げ要求や労働条件の改善を求めて労働争議をする場合に、集団で仕事をしないとか職場の一部を占拠するといった雇用者等に対してその業務を妨害する手段を取る場合があり、威力業務妨害罪の成立が問題となる場合がある。これに対して、構成要件に当てはめ威力業務妨害罪を認めてしまうと、憲法で保障されている労働争議行為が実現できなくなる。そこで、威力業務妨害罪と憲法の労働権の保障との関係が問題となる。

【判例】全農林警職法闘争事件（肯定例）

「国家公務員法（昭和40年法律第69号による改正前のもの）98条5項、110条1項17号は、公務員の争議行為のうち同法によって違法とされるものとされないものとを区別し、さらに違法とされる争議行為についても違法性の強いものと弱いものとを区別したうえ、刑事制裁を科されるのはそのうち違法性の強い争議行為に限るものとし、あるいは、あおり行為等につき、争議行為の企画、共謀、説得、慫慂、指令等を争議行為にいわゆる通常随伴するものとして争議行為自体と同一視し、これを刑事制裁の対象から除くものとする趣旨ではない。」（最大判昭和48・4・25刑集27・4・547）

【判例】炭鉱のストライキ（肯定例）

「炭鉱において鉱員と職員とが分れてそれぞれ労働組合と職員組合とに属している場合に、労働組合のみがストライキ実行中、争議行為に加わっていない職員が就業のため出勤するに際し、労働組合員がスクラムを組み体当りを以って職員を押し返したときは、威力業務妨害罪を構成する。」（最判昭和35・5・26刑集14・7・868）

【判例】名古屋中郵事件（肯定例）

「公共企業体等労働関係法17条1項違反の争議行為に参加を呼びかけるため行われた本件建造物侵入行為は、刑法上の違法性を欠くものではない。」（最大判昭和52・5・4刑集31・3・182）

第4節　電子計算機損壊業務妨害罪

　コンピュータを使用する業務妨害が増えて来たため、昭和62(1987)年に新設された。「人の業務に使用する電子計算機若しくはその用に供する電磁的記録を損壊」もしくは「人の業務に使用する電子計算機に虚偽の情報若しくは不正な指令を与え」ること、または「その他の方法により、電子計算機に使用目的に沿うべき動作をさせ」ないこと、または「使用目的に反する動作をさせて」業務を妨害した場合を処罰するものである。「損壊」とは、毀棄罪のように物を物理的に壊す場合だけではなく、電磁的記録を害する場合もあたる。

【判例】ホームページ内の天気予報画像を消去しわいせつ画像等に書き換え（肯定例）

「朝日放送株式会社がインターネット利用者に提供するため開設したホームページ内の天気予報画像を消去してわいせつな画像等に置き替え、同会社の情報提供業務を妨害」（大阪地判平成9・10・3判タ980・285）

【判例】パチンコ台に虚偽の情報を与えて大当たりをさせる（否定例）

　パチンコ遊技台は「自動販売機の電子計算機部分と同様に、個々のパチンコ遊技台の機能を向上させる部品の役割を果たしているにすぎないと認められるから、刑法234条の2にいう『業務に使用する電子計算機』にはいまだ該当しないと解するのが相当である。」（福岡高判平成12・9・21判時1731・131）

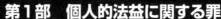

第4章

財産に関する罪

第1節 財産罪総説

　財産罪は他人の財産を侵害する罪である。どのように侵害するかにより、窃盗罪、強盗罪、詐欺罪、恐喝罪、横領罪、業務上横領罪、遺失物等横領罪となる。大まかに言えば、こっそり盗れば窃盗罪、強取すれば強盗罪、騙して取れば詐欺罪、脅して取れば恐喝罪、預かっている物を取れば横領罪となる。

　財産罪には財物（1項）の他に、財産上の利益（2項）を侵害する罪がある。例えば、タクシーに乗ったのに乗車料金を支払わない場合のように、支払い義務を免れる場合などがこれに当たる。金銭を取るのと支払うべきものを支払わないのは、刑法上の非難は同様であるからである。

● 保護法益 ●

本権説（所有権説）…所有権等の本権ととらえる説
占有説（所持説）…財物に対する占有そのものととらえる説

　かつては学説・判例ともに本権説を支持していた。しかし、現在では、学説・判例ともに占有説を支持している。その理由は、まず、刑法は242条に、他人が占有している物は他人の財物とみなすとする規定があるからである。しかし、この規定を本権説は権限に基づく占有ととらえる。占有説は事実上持っている状態ととらえる。例えば、窃盗犯人Aから被害者Bが自分の財物を取り返した場合、本権説では所有権がBにあるから窃盗罪にはならず、占有説ではAの占有を侵害しているので窃盗罪になる。

【判例】本権説から占有説へ判例変更
「刑法における財物取罪の規定は人の財物に対する事実上の所持を保護せんと

するものであって、これを所持するものが、法律上正当にこれを所持する権限を有する
かどうかを問わず、たとい刑法上その所持を禁ぜられている場合でも現実にこれを所持
している事実がある以上社会の法的秩序を維持する必要からして、物の所持という事
実上の状態それ自体が独立の法益として保護せられみだりに不正の手段によって、これ
を侵すことを許さぬとする趣意である。」（最判昭和24・2・15刑集3・2・175）

【判例】窃盗犯人の占有する盗品を窃取しても窃盗罪①（占有説）
「本件において被害者Aの持っていた錦糸は盗品であるから、Aがそれについ
て正当な権利を有しないことは明かである。しかし正当の権利を有しない者の所持で
あっても、その所持は所持として法律上の保護を受けるのであって、例へば窃取した物
だからそれを強取しても処罰に値しないとはいえないのである。」（最判昭和24・2・8刑
集3・2・83）

【判例】窃盗犯人の占有する盗品を窃取しても窃盗罪②（占有説）
「仮に右被害者がA所有の自転車を窃取した犯人であったとしても、窃盗罪の
法益たる所持（占有）は物に対する事実上の支配であって、その物に対する事実上の
支配関係が認められる限りその支配が適法であると否とに拘らず窃盗罪の保護法益と
なるものと解されるのであるから、右のように窃盗犯人から更に贓物を窃取した場合に
おいても窃盗罪が成立するものと解するのが相当である。」（東京高判昭和29・5・24東
高刑時報5・5・192）

【判例】自動車金融による引き揚げは窃盗罪（占有説）
「買戻約款付自動車売買契約により自動車金融をしていた貸主が、借主の買戻
権喪失により自動車の所有権を取得した後、借主の事実上の支配内にある自動車を承
諾なしに引き揚げた行為は、刑法242条にいう他人の占有に属する物を窃取したものと
して窃盗罪を構成する。」（最決平成1・7・7刑集43・7・607）

［ 平穏な占有 ］

　窃盗の被害者が窃盗犯人から自分の物を取戻した場合、本権説に立てば、自分の物
には所有権が存在するから、窃盗罪にはならない。一方、占有説に立てば、窃盗犯人
といえども、占有状態自体は保護されるから、窃盗罪になる。しかし、窃盗犯人の盗品
の占有は、平穏な占有ではないとして、占有説を維持しながらも、盗品の被害者による

取戻し行為に構成要件該当性を否定して窃盗罪を認めないという考え方である。ただし、この考え方は、わが国の現行刑法が自救行為を認めていないため、成り立たない考え方となる。

[電気は財物か]

電気は財物か。民法85条は「この法律において『物』とは、有体物をいう。」とし、物を有体物に限定する。刑法には、このような規定はない。判例は、電気窃盗について電気は管理可能であるから財物であるとした（管理可能性説）。その後、245条に「この章（36章の「窃盗及び強盗の罪」）の罪については、電気は、財物とみなす。」との規定を設けた。

【判例】電気は財物か（肯定例）管理可能性説

「刑法第366条に所謂る窃盗とは他人の所持する物を不法に自己の所持内に移すの所為を意味し人の理想のみに存する無形物は之を所持すること能わざるものなれば窃盗の目的たることを得ざるは論を待たず然れども所持の可能なるが為めには五感の作用に依りて認識し得べき形而下の物たるを以て足れりとし有体物たることを必要とせず何となれば此種の物にして独立の存在を有し人力を以て任意に支配せられ得べき特性を有するに於ては之を所持し其所持を継続し移転することを得べければなり約言すれば可動性及び管理可能性の有無を以て窃盗罪の目的たることを得べき物と否らざる物とを区別するの唯一の標準となすべきものとす而して電流は有体物にあらざるも五官の作用に依りて其存在を認識することを得べきものにして之を容器に収容して独立の存在を有せしむることを得るは勿論容器に蓄積して之を所持し一の場所より他の場所に移転する等人力を以て任意に支配することを得べく可動性と管理可能性とを併有するを以て優に窃盗罪の成立に必要なる窃取の要件を充たすことを得べし故に他人の所持する他人の電流を不法に奪取して之を自己の所持内に置きたる者は刑法第366条に所謂る他人の所有物を窃取したるものにして窃盗罪の犯人として刑罰の制裁を受けざるべからざるや明なり」（大判明治36・5・21刑録9・874）

[財物とは何か]

財産犯の客体には経済的交換価値のあることは必要ない。判例は、客観的価値の要否について、「強、窃盗罪において奪取行為の目的となる財物とは、財産権殊に所有権の目的となり得べき物を言い、それが金銭的乃至経済的価値を有するや否やは問うとこ

ろではない。」（最判昭和25・8・29刑集4・9・1585）とする。

【判例】法律上無効な手形（肯定例）
「強盗又は窃盗の目的物たる財物は所有権の目的と為り得べき有体物にして必ずしも金銭的価値を有するものたることを要せずなり故に既存の約束手形が強盗罪の目的たることを得るは勿論強盗の目的を以て人を脅迫して新に約束手形を作成せしめたるときは該手形は法律上無効にして金銭的価値を有せざるも所有権の目的と為り得べき有体物なれば強盗罪の目的物たる財物たることに於て妨なきを以て之を作成者の所持内より強取すれば強盗罪を構成す」（大判明治43・2・15刑録16・256）

【判例】消印済みの収入印紙（肯定例）
「窃盗罪の目的たる物は必ずしも経済的交換価値を有する物に限らず財産権の目的たる物なるを以て足る所論消印済の収入印紙は交換価値を有せずとするも独立して若くは証書に貼用せられ証書の一部を成して財産権の目的たることを得るや論なし」（大判明治44・8・15刑録17・1488）

【判例】支払期日を徒過した小切手（肯定例）
「支払呈示期間経過後に窃取された線引小切手と雖も贓物といい得る。」（最決昭和29・6・1刑集8・6・787）

【判例】価格２銭程度の石１個（肯定例）
「一塊の石と雖も苟も他人の所有に属する以上は其経済的価値の如何を問わず刑法に所謂財物として法の保護する目的たることを失わず故に原判決の認定せる如き他人の所有に属する石塊（価格２銭位）を奪取したる行為は当然窃盗罪を以て論ずべきものとす」（大判大正元・11・25刑録18・1421）

【判例】はずれ馬券（否定例）
「本件馬券は、もはや刑法上の保護に値いする物とはいえず、窃盗罪の客体たる財物には該当しないと解すべきである。結局、被告人は、本件馬券を有効な馬券と思い、甲からすり取ったが、それが財物でない『はずれ馬券』であったため窃盗の目的を遂げなかったもので、窃盗未遂罪を構成するにとどまると解するのが相当である。」（札幌簡判昭和51・12・6刑月8・11－12・525）

【判例】不法原因給付物（肯定例）
「本件50銭銀貨は賭博の負け金として授受せられしものなれば被告の所有権を失い之を受取りたるAの有に帰したる筋合にして之を強取したる被告の所為は強盗罪を構成すること明かなり」（大判明治39・7・5刑録12・844）

【判例】禁制品（肯定例）
「いわゆる隠匿物資たる元軍用アルコールで私人の所持を禁ぜられているものであるとしても、他人が現実に所持している物を騙取すれば、詐欺罪が成立する。」（最判昭和24・2・15刑集3・2・175）

［ 不動産の財物性 ］

詐欺罪や恐喝罪や横領罪の客体には財物の移転を必要としないため、動産だけでなく不動産も客体となるが、窃盗罪には財物の移転が必要となるため、不動産が窃盗罪の財物になるかが問題となる。この問題については、昭和35（1960）年に不動産侵奪罪（235条の2）の規定が新設したことにより解決した。

［ 占有とは何か ］

刑法では物に対する事実上の支配があることをもって占有を認める。事実上の支配があるといえるためには、実際に握持していることまでは必要でない。また、行為者の支配下にあると認められれば、たとえ他人の家の中であっても占有はあると認められる。以下に占有があるかが問題となった判例を列挙する。

【判例】所持とは事実上の物の支配
「刑法第235条に所謂窃取とは物に対する他人の所持を侵し其意に反して竊に之を自己の所持に移すことを云い其所持とは一般の慣習に従い事実上物の支配する関係を云うものとす」（大判大正4・3・18刑録21・309）

【判例】ゴルフ場のロストボール（占有あり）
「被告人らが本件各ゴルフ場内にある人工池の底から領得したゴルフボールは、いずれも、ゴルファーが誤って同所に打ち込み放置したいわゆるロストボールであるが、ゴルフ場側においては、早晩その回収、再利用を予定していたというのである。右事実関係のもとにおいては、本件ゴルフボールは、無主物先占によるか権利の承継的な取得

によるかは別として、いずれにせよゴルフ場側の所有に帰していたのであって無主物ではなく、かつ、ゴルフ場の管理者においてこれを占有していたものというべきであるから、これが窃盗罪の客体になるとした原判断は、正当である。」（最決昭和62・4・10刑集41・3・221）

【判例】他人の浴場内に隠した指輪（占有あり）

浴場内で他人が置き忘れた指輪を浴場内の隙間に隠した行為について「窃盗罪は他人の実力的支配内に在る物を自己の実力的支配内に移し排他的に之を自由に処分し得べき状態に置くに依りて完成し必ずしも安全に其の物の経済的価値を利用し得べき状態に置くことを要せず」（大判大正12・7・3刑集2・624）

【判例】バスを待つ列から30センチ移動（占有あり）

「被害者がバスを待つ間に写真機を身辺約30糎（センチメートル）の個所に置き、行列の移動に連れて改札口の方に進んだが、改札口の手前約3.66米の所に来たとき、写真機を置き忘れたことに気づき直ちに引き返したところ、既にその場から持ち去られていたもので、行列が動き始めてからその場所に引き返すまでの時間は約5分、写真機を置いた場所と引き返した点との距離は約19.58米に過ぎないような場合は、未だ被害者の占有を離れたものとはいえない。」（最判昭和32・11・8刑集11・12・3061）

【判例】公園のベンチ上に置き忘れられたポシェットから27メートル離れた場合（占有あり）

「公園のベンチ上に置き忘れられたポシェットを領得した行為は、被害者がベンチから約27mしか離れていない場所まで歩いて行った時点で行われたことなど判示の事実関係の下では、窃盗罪に当る。」（最決平成16・8・25刑集58・6・515）。

【判例】帰る習性のある犬と鹿（占有あり）

「野生の禽獣と雖も一たび馴養せられて一定人の所有に属す以上は所有者に於て家畜と同じく拘禁することなく之を自由の状態に放任するに因り時に或は所有者の事実上の支配を及ぼし得べき地域外に出遊することあるも所有者の事実上の支配に属する一定の棲息場所に復帰する慣習を失わざる限り又他人が現実に之に対して拘束を加えざる限りは之が為めに所有者の支配を離脱することなければ其所持内に在るものと謂うを妨げず故に上叙の状態に於ける他人の所有に属する禽獣を捕獲して之を自己の事

173

実上の支配内に移す行為は窃盗罪の一要件たる他人の所持を侵すものに外ならず」(大判大正5・5・1刑録22・672)

【判例】旅館内で遺失した物の占有は旅館主(占有あり)
「被告の領得したる物件は所有者甲の事実上の支配を離脱したるも甲の宿泊せる旅館主乙の事実上の支配の及ぶ該旅館屋内の便所に現在せるものなるときは乙が右事実を認知せると否とを問わず当然乙の支配内に属するを以て遺失物を以て論ずるを得ず」(大判大正8・4・4刑録25・382)

【判例】酩酊者の自転車(占有なし)
「酩酊のため自転車もろとも路上に倒れた者が自転車を放置してその場から約百米も立去り、自転車を持っていたことも失念し、その放置した場所も判らなくなってしまったときは、その自転車はその者の占有を離脱したものと解すべきである。」(仙台高判昭和30・4・26高刑集8・3・423)

[死者の占有]

　財物を強取するため被害者を殺害し、財物を強取した場合は、強盗致死罪が成立する。しかし、殺害した後に新たに財物奪取の意思が生じて、死者から財物を取った場合は何罪になるか。殺害後は被害者が死亡しているので、死者には占有がないとするのか。それとも、死者にも占有があるとするのか。

【判例】死者の占有を認めた事例①
「被告人は、当初から財物を領得する意思は有していなかったが、野外において、人を殺害した後、領得の意思を生じ、右犯行直後、その現場において、被害者が身につけていた時計を奪取したのであって、このような場合には、被害者が生前有していた財物の所持はその死亡直後においてもなお継続して保護するのが法の目的にかなうものというべきである。そうすると、被害者からその財物の占有を離脱させた自己の行為を利用して右財物を奪取した一連の被告人の行為は、これを全体的に考察して、他人の財物に対する所持を侵害したものというべきであるから、右奪取行為は、占有離脱物横領ではなく、窃盗罪を構成するものと解するのが相当である」(最判昭和41・4・8刑集20・4・207)

【判例】死者の占有を認めた事例②

「野外に於て人を傷害死に致し其の現場に於て懐中金を奪取したるときは窃盗罪を構成するものとす」（大判昭和16・11・11刑集20・598）

【判例】財物強取の意思で殺害してから財物を取った場合（強盗致死罪）

「刑法第240条後段の強盗殺人罪は強盗が財物強取の行為に因りて人を死に致したる事実あれば直に成立するものにして致死の結果が財物強取の前に在ると其後に在るとは同罪の成立に影響なし」（大判大正2・10・21刑録19・982）

［不法領得の意思］

　財産犯の成立要件として、条文にはないが、判例・通説は、不法領得の意思を必要とする。窃盗の故意（他人の占有する財物をその意思に反して自己又は他人の占有に移すことの認識）の他に「不法領得の意思」がなければ窃盗罪にはならないとする。不法領得の意思とは、権利者を排除して他人の物を自己の所有物としてその経済的用法に従い、利用・処分する意思をいう。不法領得の意思の有無により不可罰の使用窃盗と区別しようとするのである。また毀棄罪・隠匿罪と区別する。

【判例】不法領得の意思

「窃盗罪の成立に必要なる故意ありとするには法定の犯罪構成要件たる事実に対する認識の外尚お不法に物を自己に領得するの意思あることを要するものとす」（大判大正4・5・21刑録21・663）

［使用窃盗］

　最初から返すつもりで（一時的に使用する意思で）所有者に断りなく財物を持ち出し、使用することを使用窃盗と言う。通説では、これを所有権者としてふるまう意思がないため、不可罰とする。しかし、一時使用の意思で、つまり返すつもりで持ち出した場合のすべてを不可罰とすることには問題がある。例えば、他人所有の自動車を長時間にわたり無断で使用した場合などでも、返すつもりがあったとすれば窃盗罪ではないことになってしまうからである。

【判例】返すつもりで自動車を乗り回した場合①（不法領得の意思あり窃盗罪）

「被告人は、深夜、A市内の給油所の駐車場から、他人所有の普通乗用自動車（時

価約250万円相当）を、数時間にわたって完全に自己の支配下に置く意図のもとに、所有者に無断で乗り出し、その後4時間余りの間、同市内を乗り廻していたというのであるから、たとえ、使用後に、これを元の場所に戻しておくつもりであったとしても、被告人には右自動車に対する不法領得の意思があったというべきである。」（最決昭和55・10・30刑集34・5・357）

【判例】返すつもりで自動車を乗り回した場合②（不法領得の意思あり窃盗罪）
「一時的にもせよ、本件自動車に対する所有者の権利を排除し、あたかも自己の所有物と同様にこれを使用する意思があったものと認めるのが相当であり、被告人には不法領得の意思があったというべきである。」（高松高判昭和61・7・9判時1209・143）

第2節　窃盗罪

「他人の財物を窃取した」（235条）場合に成立する。窃取とは、他人の占有を侵害する罪であり、他人の所有権を侵害することは必要でない。

【判例】窃取とは
「占有者の意思に反して財物を自己又は第三者の占有下に移す行為」（大判大正4・3・16刑録21・309）

［ 窃盗罪の既遂時期 ］

窃盗罪がいつから既遂となるかは、全体の状況から判断して、検討していくことになる。すなわち、財物が他人の占有から犯人の支配内に移ったのはいつかを見ていくことになる。着手時期は、その具体的状況によって異なる。すなわち、場所や窃取しようとする財物の形状などによって総合的に判断されることになる。例えば、電車内で他人のズボンの後ろのポケットに入れてある財布にスリが手を掛けた時には、窃盗の実行の着手が認められることになる。

学説には接触説、取得説（通説・判例）、移転説、隠匿説がある。

【判例】スリが着衣のポケットの外側に触れた時（肯定例）
「被害者のズボン右ポケットから現金をすり取ろうとして同ポケットに手を差しのべその外側に触れた以上窃盗の実行に着手したものと解すべきこというまでもない。」

（最決昭和29・5・6刑集8・5・634）

【判例】店舗に侵入後レジスターのある方へ行こうとした時（肯定例）
「被告人は昭和38年11月27日午前零時40分頃電気器具商たる本件被害者方店舗において、所携の懐中電燈により真暗な店内を照らしたところ、電気器具類が積んであることが判ったが、なるべく金を取りたいので自己の右側に認めた煙草売場の方に行きかけた際、本件被害者らが帰宅した事実が認められるというのであるから、原判決が被告人に窃盗の着手行為があったものと認め、刑法238条の『窃盗』犯人にあたるものと判断したのは相当である。」（最決昭和40・3・9刑集19・2・69）

【判例】箪笥に近づいた時（肯定例）
「窃盗の目的を以て家宅に侵入し屋内に於て金品物色の為箪笥に近寄りたるときは財物に対する事実上の支配を侵すに付密接なる行為を為したるものにして窃盗罪の着手ありたるものとす」（大判昭和9・10・19刑集13・1473）

第3節　親族相盗例

　配偶者、直系血族、または同居の親族間で窃盗罪や不動産侵奪罪を行った場合、刑は免除されるという規定である。また、その他の親族すなわちそれよりも遠い関係の親族の場合は、親告罪となっている。詐欺や恐喝や横領や背任の場合でも同様である（251条、255条）。これはいわゆる「法は家庭に入らず」といった考えから来ているものと解されている。罰せられないことの根拠としては、親族という身分があるからとする人的処罰阻却事由（通説）とするもの、違法性減少説や責任減少説がある。

第4節　強盗罪

　「暴行又は脅迫を用いて他人の財物を強取した者は、強盗の罪とし、5年以上の有期懲役に処する。2　前項の方法により、財産上不法の利益を得、又は他人にこれを得させた者も、同項と同様とする。」（236条）
　強盗罪の特徴は、まず法定刑が非常に重い点にある。刑法は人を傷付けて他人の財物を取ることに非常に高い非難を認めているのである。強盗罪が成立するためには、暴行又は脅迫が**窃盗の機会**に行われることが必要である。そして、暴行又は脅迫により

被害者の**犯行の抑圧**があり、反抗を抑圧された被害者から**財物の移転**があるという要件を満たすことが必要である。では、犯人が暴行又は脅迫をし被害者が財物を差し出したが、憐憫の情から財物を差し出した場合には強盗罪は成立するか。この場合、暴行又は脅迫と財物奪取の間に因果関係がないので、強盗罪は成立せず、せいぜい恐喝罪（249条）が成立するに過ぎない。

【判例】窃盗の機会とは

「被告人が他人の居宅で財物を窃取した後もその天井裏に潜み、犯行の約3時間後に駆け付けた警察官に対し逮捕を免れるため暴行を加えたなど判示の事実関係の下においては、その暴行は窃盗の機会の継続中に行われたものというべきである。」（最決平成14・2・14刑集56・2・86）

【判例】暴行・脅迫の後に新たに財物奪取の意思が生じた場合（強盗罪）

「当初は財物奪取の意思がなく暴行を加えた後に至って奪取の意思を生じ財物を取得した場合においては、被害者の抵抗できない状態にあるのに乗じただけでは足りず、犯人がその意思を生じた後に被害者の抗拒を不能ならしめる暴行ないし脅迫に値する行為が存在してはじめて強盗罪の成立があるものと解すべきである。」（東京高判昭和48・3・26高刑集26・1・85）

【判例】反抗抑圧の程度

「他人に暴行又は脅迫を加えて財物を奪取した場合に、それが恐喝罪となるか強盗罪となるかは、その暴行又は脅迫が、社会通念上一般に被害者の反抗を抑圧するに足る程度のものであるかどうかと云う客観的基準によって決せられるのであって、具体的事案の被害者の主観を基準としてその被害者の反抗を抑圧する程度であったかどうかと云うことによって決せされるものではない。（最判昭和24・2・8刑集3・2・75）

［ 事後強盗罪 ］

「窃盗が、財物を得てこれを取り返されることを防ぎ、逮捕を免れ、又は罪跡を隠滅するために、暴行又は脅迫をしたときは、強盗として論ずる。」（238条）

　財物を取るために暴行又は脅迫をするのではなくて、財物を取った後に取り返されないために暴行又は脅迫をしても、強盗罪となる。つまり暴行・脅迫と財物の強取の順番が逆になっても、強盗罪になる。

［ 昏睡強盗罪 ］

「人を昏睡させてその財物を盗取した者」（239条）は本罪となる。酒を飲ませるなどして被害者を昏睡状態にして、財物を窃取すると本罪が成立する。

［ 強盗致死傷罪 ］

「強盗が、人を負傷させたときは無期又は6年以上の懲役に処し、死亡させたときは死刑又は無期懲役に処する。」（240条）

強盗犯人が人を負傷させたり、死亡させると本罪となる。強盗の機会に傷害を負わせた場合を特に重く処罰する規定である。強盗罪と分けてあえてこの規定を特別に設けている趣旨は、強盗犯人が傷害を負わせたり死に至らしめたりすることが多いからである。また、判例・通説は、強盗犯人が財物の奪取に失敗したとしても、人を死傷させた場合には強盗致死傷罪の成立を認める。

【判例】強盗致死傷罪厳罰の理由

「刑法第240条前段の強盗傷人の罪は強盗を為す者強盗を為す機会に於て他人に傷害を加えたるにより成立し苟も傷害が強盗の機会に於て為されたる限り右が財物強取の手段として行われざりし場合と雖右犯罪を構成するものにして此の場合に於て同法第236条の強盗の罪と同法第204条の傷害の罪との成立を認むべきものにあらず蓋し強盗の機会に於ては致傷致死等の如き惨虐なる行為の伴うこと少からず其の害悪たる洵に怖るべきものあるが故に刑法が特に斯る行為を以て強盗罪の加重情状と認めたるものにして従って苟も斯る行為に出でたる以上其の如何なる目的に依り為されたるやを問わず等しく厳罰を以て臨む法意なること明なればなり」（大判昭和6・10・29刑集10・511）

【判例】財物の強取に失敗しても強盗致死罪①

「財物強取の手段として人を殺害したるときは刑法第240条後段の犯罪成立するものにして財物を得たりや否やは其の犯罪の構成に関係なきものとす蓋し同条後段は強盗の要件たる暴行脅迫を加うる行為に因り相手方の生命を害することあるべきが故に強盗故意に又は故意なくして人を死に致す場合を予想し之が処罰規定を設けたるものにして同条後段の罪の未遂たる場合は強盗故意に人を死に致さんとして遂げざるときに於て之を認むるを得べく財物を得たるや否やは同条の構成要件に属せざるものと解するを相当とすればなり」（大判昭和4・5・16刑集8・251）。

179

【判例】財物の強取に失敗しても強盗致死傷罪②

「強盗致死罪の成立には犯人が財物を得ることを必要とせず」（大判昭和4・5・16刑集8・251）

【判例】殺意があっても強盗致死傷罪

「強盗殺人の行為に付ては刑法第240条のみを適用すべきものにして之に併せて同法第199条及第54条を適用すべきものに非ず」（大判大正11・12・22刑集1・815）

[強盗の機会とは]

　本罪が成立するには、強盗の機会に致傷結果を生じさせることが必要となるが、強盗の機会といえるのはいつまでかが問題となる。判例では、これを広くとらえる。

【判例】強盗の機会とは

「家人が騒ぎ立てたため他の共犯者が逃走したので被告人も逃走しようとしたところ同家表入口附近で被告人に追跡して来た被害者両名の下腹部を日本刀で突刺し死に至らしめたというのである。即ち殺害の場所は同家表入口附近といって屋内か屋外か判文上明でないが、強盗行為が終了して別の機会に被害者両名を殺害したものではなく、本件強盗の機会に殺害したことは明である。」（最判昭和24・5・28刑集3・6・873）

　強盗行為が終了した後に犯人が逃走しようとしたときに被害者を殺害した場合にも強盗致死罪の成立を認める。しかし、この強盗の機会を広くとらえすぎてしまうと、強盗とは無関係に生じた致死の結果であっても強盗致死傷罪を認めてしまうことになる。したがって、強盗の機会は限定的に捉える必要がある。なお、通説・判例は、財物の奪取は失敗しても、死傷結果を生じさせれば強盗致死傷罪の既遂罪の成立を認める。

　では、犯人が殺人を故意で行った場合にはどのように扱えばよいか。これを故意の殺人罪と強盗罪の併合罪とすると、強盗致死罪よりも刑が軽くなってしまう不都合があるため、この場合、強盗致死罪とする。

[強盗強制性交等及び同致死罪]

　強盗犯人が強制性交等の罪を犯した場合は強盗強制性交等罪が成立し、強盗犯人が強制性交等をして被害者を死亡させた場合には強盗強制性交等同致死罪が成立する。（241条）強盗は未遂であったとしても同罪の既遂犯となる。

【判例】強盗が未遂でも既遂罪
「強盗に着手して之を遂げざる者其の場所にて婦女を強姦せむとして暴行中偶々所携の凶器を以て之に負傷せしめたるも其の目的を遂げざるときは刑法第243条第241条前段を適用処断すべきものとす」（大判昭和8・6・29刑集12・1269）

第5節　恐喝罪

「人を恐喝して財物を交付させた」（249条1項）場合に成立する。財物ではなく財産上の利益を交付させても成立する（同条2項）。

　強盗と似ていて違うのは、暴行・脅迫の程度である。相手の反抗を抑圧する程度のものであれば強盗罪となるが、相手の反抗を抑圧する程度に至らない場合に本罪となる。判例は、恐喝の内容を人の身体に危害を加える気勢を示すような言動も含むとする。

【判例】恐喝行為とは
「恐喝罪を構成する恐喝手段には人の悪事醜行の摘発又は犯罪の申告其の他之に類する害悪の通告に限らず人の身体に危害を加うることあるべき気勢を示すが如き言語挙動をも包含するものとす」（大判昭和9・1・29刑集13・22）

【判例】恐喝罪を否定した事例
「パチンコ店が入居しているビルを賃貸している会社の代表取締役に、みかじめ料を要求したとして恐喝未遂罪で起訴された事案」につき「将来におけるみかじめ料の支払いの要求としてみても、全く漠然としたものであって、一切具体性がなく、その要求に従おうとしても払う相手も分からないというものであったのであるから、(恐喝罪にいう）金銭や物品の交付を受ける目的が漠然とし、特定性を全く欠いたものであるから、恐喝の予備行為に及んだということはいい得ても、実行行為に着手したと認めることはできない。」（東京高判平成7・9・21高刑速（平成7）92、東高刑時報46・1-12・71）

[権利行使と恐喝罪]

　自分の貸したお金を返してくれない相手からお金を取り返すために相手を脅した場合でも、恐喝罪が成立するか。窃盗罪のところでも触れたように、自己に権利のある物を取り返すことは、相手の所有権を侵害することにはならないので、本権説によれば恐喝

罪は成立しないことになる。この場合、せいぜいのところ、手段として脅した点に脅迫罪が成立するにすぎない。しかし、占有説を採れば、相手の占有状態が保護されるので、恐喝罪は成立することになる。では、権利の範囲を超えて喝取した場合はどのように扱われるか。本権説では、その権利の範囲を超えた部分についてだけ恐喝罪が成立することになる。例えば、本権説では、貸した金額が30万円の場合、30万円を脅して取り返せば無罪であるが、50万円を脅して取れば、権利を超えた20万円についてだけ恐喝罪が成立する。占有説では、この場合、50万円全額について恐喝罪となる。判例は、このような場合に30万円だけ恐喝罪の成立を認めていたが、その後、全額について恐喝罪が成立すると変更した（占有説）。学説は自己に債権のある範囲には財産的損害を与えていないとして脅迫罪とする説がある。

【判例】権利行使と恐喝罪①権利の範囲内でも恐喝罪成立

「正当な権利者が、欺罔または恐喝の手段を用いて、義務者から正数以外の財物または正数以上の利益を取得した場合、詐欺恐喝の罪は、右権利の範囲外において領得した財産または利益の部分につき成立し、名を権利の実行にかり不正に財物または利益を領得した場合、または領得した行為の原因が正当な権利と全然異なる場合は、詐欺の罪は、領得した財物または財産上の利益の全部について成立する。」（大判院大正2・12・23刑録19・1502）

【判例】権利行使と恐喝罪②権利の範囲内は恐喝罪不成立

「もし被告人に判示弁償金を要求する権利があってその権利実行の為、本件行為にでたものでありしかもそれが権利行使の範囲内に属することであるとすれば被告人の本件所為は時に他の犯罪を構成することがあっても直ちに恐喝罪に問擬することはできない。」（最判昭和26・6・1刑集5・7・1222）

【判例】権利行使と恐喝罪③（現在の判例）権利の範囲内でも恐喝罪成立

「債権取立のために執った手段が、権利行使の方法として社会通念上一般に忍容すべきものと認められる程度を逸脱した恐喝手段である場合には、債権額のいかんにかかわらず、右手段により債務者から交付を受けた金員の全額につき恐喝罪が成立する。」（最判昭和27・5・20刑集9・11・2173）

現在の裁判所は、貸した金を返してくれない債務者から金を取り返すためには、法律

に則った正当な手続きによらなければならないと考える。しかし、他人の財産権を侵害している場合と侵害していない場合を同列に扱ってよいかは疑問である。

第6節　詐欺罪

「人を欺いて財物を交付させた」（246条1項）場合に成立する。財産上不法の利益を交付させた場合は2項詐欺罪となる。

　人を騙して錯誤に陥れ、錯誤に基づき財物を交付させる罪である。**保護法益**は個人の財産である。判例は社会秩序も含むとする。また、客体には、自然人、法人の他、国や地方公共団体も含まれるとされている。詐欺罪の成立要件は、欺罔行為→錯誤に陥る→交付行為→財物移転（利益移転）である。それぞれの間には因果関係が認められなければならない。振込め詐欺は、家族になりすましてお金を要求する欺罔行為があって、ATMを操作させて送金させるなどにより現金の交付行為があるので、詐欺罪となる。

●── 1項詐欺と2項詐欺 ──●

　人を欺いて財物を交付させると1項詐欺となり、人を欺いて財産上不法の利益を得たり、また他人にこれを得させると2項詐欺となる。2項詐欺とは、例えば債務の支払いを免れるような場合である。タクシーに乗って料金を払わない場合等がこれにあたる。お金を取ってはいないが、支払わなければならない料金を支払っていないから、不法の利益を得ているからである。

【判例】詐欺罪の保護法益
「詐欺罪の如く他人の財産権の侵害を本質とする犯罪が、処罰されたのは単に被害者の財産権の保護のみにあるのではなく、かかる違法な手段による行為は社会の秩序をみだす危険があるからである。そして社会秩序をみだす点においては所謂闇取引の際に行われた欺罔手段でも通常の取引の場合と何等異るところはない。」（最判昭和25・7・4刑集4・7・1168）

[欺罔行為とは]
　欺くとは、人を錯誤に陥れることである。機械は騙すことができないので、自動販売機に偽物の硬貨を入れるなどして商品を取る行為は詐欺罪にはならず窃盗罪となる。一

方、不作為による欺罔行為は詐欺罪になる。いわゆる無銭飲食や釣り銭詐欺は詐欺罪になる。財物は動産だけでなく、不動産も含まれる。財物の移転は必要でなく、欺罔行為により所有権を移転させることは可能だからである。

【判例】欺罔行為

「詐欺罪の成立に必要なる欺罔ありとするには虚偽の意思表示に因り他人を錯誤に陥るを以て足り」る（大判大正6・12・24刑録23・1621）

【判例】誤振込み（肯定例）

「自己の口座に過った振込みがあることを知った場合には、銀行に受取人の承諾を得て振込依頼前の状態に組み戻す措置を講じさせるため、誤った振込みがあった旨を銀行に告知すべき信義則上の義務があると解されるのであり、また、社会生活上の条理からしても、誤った振込みについては、受取人において、これを振込依頼人等に返還しなければならず、誤った振込金額相当分を最終的に自己のものとすべき実質的な権利はないのであるから、前記告知義務があることは当然というべきであって、誤った振込みがあることを知った受取人が、その情を秘して預金の払戻しを請求することは、詐欺罪の欺罔行為に当たり、また、誤った振込みの有無に関する錯誤は同罪の錯誤に当たるというべきであるから、錯誤に陥った銀行窓口係員から受取人が預金の払戻しを受けた場合には、詐欺罪が成立する。」（最決平成15・3・12刑集57・3・322）

【判例】クレジットカード詐欺（肯定例）

「被告人は、本件クレジットカードの名義人本人に成り済まし、同カードの正当な利用権限がないのにこれがあるように装い、その旨従業員を誤信させてガソリンの受付を受けたことが認められるから、被告人の行為は詐欺罪を構成する。」（最決平成16・2・9刑集58・2・89）

［キセル乗車とは］

現在のような入場記録のある乗車券がなかった頃、乗車する駅の最低運賃の切符を購入して駅構内に入場して電車に乗車し、目的の駅では定期券などで出場する行為ができた。これをキセル乗車という。中が空洞（中の乗車賃を支払っていない）だからキセルと同じ（キセルも中が空洞）であるのでキセル乗車という。このキセル乗車では、どの時点で、欺罔行為→錯誤に陥る→交付行為→財物移転（利益移転）を認めるかが

問題となり、かつては詐欺罪の成立が否定されていた。

【判例】キセル乗車①（否定例）

「被告人は初めからA、B両駅間を無賃乗車する意思であり、精算することもなく、特に宥恕すべき事情がなかったのであるから、旅客及び荷物運送取扱細則第259条第1項の適用がなく、従って、右区間の運賃の外増運賃をも支払うべき義務があるけれども、係員を欺罔してB駅を出場したとしても右運賃の支払義務を免れ得た訳ではないから、これにより何ら不法の利益を得たことにはならないのである。以上説示のように、起訴状記載の公訴事実自体及び原判決認定の罪となるべき事実自体が詐欺罪の構成要件を欠き、同罪を構成せず、単に鉄道営業第29条違反の罪を構成するに過ぎないことはまことに所論のとおりであり、右のいずれも法令の解釈を誤り、ひいてその適用を誤ったものであり、（略）原判決は全部破棄を免れない。」（東京高判昭和35・2・22東高刑時報11・2・43）

　乗車駅係員には乗越しを告げる義務はなく、下車駅係員には債務を免れた意思表示をしていないから無罪とする。

【判例】キセル乗車②（肯定例）

「刑法246条2項の詐欺利得罪は、他人に対して虚偽の事実を告知し、もしくは真実の事実を隠ぺいするなどして欺罔することによりその他人を錯誤させ、その結果、特定の処分または意思表示（以下「処分行為」という。）をさせて、財産上の利益を得、または第三者をして得せしめた場合に成立するものであって、その利得は処分行為から直接に生ずるものでなくてはならないことはいうまでもないが、被欺罔者以外の者が右の処分行為をする場合であっても、被欺罔者が日本国有鉄道のような組織体の一職員であって、被欺罔者のとった処置により当然にその組織体の他の職員から有償的役務の提供を受け、これによって欺罔行為をした者が財産上の利益を得、または第三者をして得させる場合にも成立するものと解すべきであり、また、乗車区間の一部について乗車券を所持していても、その乗車券を行使することが不正乗車による利益を取得するための手段としてなされるときには、権利の行使に仮託したものに過ぎず、とうてい正当な権利の行使とはいえないから、その乗車券を有する区間を包括し、乗車した全区間について詐欺罪が成立するといわなければならない。」（大阪高判昭和44・8・7刑月1・8・795）

乗車駅係員には代金を支払う客を装い欺罔し、電車に乗るサービスを受けているから詐欺罪とする。

[無銭飲食とは]

飲食代金を支払うつもりがないのに、客を装い代金の支払いをするように見せかけ、店から飲食の提供を受けて、支払をせずに逃走することを無銭飲食と言う。どの時点に、欺罔行為→錯誤に陥る→交付行為→財物移転（利益移転）を認めるかが問題となる。

【判例】無銭飲食①（肯定例）
「飲食店又は旅人宿に在りては飲食の注文又は宿泊の申込には自ら代金又は宿泊料支払の暗黙の意思表示を包含するものと了解するを通例なりとす従って注文者又は宿泊者が支払の意思なきに拘わらず其事情を告げず人を欺意思を以て単純に注文又は宿泊を為すときは其注文又は宿泊の行為自体を以て欺罔行為なりと認むるを相当とす」
（大判大正9・5・8刑録26・348）

【判例】無銭飲食②（否定例）
「詐欺罪で得た財産上不法の利益が、債務の支払を免れたことであるとするには、相手方たる債権者を欺罔して債務免除の意思表示をなさしめることを要するものであって、単に逃走して事実上支払をしなかっただけで足りるものではないと解すべきである。されば、原判決が『原（第一審）判示のような飲食、宿泊をなした後、自動車で帰宅する知人を見送ると申欺いて被害者方の店先に立出でたまま逃走したこと』をもって代金支払を免れた詐欺罪の既遂と解したことは失当であるといわなければならない。」
（最決昭和30・7・7刑集9・9・1856）

[不法原因給付と詐欺罪]

民法708条に「不法な原因のために給付をした者は、その給付したものの返還を請求することができない。ただし、不法な原因が受益者についてのみ存したときは、この限りでない。」とあり、公序良俗に違反する金銭の返還請求はできないことになっている。例えばピストルの購入代金を騙し取られたというような場合、詐欺罪の成立は認められるか。ピストルは法で所持することが禁じられたものなので、その代金の支払をしなかった相手に対して裁判所に支払いを命じるように訴訟をしたとしても、その請求は認められないというのが民法708条である。詐欺罪は不法原因給付に対しても成立するか。

【判例】特殊カフェーの接客婦として働くための前借金（肯定例）

「いわゆる前借金詐欺は、前借契約の民事的効力いかんの問題にかかわりなく、詐欺罪を構成する。」（最決昭和33・9・1刑集12・13・2833）

［ 電子計算機使用詐欺罪 ］

詐欺罪に規定するもののほか、「人の事務処理に使用する電子計算機に虚偽の情報若しくは不正な情報を与えて財産権の得喪若しくは変更に係る不実の電磁的記録を作り、又は財産権の得喪若しくは変更に係る虚偽の電磁的記録を人の事務処理の用に供して、財産上不法の利益を得、又は他人にこれを得させ」（246条の2）ると本罪が成立する。

【判例】窃取したクレジットカードを使い電子マネーの利用権を取得（肯定例）

「被告人は、本件クレジットカードの名義人による電子マネーの購入の申込みがないにもかかわらず、本件電子計算機に同カードに係る番号等を入力送信して名義人本人が電子マネーの購入を申し込んだとする虚偽の情報を与え、名義人本人がこれを購入したとする財産権の得喪に係る不実の電磁的記録を作り、電子マネーの利用権を取得して財産上不法の利益を得たものというべきであるから、被告人につき、電子計算機使用詐欺罪の成立を認めた原判断は正当である。」（最決平成18・2・14刑集60・2・165）

第7節　横領罪

「自己の占有する他人の物を横領」（252条）すると本罪となる。「自己の物であっても、公務所から保管を命ぜられた場合において、これを領得」（2項）しても横領罪となる。

横領罪には、単純横領罪（252条）、業務上横領罪（253条）、占有離脱物横領罪（254条）の3類型がある。業務上横領罪は横領罪の加重類型である。すなわち、業務性があることで、刑法上の非難が高くなるため、刑が重くなる。横領罪の主体は、他人の物の占有者又は公務所から保管を命ぜられた自己の物の占有者である。本罪は占有者という一定の身分がなければ犯し得ない。一方、客体は自己の占有する他人の物である。

【判例】占有とは

「刑法横領罪の規定に所謂占有とは必ずしも物の握持のみを指すに非ず事実上及び法律上物に対する支配力を有する状態を汎称するものとす」（大判大正4・4・9刑録21・457）

占有は事実上の支配だけでなく、法律上の支配も含む。法律上支配している状態であっても他人の財物を横領することは可能だからである。

[不法原因給付と横領罪]

横領罪は不法原因給付についても成立するか。例えば、賄賂として預かっていた金銭を横領してしまった場合、横領罪になるかということである。判例はこれを肯定する。

【判例】不法原因給付と横領罪（肯定例）

「他人から贈賄の委託を受けてその資金を預り保管している者が、これを自己のため費消したときは、委託者にその金員の返還請求権がなくても横領罪が成立する。」（最判昭和23・6・5刑集2・7・641）

判例は、贈賄に使うために他人の金銭を委託した者は、民法708条によって取戻すことはできないいが、横領罪は成立するとする。しかし、そうすると、不法原因給付である贈賄罪に使うためのお金を被害者に戻せということになってしまうので、おかしいのではないかとの批判がある。横領罪のうち、業務性がある場合は、業務上横領罪（253）となり重く処罰される。例えば、質屋、倉庫業、クリーニング業等がこれにあたる。

[遺失物等横領罪]

「遺失物、漂流物その他占有を離れた他人の物を横領」（254条）すると本罪となる。

遺失物とは、落し物のことである。占有者の占有を離れた物で誰にも属していない物である。

【判例】電車内の遺留品は遺失物

「鉄道係員の乗務する鉄道列車内に於て乗客の遺留せる物品を不正に領得したる者は刑法第254条に依り処断すべきものとす」（大判大正15・11・2刑集5・491）

【判例】自宅内で所在を見失った物は遺失物でない

「他人より財物の寄託を受けたる者が自宅内に於て其の財物の所在を見失ひあるときと雖其の財物が屋内に存する限り第三者が之を不法に領得したるときは窃盗罪成立するものとす」（大判大正15・10・8刑集5・440）

【判例】スーパー内のベンチに置き忘れた財布は遺失物

「公衆が自由に出入りすることができるスーパーマーケットの6階エスカレーター脇のベンチに、被害者が札入れを置き忘れ、約10分後に地下1階売り場で置き忘れていたことに気付いて引き返すまでの間に、被告人が同札入れを持ち去った場合、社会通念上、客観的にみて、被害者の札入れに対する支配力が及んでいたとはいえない」（東京高判平成3・4・1判時1400・128）

【判例】生簀から逃げ出した養殖色鯉は遺失物

「養殖業者の網生けすから広大な湖沼に逃げ出した鯉であっても、他人が飼養していたものであることを知りながらほしいままに領得すれば（略）、遺失物横領罪が成立する。」（最決昭和56・2・20刑集35・1・15）

第8節　背任罪

「他人のためにその事務を処理する者が、自己若しくは第三者の利益を図り又は本人に損害を加える目的で、その任務に背く行為をし、本人に財産上の損害を加え」（247条）ると本罪となる。

背任罪の典型例としては、銀行の支店長などの一定以上の地位にある者（他人のためにその事務を処理する者）が、任務に違反して、会社に損失を加えるために（本人に損害を加える目的で）、十分な担保を取らない貸付けをして（その任務に背く行為をし）、その結果、貸付金の回収ができずに会社に損失を与えた（本人に財産上の損害を加えた）ような場合である。

【判例】事務処理者とは

「刑法第247条に所謂他人の事務を処理する者とは単に固有の権限を以て其の処理を為す者のみならず其の者の補助機関として直接其の処理に関する事務を担当する者をも包含す」（大判大正11・10・9刑集1・534）

例えば、株式会社の代表取締役等の権限のある者がこれに当たる。

[背任行為とは何か（学説）]

背信説（通説・判例）…誠実義務に違反して財産上の損害を与えることとする説
権限濫用説…代理権を濫用して財産的損害を与えることとする説

[図利加害目的とは]

　本罪は、任務違背と財産的加害の故意の他に、①「自己若しくは第三者の利益を図」る目的（図利目的）または②「本人に損害を加える目的」（加害目的）が必要とする目的犯となっている。この図利加害目的は、未必的なものでよいのか、確定的なものがなければならないかが問題となる。多数説は確定的認識までを必要とする**確定的認識説**を採る。条文上あえて目的犯の形式を採っていることから、認識だけでは不十分であるとするのである。しかし、判例は確定的認識までは不要であるとする。

【判例】質権設定者は目的物交付後も「他人のためにその事務を処理する者」に当たる（肯定例）

「株式を目的とする質権の設定者が、質入した株券について虚偽の申立てにより除権判決を得て株券を失効させ、質権者に損害を与えた場合には、背任罪が成立する。株式を目的とする質権の設定者は、株券を質権者に交付した後であっても、融資金の返済があるまでは、当該株式の担保価値を保全すべき任務を負い、これには、除権判決を得て当該株券を失効させてはならないという不作為を内容とする任務も当然含まれる。」
（最決平成15・3・18刑集57・3・35）

【判例】背任罪の財産上の損害とは

「刑法247条にいう『本人ニ財産上ノ損害ヲ加ヘタルトキ』とは、経済的見地において本人の財産状態を評価し、被告人の行為によって、本人の財産の価値が減少したとき又は増加すべかりし価値が増加しなかったときをいうと解すべきであるところ」
「信用保証協会の支所長であった被告人が、企業者の債務につき保証業務を行うにあたり、（略）、同企業者の資金使途が倒産を一時糊塗するためのものにすぎないことを知りながら、しかも、支所長に委任された限度額を超えて右企業に対する債務保証を専決し、あるいは協会長に対する稟議資料に不実の記載をし、保証条件として抵当権を設定させるべき旨の協会長の指示に反して抵当権を設定させないで保証書を交付するなどして、同協会を保証債務を負担させてというのであるから、被告人はその任務に背いた行

為をし同協会に財産上の損害を加えたものというべきである。」（最決昭和58・5・24刑集37・4・437）

第9節　盗品等に関する罪

● 盗品譲受け等罪 ●

　盗品を盗品と知って、無償で譲り受けたり、運搬、保管、有償で譲り受けると、本罪が成立する。盗品と知らないで、無償で譲り受けたりした場合は、本罪の故意がないので、本罪とはならない。

● 盗品等に関する罪の処罰根拠（学説）●

違法状態維持説…犯人によって作られた違法な状態を維持させることにあるとする
追求権説（通説・判例）…被害者が盗品を取り返すのを困難にすることにあるとする

● 親族などの間の犯罪に関する特例 ●

　「配偶者との間又は直系血族、同居の親族若しくはこれらの者の配偶者との間で前条の罪を犯した者は、その刑を免除する。　2項　前項の規定は、親族でない共犯については、適用しない。」（257条）親族などの間で盗品等に関する罪を犯しても、罰せられないが、親族でない者が共犯者にいた場合、その者には及ばない。

【判例】盗品の罪に関する親族等の特例の成立範囲
「刑法第257条第1項は、本犯と贓物に関する犯人との間に同条項所定の関係がある場合に、贓物に関する犯人の刑を免除する旨を規定したものであり、贓物に関する犯人相互の間に右所定の関係があってもその刑を免除すべき事由とはならない。」（最決昭和38・11・8刑集17・11・2357）

[窃盗犯人の盗品運搬は不可罰的事後行為]
　窃盗犯人が盗品を運搬しても新たに盗品に対する罪は成立しない。窃盗犯を実行し

ていない者が窃盗犯人と盗品を運搬した場合、盗品運搬罪の共同正犯となるか、正犯となるか。判例は前者によるとする。

 【判例】窃盗犯人と盗品を運搬した場合（肯定例）

「既遂後の窃盗犯人と共同して贓物を運搬した者は、本犯が贓物罪に問われなくても、贓物運搬罪の責を免れない。」（最決昭和35・12・22刑集14・14・2198）。

第10節　毀棄及び隠匿の罪

　刑法典第40章の「毀棄及び隠匿の罪」では、公用文書毀棄罪（258条）、私用文書等毀棄罪（259条）、建造物等損壊及び同致死傷罪（260条）、器物損壊罪（261条）、自己の物の損壊等罪（262条）、境界損壊罪（262の２条）、信書隠匿罪（263条）を規定する。259条及び261条、263条は告訴がなければ処罰ができない親告罪である。

 【判例】被疑者が弁解録取書をしわくしゃにした場合は公文書毀棄罪（肯定例）

「司法警察員が刑訴第203条に基き被疑者に対し被疑事実の要旨および弁護人を選任し得る旨を告げ、被疑者がこれに対する供述をしたので、その旨を記載した弁解録取書原本を執筆し、これを読み聞かせ誤の有無を問うたところ被疑者が黙秘したため、司法警察員がその旨の文書の一部を末尾に記載した場合においては、いまだ被疑者および司法警察員の署名押印がなくても右弁解録取書は、刑法第258条にいわゆる公務所の用に供する文書というべきである。右の文書を被疑者がほしいままに両手で丸めしわくしゃにした上床に投げ棄てる行為は同条の毀棄にあたるものと解するを相当とする。」（最決昭和32・1・29刑集11・1・325）

［ 器物損壊罪 ］

　公用文書毀棄罪、公電磁的記録毀棄罪、私用文書毀棄罪、私電磁的記録毀棄罪及び建造物等損壊罪の対象となる物以外の他人の物「を損壊し、又は傷害」（261条）すると成立する。

　「傷害」とは、他人の動物を傷つけた場合である。土地や不動産も含まれる（判例）。器物損壊罪の損壊とは、壊すという意味だけではなく、広くその物の効用を害する行為を含む。

【判例】徳利1本、鋤焼鍋1個に放尿（肯定例）

「所掲条文に所謂毀棄若くは損壊とあるは単に物質的に器物其物の形態を変更又は減盡せしむる場合のみならず事実上若くは感情上其物をして再び本来の目的の用に供すること能わざる状態に至らしめたる場合をも包含せしむるものと解釈するを相当とす可き」（大判明治42・4・16刑録15・452）

【判例】床に掛けてある鯛と鰕（えび）を画いた掛け軸に「不吉」と書いた（肯定例）

「刑法第261条に所謂損壊とは物質的に器物其物の形態を変更又は減盡せしむる場合のみならず事実上若くは感情上器物を其用方に従い使用すること能わざる状態に至らしめたる場合を包含するものと解するを相当とす」（大判大正10・3・7刑録27・158）

【判例】選挙用ポスターに落書き（肯定例）

「被告人らが共同して街頭に掲示された政党の演説会告知用ポスターに表示された政党幹部の肖像写真や氏名の部分などに『殺人者』などと刷られたシールを貼りつけた所為（略）は、右ポスターの効用を減却したものとして暴力行為等処罰に関する法律1条（刑法261条）の罪にあたる。」（最決昭和55・2・29刑集34・2・56）

【判例】池の鯉を流出させる行為（肯定例）

「他人の養魚池に敷設しある水門の板及び格子戸を取外し鯉魚を流失せしめたる所為は刑法第261条に所謂物の傷害に該当す」（大判明治44・2・27刑録17・197）

【判例】イカタコウイルス（肯定例）

「ウイルスによりハードディスクの読み出し機能も書き込み機能も阻害され、ハードディスクの本来の効用2つがいずれも害されたといえる（略）。よって、本件ウイルスによりハードディスクが『損壊』されたものと認められ、器物損壊罪の構成要件該当性を認めることができる。」（東京高判平成24・3・26判タ1393・366）

第5章

公共危険罪

第1節　騒乱罪

　「多衆で集合して暴行又は脅迫」（106条）すると成立する。その役割に応じて法定刑が異なる。「首謀者」（1号）は1年以上10年以下の懲役または禁錮、「他人を指揮し、又は他人を率先して勢いを助けた者」（2号）は6月以上7年以下の懲役または禁錮、「不和随行した者」（3号）は10万円以下の罰金となる。**保護法益**は、公共の平和、社会の平穏である（通説・判例）。

　本罪の適用を受けた有名な判例に、約50年前（1968年）に起きた新宿駅事件（最決昭和59・12・21刑集38・12・3071）があるが、それ以降適用例はない。多衆で集合して行動をすると成立する犯罪であるため、集合の自由（憲法21条）の観点から、適用は慎重でなければならない。新宿駅事件とはベトナム戦争に反対する者たちが暴動を起こしたもので、新宿駅ホームに火を放つ等した事件である。戦後の4大騒乱事件（平事件、メーデー事件、吹田事件、大須事件）では、メーデー事件以外に本罪の成立が認められている。

【判例】多衆とは

　「刑法第106条に所謂多衆とは多数人の集団を指称するものにして其集団が幾人以上に達することを要するやに付き法律上之を判断すべき標準を示さずと雖も一地方に於ける公共の静謐を害するに足る暴行脅迫を為すに適当なる多数人なることを要するものと解せざるべからず」（大判大正2・10・3刑録19・910）

【判例】共同意思とは（大須事件）

　「騒乱罪の成立に必要な共同意思が存するといいうるためには、騒乱行為に加担する意思において確定的であることを要するが、多数の合同力による暴行脅迫の事態

の発生については、必ずしも確定的な認識をまで要するものではなく、その予見をもって足りる。」（最決昭和53・9・4刑集32・6・1077）

【判例】本罪の暴行・脅迫とは（平事件）
「騒擾罪における暴行は、物に対する有形力の行使を含む。騒擾罪の成立要素である暴行、脅迫は、他の罪名に触れない程度のもので足り、その暴行、脅迫が、他の罪名に触れる場合には、その行為は一面騒擾罪を成立せしむると同時に他の罪名に触れるものと解すべきである。」（最判昭和35・12・8刑集14・13・1818）

第2節　多衆不解散罪

「暴力又は脅迫をするため多衆が集合した場合において、権限のある公務員から解散の命令を3回以上受けたにもかかわらず、なお解散しなかった」（刑法107条）場合に成立する。騒乱罪のように、役割に応じて法定刑が異なる。本罪は、騒乱罪の予備段階を処罰するである。「しないこと」により成立するので、真正不作為犯である。また、「暴行又は脅迫をするため」に集合した場合に成立するので、目的犯である。旧憲法時代は治安警察法に解散命令権があったが、現在の解散命令の根拠は、警察官職務執行法5条の「犯罪がまさに行われようとするのを認めた時は一定の要件の下に制止することができる」にあると解するのが通説である。しかし、この文言からは、警告を発して行為を制止させるだけの権限しか認められていないので、解散を命令するものとなるのかという批判がある。

第3節　放火及び失火の罪

放火及び失火の罪には、現住建造物等放火（108条）、非現住建造物等放火（109条）、建造物等以外放火（110条）、延焼（111条）、消火妨害罪（114条）、失火（116条）、激発物破裂（117条）、業務上失火等（117条の2）、ガス漏出等及び同致死傷罪（118条）がある。

わが国の放火罪の特徴は、まず法定刑が非常に重いということにある。現住建造物等放火罪は「死刑又は無期若しくは5年以上の懲役」（故意の殺人罪と同じ）である。非現住建造物等放火罪は「2年以上の有期懲役」、自己所有の非現住建造物等放火罪が「6月以上7年以下の懲役」となっている。また、放火した物が、非現住建造物等であり、

かつ自己の所有物であるときで「公共の危険を生じなかったときは」は不可罰となっている。**建造物等以外放火罪**は自動車や門、塀などへの放火の場合であり、「1 年以上10年以下の懲役」、**自己所有の建造物以外放火罪**が「1 年以下の懲役又は10万円以下の罰金」、**失火罪**（過失によって出火させること）は「50万円以下の罰金」となり、軽い刑罰となっている。また、火災の際に、消火妨害をすると、**消火妨害罪**（刑法114条）となる。

　法定刑が重いのは、わが国の家屋が延焼しやすい構造であり、かつ密集していることから、いったん火災が起きてしまうと、放火された家屋が燃焼するだけではなく、隣家にも延焼する危険性が高いからである。これに対してドイツの放火罪の法定刑が日本と比べて高くないのは、ドイツの家屋が燃えやすい木造ではなく、また住宅が日本のように密集していないため、隣家への延焼のおそれが低いからである。このように、放火罪は、住宅を延焼させ、その財産を失わせてしまうところに責任の重さがあるのではなく、公共の危険を生じさせるところに責任の重さがある。したがって、放火罪は、財産犯ではなく**公共危険罪**である。このため、全く公共の危険の生じない放火（例えば、荒野の一軒家に対する放火）については不可罰（せいぜい毀棄罪）となり、一方、所有者の同意を得た上で家に放火をしたとしても放火罪は成立することになる。火災により、その周囲の人の生命、身体、財産に危険を生ぜしめてしまうからである。**保護法益**は公共の安全（通説・判例）である。

　次に、放火罪・失火罪の成立には、焼損したことが要件となっているため、いつの時期をもって既遂となるかが問題となる。

●━ 焼損の意義（学説） ━●

独立燃焼説（判例・従来の通説）…火が媒介物を離れて目的物に移り、独立に燃焼を継続した時をもって既遂とする説

効用喪失説…目的物の重要部分が焼失してその本来の効用を喪失した時をもって既遂とする説

重要部分燃焼開始説・燃え上がり説…目的物の重要部分が燃焼して、容易に消しがたい状態にまで達した時をもって既遂とする説

一部損壊説…目的物が毀棄罪にいう「損壊」の程度に至ったと時をもって既遂とする説

【判例】刑法108条の「燃焼」とは

「刑法第108条に所謂焼燬とは犯人に依て点せられたる火が其媒介物たる燃料

を離れ焼燬の目的物たる建造物其他同条列記の物に移り独立して其燃焼力を継続する事実を指称するものにして叙上焼燬の程度に於て同条規定の放火罪の既遂となるべく其目的物が焼燬の為めに其存在を亡失するに至ること換言すれば其原形の大部分を失うことは同罪の既遂となる条件にあらざるなり」（大判明治43・3・4刑録16・384）

【判例】天井板約1尺四方を焼き既遂とされた事例
「犯人が家屋の押入内壁紙にマッチで放火したため火が天井に燃え移り、右家屋の天井板約一尺四方を焼燬した以上、火勢は放火の媒介物を離れて家屋が独立燃焼する程度に達したのであるから、放火既遂罪が成立する。」（最判昭和23・11・2刑集2・12・1443）

【判例】鉄骨鉄筋コンクリート造りの建造物に放火して未遂とされた事例
「刑法108条所定の現住建造物放火罪は、目的建造物に火を放ってこれを『焼燬』することにより既遂に達するものであるところ、この『焼燬』とは、同罪が財産罪の側面があるとはいえ、本質において公共危険罪であることに鑑み、犯人の放った火が、媒介物を離れて当該目的建造物の部分に燃え移り、爾後その火が独立して燃焼を維持する程度に達したことをいうものと解するを相当とする。」（東京地判昭和59・6・22刑月16・5-6・467）

［現住建造物等放火罪］
「放火して、現に人が住居に使用し又は現に人がいる建造物、汽車、電車、艦船又は鉱坑を焼損した者は、死刑又は無期若しくは5年以上の懲役に処する。」（108条）

［非現住建造物等放火罪］
「放火して、現に人が住居に使用せず、かつ、現に人がいない建造物、艦船又は鉱坑を焼損した者は、2年以上の有期懲役に処する。　2項　前項の物が自己の所有に係るときは、6月以上7年以下の懲役に処する。ただし、公共の危険を生じなかったときは、罰しない。」（109条）

［現住建造物か非現住建造物か］
現住建造物か非現住建造物かにより法定刑が大きく変わるため、両者の区別が問題となる。現に人が起臥寝食する場として使用しているかどうかで分ける。後者の

例は、倉庫、空き家、納屋等である。現住建造物か非現住建造物かが争われた事件
として平安神宮の放火の事件がある。放火したのは人の現住しない建造物に対して
であったが、人の現住する建物との一体性が認められ、現住建造物等放火罪の成立
が認められている。

【判例】建造物とは

「畳、建具その他家屋の従物が刑法第108条にいわゆる『建造物』たる家屋の
一部を構成するためには、該物件が家屋の一部に取り付けられているだけでは足りず、
さらにこれを毀損しなければ取り外すことができない状態にあることを必要とする。」
（最判昭和25・12・14刑集4・12・2548）

【判例】平安神宮の祭具庫への放火は現住建造物等放火罪

「複数の建物が回廊等により接続されていた神宮社殿が一個の現住建造物に当
たるとされた事例」「決定要旨　本殿、拝殿、社務所等の建物が回廊等により接続され、
夜間も神職等が社務所等で宿直していた本件平安神宮社殿は、全体として一個の現住
建造物に当たる。」

「(1) 平安神宮社殿は、東西両本殿、祝詞殿、内拝殿、外拝殿（大極殿）、東西両翼舎、
神楽殿（結婚儀式場）、参集殿（額殿）、齋館、社務所、守衛詰所、神門（応天門）、蒼
龍楼、白虎楼等の建物とこれらを接続する東西の各内回廊、歩廊、外回廊とから成り、
中央の広場を囲むように方形に配置されており、廻廊、歩廊づたいに各建物を一周しう
る構造になっていた、(2) 右の各建物は、すべて木造であり、廻廊、歩廊も、その屋根
の下地、透壁、柱等に多量の木材が使用されていた、(3) そのため、祭具庫、西翼舎等
に放火された場合には、社務所、守衛詰所にも延焼する可能性を否定することができ
なかった、(4) 外拝殿では一般参拝客の礼拝が行われ、内拝殿では特別参拝客を招じ入
れて神職により祭事等が行われていた、(5) 夜間には、権禰宜、出仕の地位にある神職
各1名と守衛、ガードマンの各1名の計4名が宿直に当たり、社務所又は守衛詰所で執
務をするほか、出仕と守衛が午後8時ころから約1時間にわたり東西両本殿、祝詞殿の
ある区域以外の社殿の建物等を巡回し、ガードマンも閉門時刻から午後12時までの間に
3回と午前5時ころに右と同様の場所を巡回し、神職とガードマンは社務所、守衛は守
衛詰所でそれぞれ就寝することになっていたというのである。以上の事情に照らすと、
右社殿は、その一部に放火されることにより全体に危険が及ぶと考えられる一体の構造
であり、また、全体が一体として日夜人の起居に利用れていたものと認められる。そう

すると、右社殿は、物理的に見ても、機能的に見ても、その全体が一個の現住建造物であったと認めるのが相当であるから、これと同旨の見解に基づいて現住建造物放火罪の成立を認めた原判決の判断は相当である。」（最決平成元・7・14刑集43・7・641）

【判例】マンション内のエレベーターのかごは現住建造物
「12階建集合住宅であるマンション内部に設置されたエレベーターのかご内部に設置されたエレベーターのかご内で火を放ち、その側壁として使用されている化粧鋼板の表面約0.3平方メートルを燃焼させた場合には、現住建造物等放火既遂罪が成立する。」「本件エレベーターのかごをその収納部分から取り外すには、最上階でかごから重りを外した後最下階に移したうえ、解体してエレベーター扉から搬出するなど、作業員約4人かかりで1日の作業量を要するのであるから、本件エレベーターのかご部分は、最高裁判所の判例（昭和25年12月14日最高裁第一小法廷判決、刑集4巻12号2548頁）にいう『毀損しなければ取り外すことができない状態にある』場合に該当し、刑法108条の適用上も、建造物たる本件マンションの一部を構成するものというべきである。」（最決平成元・7・7判タ10・125）

【判例】ホームレスの住居は現住建造物
「被告人方及び知人方はいずれも柱を有し、とりわけ被告人方はコンパネ張りの堅牢な作りの小屋であり、それぞれの材料により壁や天井も構成されていたのであるから、それらの構造自体から家屋に類する工作物であることは明らかであり、また、人の起居出入りに適する構造を有していたことに疑いはないとして、被告人方及び知人方のいずれも『建造物』に当たるとし、殺人罪及び現住建造物等放火罪の成立を認めて、被告人を懲役14年の実刑に処した」控訴棄却・確定（東京地判平成17・4・6判時1931・166）

［放火罪の不作為犯］

　放火罪は、不作為によっても成立する。放火行為をしなくても、火を消すべき地位にあるのに火を消さないことによって、放火の結果を生じさせた場合である。

【判例】放火罪の不作為犯（肯定例）
「自己の放火罪に該当しない行為に因って火を発せしめた者は、その火が刑法108条以下に記載の物件に延焼する虞ある場合には、之を消止めることができる限り、

その火を消止める義務があることはもちろんで、そのような者がそのような火を、消火に必要な手段をとらないで之を放置したときは、その意図がその火力を利用してその物件を焼燬するにあるときはもちろん、特にその火力を利用するというほどの積極的な意図がなくとも、右のような結果の発生を認識しながらあえて之を認容する意思を以てした場合でも、放火罪は成立するものと解するのを相当とする。」(仙台高判昭和30・4・12高刑集8・3・301)

［ 失火罪 ］

　失火により108条に規定する物又は他人の所有に係る第109条に規定する物を焼損すると成立する。(116条)

【判例】業務上失火罪の「業務」とは

「ウレタンフォームの加工販売業を営む会社の工場部門の責任者として、易燃物であるウレタンフォームを管理するうえで当然に伴う火災防止の職務に従事していた者が、火を失し、死者を伴う火災を発生させた場合は、業務上失火罪及び業務上過失致死罪が成立する。」(最決昭和60・10・21刑集39・6・362)

【判例】重過失失火罪

「盛夏晴天の日、ガソリンが旺に揮発している給油場内、ガソリン缶を隔たること僅かに一尺五寸乃至二尺の箇所に於てライターに点火した事実あり、他方にはその直後その場所に於て火災を発生した事実ありとするならば、この2つの事実の間に因果関係の存在するものと認めるのが相当である。而も被告人は、かような場合に当然に為すべきであった火気取扱上の注意を怠ってライターの発火を敢てしたのであるから重過失失火の責を免れない。たとえ、論旨の云うような事情で、被告人がライターを取落した為め火災を生じたものとしても、全部がガソリンで濡れているライターに前記のような場所で点火すること自体が既に大なる不注意である。」(最判昭和23・6・8刑集2・329)

偽造に関する罪

第1節　偽造罪総説

　偽造罪の客体には、「通貨」、「文書」、「診断書」、「電磁的記録」、「有価証券」、「印章」等がある。また、偽造罪には、偽造する罪（偽造罪）と偽造した物を使う罪（行使罪）がある。また、偽造する客体には、公的な物と私的な物がある。前者は公文書偽造罪、後者は私文書偽造罪がある。前者が罪が重い。また文書偽造罪は有印であるか無印であるかを区別する。

第2節　通貨偽造罪

　「行使の目的で、通用する貨幣、紙幣又は銀行券を偽造し、又は変造」すると成立する。いわゆるにせ金造りの処罰規定である。**保護法益**は通貨に対する公共の信用である。

● 客体 ●

　「通用する貨幣、紙幣又は銀行券」（刑法148条1項）とは、強制通用力を持っている貨幣等のことである。現在は使用できなくなった100円札は客体にならない。

● 目的犯 ●

　通貨偽造罪の成立には、行使の目的をもって偽造または変造することが必要となる。行使の目的がなければ成立しない。従って、通貨として使用する目的なしに通貨を偽造しても本罪は成立しない。例えば、自らの絵のうまさを自慢するために紙幣を偽造するとか模擬裁判の小道具としてお札を真似て作る行為には、行使の目的がないので、本罪は成立しない。通貨偽造罪の法定刑は、無期又は3年以上の懲役と非常に重い。

【判例】通貨の「偽造」とは（肯定例）

「スキャナー、パソコン、カラープリンター等を利用し、1万円札39枚を偽造」（東京高判平成19・10・19高刑集19・340）

【判例】通貨の「変造」とは（肯定例）

「被告人が、行使の目的をもって、真正な日本銀行券1,000円券2枚を用い、これを表裏にはがし、切断し、糊付する等原判示の方法（原判決参照）により、真正な日本銀行券1,000円券を四つ折又は八つ折にしたものと思い誤らせる程度の外観、手ざわりを備えた6片の物件を作出したときは、通貨変造罪が成立する。」（最判昭和50・6・13刑集29・6・375）

【判例】新円証紙事件（肯定例）

「正規の手続によらないで入手した証紙を旧円紙幣に貼附し、限度額を超えて新円紙幣とみなされるものを作成するときは、通貨偽造罪が成立する。」（最判昭和22・12・17刑集1・94）

しかしこの判例には批判がある。不正に証紙を得て限度額以上の新円を入手したとしても、偽札を作ったことにはならないし、通貨に対する信用を踏みにじるような行為があったともいえないのではないかというのがその理由である。

第3節　文書偽造罪

文書偽造罪には、詔書偽造罪（154条）、公文書偽造罪（155条）、同行使罪（158条）、私文書偽造罪（159条）、同行使罪（161条）等がある。行使の目的をもって行うことを要件とする目的犯である。詔書偽造罪とは、天皇名義の文書偽造罪のことである。

社会では文書の信用性があるため文書を流通させることができる。その文書の信用性を害することは、文書の信用性を損なうことになるため、刑法上高い非難が加えられることになる。**保護法益**は、公文書に対する公共の信用である。

●── 有形偽造と無形偽造 ──●

有形偽造とは、文書の作成権限がないのに、他人の名義を勝手に使って文書を作成し、

文書作成の主体を偽ることである。すなわち、作成名義人を冒用することである。他方、**無形偽造**とは、文書の作成権限はあるものの、文書の本質的でない部分に変更を加え、偽造文書を作成することである。公文書の場合は有形偽造だけでなく無形偽造も処罰する。有形偽造の処罰を原則とする考え方を**形式主義**、無形偽造の処罰を原則とする考え方を**実質主義**という。公文書は形式主義と実質主義を採るが、私文書は形式主義のみを採る。

【判例】文書とは

「文書とは文字とは文字若くは之に代るべき符号を用い永続すべき状態に於て或物体の上に記載したる意思表示を指称す而して其の物体の種類については法律上何等の制限なし」（大判明治43・9・30刑録16・1572）

以上のように、文書には永続性のあることが必要となる。したがって、砂の上に書いた文字は、本罪の客体とはならない。一方、黒板に書いた文字は文書と認められた判例がある。

【判例】黒板の文字の文書性を認めた事件（肯定例）

「日本国有鉄道の駅職員が列車の遅延、運転休止を告げ、これを詫びる旨白墨で記載して駅待合室に掲示した急告板を、勝手に取りはずし、その記載文言を抹消する行為は、公文書毀棄罪を構成する。」（最判昭和38・12・24刑集17・12・2485）。

［ 可読性 ］

文書偽造罪の客体となりうる文書は、可視性、可読性があることが必要である。例えば、録音テープやレコード、ビデオなどは、再生する機械があれば再生できるが、そのままでは見ることができないので、文書ではないことになる。しかし、157条1項、161条の2が追加され、これらの電磁的記録も保護の客体とされた。

［ 公文書偽造罪・行使等罪 ］

行使の目的で、公文書を偽造すると公文書偽造罪（155条1項）が成立し、公文書を変造すると、公文書変造罪（155条2項）となる。

【判例】公文書のコピーの偽造は公文書偽造罪になるか（肯定例）

「行使の目的を以って、虚偽の供託事実を記入した供託書用紙の下方に真正な供託金受領書から切り取った供託官の記名印及び公印押捺部分を接続させ、これを電子複写機で複写する方法により、あたかも、公務員である供託官が職務上作成した真正な供託金受領書を原本として、これを原形どおり正確に複写したかのような形式、外観を有する写真コピーを作成した所為は、刑法155条1項の公文書偽造罪にあたる。」（最判昭和51・4・30刑集30・3・453）

コピーは一般的に証明力がないから、原本と同様に扱えないとの批判がある。

［ 偽造の運転免許証を携帯して運転した場合 ］

偽造の運転免許証を携帯して運転した場合、運転している間はこれを提示しているわけではないが、公文書偽造の行使罪となるのか。

【判例】偽造の運転免許証を携帯して運転した場合（否定例）

「偽造公文書行使罪は公文書の真正に対する公共の信用が具体的に侵害されることを防止しようとするものであるから、同罪にいう行使にあたるためには、文書を真正に成立したものとして他人に交付、提示等して、その閲覧に供し、その内容を認識させまたはこれを認識しうる状態におくことを要するのである。したがって、たとい自動車を運転する際に運転免許証を携帯し、一定の場合にこれを提示すべき義務が法令上定められているとしても、自動車を運転する際に偽造にかかる運転免許証を携帯しているに止まる場合には、未だこれを他人の閲覧に供しその内容を認識しうる状態においたものというには足りず、偽造公文書行使罪にあたらないと解すべきである。」（最大判昭和44・6・18刑集23・7・950）

［ 私文書の偽造・行使等罪 ］

「行使の目的で、他人の印章若しくは署名を使用して権利、義務若しくは事実証明に関する文書若しくは図画を偽造し、又は偽造した他人の印章若しくは署名を使用して権利、義務若しくは事実証明に関する文書若しくは図画を偽造した」（刑法159条1項）場合に私文書偽造罪が成立し、「他人が押印し又は署名した権利、義務又は事実証明に関する文書又は図画を変造した」（刑法159条2項）場合に同行使罪が成立する。公文書偽造罪と同様、私文書についての偽造と変造を処罰する。

【判例】いわゆる替え玉入試に私文書偽造罪を認めた事件

「本件入学選抜試験の答案は、試験問題に対し、志願者が正解と判断した内容を所定の用紙の解答欄に記載する文書であり、それ自体で志願者の学力が明らかになるものではないが、それが採点されて、その結果が志願者の学力を示す資料となり、これを基に合否の判定が行われ、合格の判定を受けた志願者が入学を許可されるのであるから、志願者の学力の証明に関するものであって、『社会生活に交渉を有する事項』を証明する文書（最高裁昭和33年（あ）第890号同年9月16日第三小法廷決定・刑集12巻13号3031頁参照）に当たると解するのが相当である。」（最決平成6・11・29刑集48・7・453）

【判例】名義人の承諾を得て私文書を偽造しても私文書偽造罪

「交通反則切符中の供述書を他人の名義で作成した場合は、あらかじめその他人の承諾を得ていたとしても、私文書偽造罪が成立する。」（最決昭和56・4・8刑集35・3・57）

【判例】顔写真以外は虚偽の情報の履歴書は有印私文書偽造、同行使罪

「虚偽の氏名等を記載した履歴書及び雇用契約書等を作成行使した行為は、たとえ自己の顔写真がはり付けられ、あるいは各文書から生ずる責任を免れようとする意思を有していなかったとしても、有印私文書偽造、同行使罪に当たる。」（最決平成11・12・20刑集53・9・1495）

【判例】同姓同名の弁護士になりすまして文書偽造（私文書偽造罪）

「自己の氏名が弁護士甲と同姓同名であることを利用して、『弁護士甲』の名義で弁護士の業務に関連した形式、内容の文書を作成した所為は、たとえ名義人として表示された者の氏名が自己の氏名と同一であったとしても、私文書偽造罪に当たる。」（最決平成5・10・5刑集47・8・7）

第4節　有価証券偽造罪

「行使の目的で、公債証書、官庁の証券その他の有価証券を偽造し、又は変造した者」（162条1項）、「行使の目的で、有価証券に虚偽の記入をした者」（162条2項）が本罪となる。未遂も処罰される。客体は有価証券である。162条1項にあるのは例示的列挙と

解されている。有価証券には、約束手形、小切手、商品券等がある。

【判例】有価証券とは

「刑法第162条にいわゆる『有価証券』とは財産上の権利が証券に表示され、その表示された権利の行使につきその証券の占有を必要とするものをいい、その証券が取引上流通性を有すると否とは必ずしも問わないものと解すべきである。電車定期乗車券の偽造は刑法第162条第1項の有価証券偽造罪を構成する。」（最判昭和32・7・25刑集11・7・2037）

［ 判例で有価証券とされたもの ］

「宝くじは刑法第162条第1項にいう『有価証券』にあたる。」（最決昭和33・1・16刑集12・1・25）「**勝馬投票券**は、刑法第162条第163条所定の有価証券にあたる。」（東京高判昭和34・11・28高刑集12・10・974）その他、**商品券**（最決昭和33・1・16刑集12・1・25）、**テレホンカード**（最決平成3・4・5刑集45・4・171）がある。

【判例】ゴルフクラブの入会保証金預託証券は有価証券ではない

「所謂入会保証金預託証書は、裏面に譲渡人と譲受人の氏名押印欄が設けられ、右ゴルフクラブ会員権と一体をなすものとして裏書によって転転譲渡されることを予定しているようにみえるけれども、証書上からは右会員権の内容が明らかでないのみならず、指図文句の記載もなく、かえって右ゴルフクラブの会員としての地位の譲渡についてはクラブの承認が必要とされ、その旨が証書上に記載されており、譲渡について右の制限が設けられているのは、クラブ会員たる地位の取得についてはその者の個人的適格性の有無の考慮が必要であるとされるためであると認められること等に照らして考えると、右預託証書をもって前記ゴルフクラブ会員権を表章する有価証券とはいえない。」（最決昭和55・12・22刑集34・7・747）

【判例】テレホンカードの変造・偽造は有価証券偽造罪

「いわゆるテレホンカードについては、その発行時の通過可能度数及び残通話可能度数を示す度数情報並びに当該テレホンカードが発行者により真正に発行されたものであることを示す発行情報は、磁気情報として電磁的方法により記録されており、券面上に記載されている発行時の通話可能度数及び発行者以外の右情報は、券面上の記載からは知り得ないが、残通話可能度数については、カード式公衆電話機にテレホン

カードを挿入すれば、度数カウンターに赤色で表示され、右の発行情報もカード式公衆電話機に内蔵されたカードリーダーにより読み取ることができるシステムとなっている。そうすると、テレホンカードの右の磁気情報部分並びにその券面上の記載及び外観を一体としてみれば、電話の役務の提供を受ける財産上の権利がその証券上に表示されていると認められ、かつ、これをカード式公衆電話機に挿入することにより使用するものであるから、テレホンカードは、有価証券に当たると解するのが相当である。」（最決平成3・4・5刑集45・4・171）

　しかし、この判例には批判がある。テレホンカードは、カード自体にいくら分使用できるかが記載されており、また使用した分には穴が開いて残額がいくらかが分かるようにはなっているが、他の証券と同じように、財産上の権利が証券に表示されているとはいえないからである。

第5節　支払用カード電磁的記録不正作出等罪

　クレジットカードやプリペイドカード等の電磁的記録による支払用カードの急速な普及により、平成13（2001）年改正により新設された。行為は「人の財産上の事務処理を誤らせる目的で、その事務処理の用に供する電磁的記録であって、クレジットカードその他の代金又は料金の支払用のカードを構成するものを不正に作った」（163条の２）ことである。この他、不正電磁的記録カード所持（刑法163条の３）、支払用カード電磁的記録不正作出準備（刑法163条の４）を処罰する。未遂処罰がある。

第2部　社会的法益に関する罪

第7章

風俗に関する罪

第1節　わいせつ罪総説

　わいせつとは何かは、時代によっても人によっても変わるため、何をもって刑法で禁止するわいせつといえるかが問題となる。また、わいせつ物を売りたい人と買いたい人の間で売買したとしても犯罪となるため、被害者のない犯罪と言われる。従って、わいせつ物頒布等罪はなぜ処罰されなくてはならないかという処罰根拠が問題となる。一方、たとえわいせつ表現であったとしても、出版社等には表現の自由（憲法21条1項）が保障されているため、刑法が禁止してよいのかが問題となる。最後に、わいせつ罪の規制と倫理の問題について考える必要がある。すなわち、社会の倫理を刑罰によって強制してもよいのかということである。

【判例】わいせつとは
「刑法第175条にいわゆる『猥褻』とは、徒らに性欲を興奮又は刺戟せしめ、且つ、普通人の正常な性的羞恥心を害し、善良な性的道義観念に反するものをいう。」（最判昭和26・5・10刑集5・6・1026「サンデー娯楽事件」）

【判例】わいせつ罪の処罰根拠（チャタレー事件）
「猥褻文書は性欲を興奮、刺戟し、人間をしてその動物的存在の面を明瞭に意識させるから、羞恥の感情をいだかしめる。そしてそれは人間の性に関する良心を麻痺させ、理性による制限を度外視し、奔放、無制限の振舞い、性道徳、性秩序を無視することを誘発する危険を包蔵している。もちろん法はすべての道徳や善良の風俗を維持する任務を負わされているものではない。かような任務は教育や宗教の分野に属し、法は単に社会秩序の維持に関し重要な意義をもつ道徳すなわち『最少限度の道徳』だけを自己の中に取り入れ、それが実現を企図するのである。刑法格本条が犯罪として掲げているところのものは要するにかような最小限度の道徳に違反した行為だと認められる

種類のものである。性道徳に関しても法はその最小限度を維持することを任務とする。そして刑法175条が猥褻文書の頒布販売を犯罪として禁止しているのも、かような趣旨に出ているのである。」（最大判昭和32・3・13刑集11・3・997）

第2節　公然わいせつ罪

「公然とわいせつな行為」（174条）をすると本罪となる。本罪が成立するかは、公然性とは何か、わいせつな行為とは何かが問題となる。

【判例】公然性とは

「刑法第174条および第175条にいう公然とは、不特定または多数の人が認識することのできる状態をいう。」（最決昭和32・5・22刑集11・5・1526）

第3節　わいせつ物頒布等罪

「わいせつな文書、図画、電磁的記録に係る記録媒体その他の物を頒布し又は公然と陳列」したり、「電気通信の送信によりわいせつな電磁的記録その他の記録を頒布」すると本罪となる。「有償で頒布する目的で、前項の物を所持し、又は同項の電磁的記録を保管した者」（175条2項）も本罪となる。

わいせつ物を①頒布又は②公然陳列又は③有償の頒布目的の所持をすると本罪が成立する。いわゆるサイバーポルノを処罰するため、平成23（2011）年改正により「**電磁的記録に係る記録媒体**」が追加された。改正前にもわいせつなビデオやわいせつな画像データが記録されたサーバー・コンピューター、わいせつな画像データを記憶、蔵置させたホストコンピューターのハードディスクは「わいせつ物」とされていたが、改正により、これらは「わいせつ物」ではなく「電磁的記録」と改められた。

【判例】頒布とは

「刑法第175条に所謂販売とは不定多衆に対して為すの目的に出でたる有償的の譲渡行為を指称し苟くも其目的に出つる以上は単に1人に対し1回の有償的譲渡行為を為したるに止まる場合と雖も之を同條に所謂販売と謂うを妨げず」（大判大正6・5・19刑録23・487）

【判例】公然陳列とは

「刑法175条にいうわいせつ物を『公然と陳列した』とは、その物のわいせつな内容を不特定又は多数の者が認識できる状態に置くことをいい、わいせつな内容を特段の行為を要することなく直ちに認識できる状態にすることを要しない。いわゆるパソコンネットのホストコンピュータのハードディスクにわいせつな画像データを記憶、蔵置させ、不特定多数の会員が自己のパソコンを使用して、この画像データをダウンロードした上、画像表示ソフトを用いて画像を再生閲覧することが可能な状態に置くことは、刑法175条にいうわいせつ物を『公然と陳列した』ことに当たる。」（最決平成13・7・16刑集55・5・317）

【判例】有償の頒布目的の所持とは

「刑法175条後段にいう『販売の目的』とは猥せつの図画等を日本国内で販売する目的をいい、日本国外で販売する目的を含まない。」（最判昭和52・12・22刑集31・7・1176）

［ わいせつ概念の判例の変遷 ］

①小説「チャタレー夫人の恋人」（ロレンス著）事件（最大判昭和32・3・13刑集11・3・997）

第1審：有罪→控訴審：有罪→最高裁：有罪

「本書がいわゆる春本とは類を異にするところの芸術的作品であることは、第一審判決および原判決も認めているところである。しかしながらロレンスの提唱するような性秩序や世界観を肯定するか否かは、これ道徳、哲学、宗教、教育等の範域に属する問題であり、それが反道徳的、非教育的だという結論に到達したにしても、それだけを理由として現行法上その頒布、販売を処罰することはできない。（略）著作自体が刑法175条の猥褻文書にあるかどうかの判断は、当該著作についてなされる事実認定の問題でなく、法解釈の問題である、問題の著作は現存しており、裁判所はただ法の解釈、適用をすればよいのである。このことは刑法各本条の個々の犯罪の構成要件に関する規定の解釈の場合と異るところがない。この故にこの著作が一般読者に与える興奮、刺戟や読者のいだく羞恥感情の程度といえども、裁判所が判断すべきものである。そして裁判所が右の判断をなす場合の規準は、一般社会において行われている良識すなわち社会通念である。この社会通念は、『個々人の認識の集合又はその平均値でなく、これを超えた集団意識であり、個々人がこれに反する認識をもつことによって否定するもので

ない』こと原判決が判示しているごとくである。かような社会通念が如何なるものであるかの判断は、現制度の下においては裁判官に委ねられているのである。（略）なお性一般に関する社会通念が時と所によって同一でなく、同一の社会においても変遷があることである。現代社会においては例えば以前には展覧が許されなかったような絵画や彫刻のごときものも陳列され、また出版が認められなかったような小説も公刊されて一般に異とされないのである。（略）しかし性に関するかような社会通念の変化が存在しまた現在かような変化が行われつつあるにかかわらず、超ゆべからざる限界としていずれの社会においても認められまた一般的に守られている規範が存在することも否定できない。それは前に述べた性行為の非公然性の原則である。この点に関する限り、以前に猥褻とされていたものが今日ではもはや一般に猥褻と認められなくなったといえるほど著るしい社会通念の変化は認められないのである。（略）さて本件訳書を検討するに、その中の検察官が指摘する12箇所に及ぶ性的場面の描写は、そこに春本類とちがった芸術的特色が認められないではないが、それにしても相当大胆、微細、かつ写実的である。それは性行為の非公然性の原則に反し、家庭の団欒においてはもちろん、世間の集会などで朗読を憚る程度に羞恥感情を害するものである。またその及ぼす個人的、社会的効果としては、性的欲望を興奮刺戟せしめまた善良な性的道義観念に反する程度のものと認められる。要するに本訳書の性的場面の描写は、社会通念上認容された限界を超えているものと認められる。従って原判決が本件訳書自体を刑法175条の猥褻文書と判定したことは正当であり、上告趣意が裁判所が社会通念を無視し、裁判官の独断によって判定したものと攻撃するのは当を得ない。（略）我々は作品の芸術性のみを強調して、これに関する道徳的、法的の観点からの批判を拒否するような芸術至上主義に賛成することができない。高度の芸術性といえども作品の猥褻性を解消するものとは限らない。芸術といえども、公衆に猥褻なものを提供する何等の特権をもつものではない。芸術家もその使命の遂行において、羞恥感情と道徳的な法を尊重すべき、一般国民の負担する義務に違反してはならないのである。芸術性に関し以上述べたとほぼ同様のことは性に関する科学書や教育書に関しても認められ得る。しかし芸術的作品は客観的、冷静に記述されている科学書とことなって、感覚や感情に訴えることが強いから、それが芸術的であることによって猥褻性が解消しないのみか、かえってこれにもとずく刺戟や興奮の程度を強めることがないとはいえない。（略）そして性的秩序を守り、最少限度の性道徳を維持することが公共の福祉の内容をなすことについて疑問の余地がないのであるから、本件訳書を猥褻文書と認めその出版を公共の福祉に違反するものとなした原判決は正当であり、論旨は理由がない。」

②小説「悪徳の栄え」（マルキドサド著）事件（最大判昭和44・10・15刑集23・10・1239）

第1審：無罪→控訴審：有罪→最高裁：有罪

「チャタレー夫人の恋人事件」よりもわいせつ性の要件は緩和されている。「文書の個々の章句の部分の猥褻性の有無は、文書全体との関連において判断されなければならない」として、全体的考察方法が示された（相対的わいせつ概念）。

「芸術的・思想的価値のある文書であっても、これを猥褻性を有するものとすることはさしつかえのないものと解せられる。もとより、文書がもつ芸術性・思想性が、文書の内容である性的描写による性的刺激を減少・緩和させて、刑法が処罰の対象とする程度以下に猥褻性を解消させる場合があることは考えられるが、右のような程度に猥褻性が解消されないかぎり、芸術的価値・思想的価値のある文書であっても、猥褻の文書としての取扱いを免れることはできない。（略）文書の個々の章句の部分は、全体としての文書の一部として意味をもつものであるから、その章句の部分の猥褻性の有無は、文書全体との関連において判断されなければならないものである。したがって、特定の章句の部分を取り出し、全体から切り離して、その部分だけについて猥褻性の有無を判断するのは相当でないが、特定の章句の部分について猥褻性の有無が判断されている場合でも、その判断が文書全体との関連においてなされている以上、これを不当とする理由は存在しない。（略）出版その他の表現の自由や学問の自由は、民主主義の基礎をなすきわめて重要なものであるが、絶対無制限なものではなく、その濫用が禁ぜられ、公共の福祉の制限の下に立つものであることは、前記当裁判所昭和32年3月13日大法廷判決の趣旨とするところである。そして、芸術的・思想的価値のある文書についても、それが猥褻性をもつものである場合には、性生活に関する秩序および健全な風俗を維持するため、これを処罰の対象とすることが国民生活全体の利益に合致するものと認められるから、これを目して憲法21条、23条に違反するものということはできない。」

③小説「四畳半襖の下張り事件」（永井荷風）（最判昭和55・11・28刑集34・6・433）

第1審：有罪→控訴審：有罪→最高裁：有罪

第1審「本件『四畳半襖の下張』について検討する。同文章は、雑誌『面白半分』昭和47年7月号の28頁から36頁までにわたって掲載された短編小説であるが、元待合の売り家を買い求めた金阜山人という人がその手入れをするうち、四畳半襖の下張りに何やら書きしるされている紙片を発見し、これを水捌毛で一枚一枚剥がしながら読み始めたことから筆を起し、その内容について叙述しているものである。同小説の全体の約

3分の2にわたって、ある男がいまはその女房となっている女性が芸者に出ていたころ同女と馴初めになったときの交情を回顧し、種々体位を変えながら性交を続けていく有様や性交に関連した性戯の情景をその姿態、性器の模様、行為者の会話、音声、感情、感覚の表現等をまじえながら露骨、詳細かつ具体的に描写されている。それは、これを読む者をして、あたかも眼前にこれらの行為が展開されているのを彷彿させ、これを目にするのと同様なほど扇情的な雰囲気を醸し出し、性的好奇心を挑発させるものであるといえる。このような内容をもつ本件『四畳半襖の下張』は現代の健全な道徳感情をもった普通人を標準として観察するときは、いたずらに性欲を興奮または刺激せしめ、かつ、普通人の正常な性的羞恥心を害し、善良な性的道義観念に反することは明らかであるといわなければならない。」（東京地判昭和51・4・27　有罪・被告人（会社役員）罰金15万円、被告人（野坂著述業）罰金10万円）

　控訴審「文字による記述のみからなる文書が刑法175条にいうわいせつのものとされるためには、性器又は性的行為の露骨かつ詳細な具体的描写叙述があり、その描写叙述が情緒、感覚あるいは官能にうったえる手法でなされているという2つの外的事実の存在することのほか、文書自体の客観的内容を全体としてみたときに、その支配的効果が好色的興味にうったえるものと評価され、かつ、その時代の社うる会通念上普通人の性欲を著しく刺激興奮させ性的羞恥心を害するいやらしいものと評価されるものであることを要する。」（東京高判昭和54・3・20）

　最高裁「要旨第一　文書のわいせつ性の判断にあたっては、当該文書の性に関する露骨で詳細な描写叙述の程度とその手法、右描写叙述の文書全体に占める比重、文書に表現された思想等と右描写叙述との関連性、文書の構成や展開、さらには芸術性・思想性等による性的刺戟の緩和の程度、これらの観点から該文書を全体としてみたときに、主として、読者の好色的興味にうったえるものと認められるか否かなどの諸点を検討することが必要であり、これらの事情を総合し、その時代の社会通念に照らして、それが『徒に性欲を興奮又は刺激せしめ、かつ、普通人の正常な性的羞恥心を害し、善良な性的道義観念に反するもの』（前掲最高裁昭和32年3月13日大法廷判決）といえるか否かを決すべきである。（略）本件『四畳半襖の下張』は、男女の性的交渉の情景を扇情的な筆致で露骨、詳細かつ具体的に描写した部分が量的質的に文書の中枢を占めており、その構成や展開、さらには文芸的、思想的価値などを考慮に容れても、主として読者の好色的興味にうったえるものと認められるから、以上の諸点を総合検討したうえ、本件文書が刑法175条にいう『わいせつの文書』にあたると認めた原判断は正当である。」（最判昭和55・11・28刑集34・6・433）。

以上のように、判例は、①わいせつ表現があれば成立→②文書全体との関係で判断→③主として読者の好色的興味にうったえるものであれば成立と変遷している。作品の芸術性・文学性はわいせつ性を「昇華」することを否定していたが、現在では「昇華」される場合があることを肯定している。

［ 175条の客体とは ］

　ビデオテープ（最決昭和54・11・19刑集33・7・754）、ダイヤルQ2（大阪地判平成3・12・2判時1411・128）、パソコンネットのホストコンピュータのハードディスク（最決平成13・7・16刑集55・5・317）、わいせつテープ（東京地判昭和30・10・31判時69・27）はあたる。

第4節　重婚罪

　「配偶者のある者が重ねて婚姻をした」（刑法184条）場合に成立する。「その相手方となって婚姻をした者」（刑法184条）も同罪となる。

　この「婚姻」とは、事実婚ではなく法律婚である。すなわち複数の相手と役所で届出をして夫婦になると重婚罪が成立する。例えば、すでに婚姻をして法律上の夫婦となっている夫が、妻との虚偽の離婚届を提出して役所で受理され、妻と法律上離婚した状態を虚偽に作出して、別の女性との婚姻届を役所に提出して受理されたような場合に成立する。新しく妻となった者も重婚罪で処罰されることになる。なお、すでに法律上の婚姻をしている男が役所で別の女性との婚姻届を提出したとしても、重ねて別の者と婚姻することはできないので、受理されることはない。刑法には、営利目的等略取及び誘拐罪と人身売買罪（刑法226条の2）に「結婚」という言葉が出てくるが、この「結婚」は事実婚を意味する。したがって、刑法では、事実上の婚姻を「結婚」、法律上の結婚を「婚姻」と称していることになる。

【判例】重婚罪が成立する例（肯定例）

　「妻の不知の間に、同人の署名押印を冒用し内容虚偽の協議離婚届を偽造し、その届出をし戸籍上その者との婚姻関係を抹消し、然る後他の女との婚姻届を戸籍事務管掌者に提出し戸籍上その者との婚姻関係を成立させた場合には、重婚罪が成立する。」（名古屋高判昭和36・11・8高刑集14・8・563）

第5節　敬虔感情に対する罪

● 礼拝所不敬罪 ●

「神祠、仏堂、墓所その他の礼拝所に対し、公然と不敬な行為」（188条１項）をすると、本罪となる。

国民一般の宗教的感情を保護するものである。

● 墳墓発掘罪 ●

「墳墓を発掘」（189条）すると、本罪となる。これらは国民の敬虔感情に対する罪である。

【判例】墳墓発掘とは
「刑法第189条の「発掘」とは、墳墓の覆土の全部または一部を除去し、もしくは墓石等を破壊解体して、墳墓を損壊する行為をいい、必ずしも墳墓内の棺桶、遺骨、死体等を外部に露出させることを要しない。」（最決昭和39・3・11刑集18・3・99）

[死体損壊等罪]
「死体、遺骨、遺髪又は棺に納めてある物を損壊し、遺棄し、又は領得」（190条）すると成立する。

【判例】死体遺棄罪①（肯定例）
「殺害死体を共同墓地に埋没したる場合と雖も犯跡隠蔽の為に為したるものなるときは死体遺棄の成立を免れざるものとす」（大判昭和20・5・1刑集24・1）

【判例】死体遺棄罪②（肯定例）
「犯人がその殺した死体を屋内床下に運び之を隠匿した所為は死体遺棄罪に該当する。」（最判昭和24・11・26刑集3・11・1850）

第6節　賭博罪

　賭博をすると、本罪となる（185条）。賭博とは、偶然の事情によって財産上の利益を得ることをいう。典型的には賭けマージャンのように、買ったら金銭を得たり負けたら金銭を失う場合に成立する。ただし、「一時の娯楽に供する物を賭けた」場合（刑法185条ただし書）は賭博罪にならない。わずかな価格の景品やその場で費消できる飲食物等がこれにあたる。

　賭博および富くじ罪はいわゆる被害者のない犯罪である。すなわち、私有財産制の下、自己の財産をどう使うかは自由なので殺人罪や窃盗罪のような直接の被害者のない犯罪である。従って、処罰根拠が問題となる。また、競馬や競艇や宝くじは賭博罪にはならない。その理由は、政策上の理由から、法律（当せん金附証票法（いわゆる宝くじ法）や競馬法）によって正当な行為とされているからである。常習性がある場合は常習賭博罪となり重罰となる（186条1項）。また、賭博場を開帳した場合は賭博場開帳等図利罪となる（186条2項）。なお、刑法は本罪の国外犯を処罰していない。従って、日本人が外国で賭博をしても、本罪で処罰されることはない。

【判例】処罰根拠

　「賭博行為は、一面互に自己の財物を自己の好むところに投ずるだけであって、他人の財産権をその意に反して侵害するものではなく、従って、一見各人に任かされた自由行為に属し罪悪と称するに足りないようにも見えるが、しかし、他面勤労その他の正当な原因に因るのでなく、単なる偶然の事情に因り財物の獲得を僥倖せんと相争うがごときは、国民をして怠惰浪費の弊風を生ぜしめ、健康で文化的な社会の基礎を成す勤労の美風（憲法27条1項参照）を害するばかりでなく、甚だしきは暴行、脅迫、殺傷、強窃盗その他の副次的犯罪を誘発し又は国民経済の機能に重大な障害を与える恐れすらあるのである。」（最大判昭和25・11・22刑集4・11・2380）

【判例】「賭博」とは

　「博戯当事者の技倆に於て優劣の差等ありとするも苟も其博戯にして一に技倆の優劣のみに因り勝敗の自ら定まるものに非ざる限りは偶然の輸贏に関して為したるものと云うを妨げず」（大判明治44・11・13刑録17・1884）

【判例】偶然の輸贏（ゆえい）とは

「偶然の輸贏に依り金銭其物の得喪を争いたるに非ずして唯敗者をして一時の娯楽に供すべき物の対価を負担せしむる為め一定の金額を支出せしめたるに過ぎざること明白なるときは賭博罪を構成せざるものとす」（大判大正2・11・19刑録19・1253）

【判例】少額の金銭であっても賭博罪

「金銭は其の性質上一時の娯楽に供せらるる物に非ず従て賭したる金銭の多少は賭博罪の成立に消長なし」（大判大正13・2・9刑集3.95）「金銭を賭け、骨牌を使用して、偶然のゆえいに関し金銭の得喪を争ったときは、賭金の額が僅少であっても、単に一時の娯楽に供する物を賭けたものとはいえない。」（最判昭和23・10・7刑集2・11・1289）

賭博場開帳図利罪

　賭博場を開帳すると本罪となる（186条）。賭博場の開帳とは、賭博をする場所を提供することである。典型的には、カジノを開いて人に賭博をさせるような場合である。電話などを使ったいわゆる野球賭博についても判例は本罪の適用を認めている（最決昭和48・2・28刑集27・1・68）。

　賭博行為を助長するため、法定刑が重い。

【判例】賭博場開帳図利罪における利益を得る目的

「賭博開帳の罪は、利益を得る目的をもって、賭博を為さしめる場所を開設する罪であり、その利益を得る目的とは、その賭場において、賭博をする者から、寺銭、または手数料等の名義をもって、賭場開設の対価として、不法な財産的利得をしようとする意思のあることをいうのである。」（最判昭和24・6・18刑集3・7・1094）

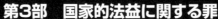

第8章

国家の存立を脅かす罪

第1節　内乱罪

　「国家の統治機構を破壊し、又はその領土において国権を排除して権力を行使し、その他憲法の定める統治の基本秩序を壊乱することを目的として暴動をした者は、内乱の罪」（77条1項）となる。

　内乱罪とは、国家の存立を内部から脅かす罪である。政治犯・確信犯であるため、禁錮刑となっている。法定刑はその役割に応じた区別が設けられている。首謀者（1号）、謀議参与者又は群衆指揮者、その他諸般の職務従事者（2号）、付和随行者・暴動参与者（3号）の3種である。予備又は陰謀も処罰される。ただし、78条及び79条の罪を犯しても、「暴動に至る前に自首」すると、刑が必ず免除される（80条）。その理由は、内乱罪という非常に重い犯罪をいったん実行しようとしたとしても、自首をした犯人を処罰しないことによって、犯人に犯行を思いとどまらせようとする刑事政策的な考慮が働いているのである。一般の自首の規定（42条）は減軽してもよいし、しなくてもよいことになっていることに比べ、必ず刑が免除されることになっているのは特別である。

【判例】5・15事件（否定例）

　「集団的暴動行為に因り直接に朝憲紊乱の事態を惹起することを目的とするに非ずして之を縁由として新に発生することあるべき他の暴動に因り斯る事態の現出を期するが如きは刑法第77条に所謂朝憲を紊乱することを目的として暴動を為したるものと称することを得ず」（大判昭和10・10・24刑集14・1267）

　なお、平成7（1995）年に発生したオウム真理教の一連の事件に本罪の適用は否定されている。

第2節　外患罪

（外患誘致罪）「外国と通謀して日本国に対し武力を行使させた者は、死刑に処する。」（81条）

（外患援助罪）「日本国に対して外国から武力の行使があったときに、これに加担して、その軍務に服し、その他これに軍事上の利益を与えた者は、死刑又は無期若しくは2年以上の懲役に処する。」（82条）**外患誘致罪**は、外国と通謀して日本の外側からわが国の存立を脅かす罪である。外患誘致罪は刑法典の中で最も重い最も重い法定刑の死刑のみとなっている。これまでに適用例はない。未遂犯処罰と予備・陰謀罪処罰がある。**外患援助罪**は、外国から戦争を仕かけられた時に、外国と一緒になって日本に攻撃することである。自首した場合は必要的免除規定があり、必ず刑が免除される。予備罪及び陰謀罪も処罰される。

第3節　公務執行妨害罪

「公務員が職務を執行するに当たり、これに対して暴行又は脅迫を加えた」（95条1項）場合に成立する。職務の執行中の公務員に暴行又は脅迫をすると本罪が成立する。抽象的危険犯であるので、実際に公務員の職務の執行が妨害されなくても、その危険性があれば成立する。本罪の適用となる公務員とは、「国又は地方公共団体の職員その他法令により公務に従事する議員、委員その他の職員をいう。」（7条1項）となっている。**保護法益**は、公務の執行であり、公務員を特別に保護するものではない。

【判例】保護法益
「刑法95条は、公務員を特別に保護する規定ではなく、公務員によって執行される公務そのものを保護するものであって、憲法14条に違反しない。刑法95条は、公務員を特別に保護する規定ではないから、憲法14条に違反しない。刑法95条の保護法益は公務員ではなく、公務の執行そのものである。」（最判昭和28・10・2刑集7・10・1883）

【判例】公務員の範囲とは
「刑法7条にいう公務員とは『法令ニ依リ公務ニ従事スル議員、委員其外ノ職員』

をいい、その『法令ニ依リ公務ニ従事スル職員』というのは、公務に従事する職員で、その公務に従事することが法令の根拠にもとづくものを意味し、単純な機械的、肉体的労務に従事するものはこれに含まれないけれども、当該職制等のうえで『職員』と呼ばれる身分をもつかどうかは、あえて問うところではないと解すべきである」（最判昭和35・3・1刑集14・3・209）

　判例・通説は、権力的でない活動をする公務員であっても含まれるとする広義説を採る。しかし、この区別に対しては批判がある。すなわち、公務員が権力的公務である場合にだけ客体とすれば足りるのではないかとするのである（権力的公務説）。非権力的公務であれば、公務執行妨害罪ではなく業務妨害罪で処罰をすれば足りるからである。業務妨害罪と公務執行妨害罪とは構成要件が異なり、公務執行妨害罪の成立には暴行又は脅迫が必要となる。業務妨害罪の方が法定刑が重い。

［ 職務行為の適法性 ］

　本罪の成立は、条文にはないが、公務員が適法な職務を執行している時に限られる。なぜなら、国民は公務員の違法な職務に従う義務はないからである。適法性の要件は、判例・学説は次の3つとする。

①**主観説**…職務行為を行った公務員自身の判断によるとする説
②**折衷説**…一般人の見解を基準に判断するとする説
③**客観説（判例・通説）**…裁判所の法令解釈により客観的に判断するとする説

　主観説は、公務員自身が違法でないと思えば違法でないことになってしまうので、問題がある。折衷説は、一般人の見解が何であるかは曖昧なので、問題がある。したがって、判例・通説は客観説を採る。

【判例】警察官が示談をあっせんする行為は公務でない
「一旦犯罪行為終了したる後に至り犯罪に依り生じたる損害を補償せしめて其侵害せられたる秩序の回復を計るが如きは宜しく裁判権の行動に待つべく警察官の職務上之に干与すべきものに非ざるなり」（大判大正4・10・6刑録21・1441）

【判例】職務質問中に腕に手を掛ける行為（適法）

「夜間道路上で、警邏中の警察官から職務質問を受け、巡査駐在所に任意同行され、所持品等に付質問中隙をみて逃げ出した被告人を、更に質問を続行すべく追跡して背後から腕に手をかけ停止させる行為は、正当な職務執行の範囲を超えるものではない。」（最決昭和29・7・15刑集8・7・1137）

【判例】警察官にツバキを吐きかけた者の胸元を掴み歩道上に押し上げる行為（適法）

「通行人から突然つばを吐きかけられた者としては、一般私人の立場であっても、その理由を問い質すのは当然であって、まして（略）職務に従事していた制服の警察官に対してかかる行為に出た以上、同警察官としては何らかの意図で更に暴行あるいは公務執行妨害等の犯罪行為に出るのではないかと考えることは無理からぬところである。そうであれば、同警察官として被告人に対し職務質問を行うことができることは当然であり、そのために右の程度の行動（胸元を掴み歩道上に押し上げる―引用者注）をとることは、職務質問に附随する有形力の行使として当然許されるというべきである。」（最決平成元・9・26判タ36・111）

【判例】軽微な違法（適法）

「所得税に関する調査等をする職務を有する収税官吏が、所得税法第63条により帳簿書類等の検査をするにあたって、法定の検査章を携帯していなかったとしても、納税義務者等において右検査章の不携帯を理由として右収税官吏の検査を拒んだような事実のない以上、これに対して暴行又は脅迫を加えたときは、公務執行妨害罪を構成する。」（最判昭和27・3・28刑集6・3・546）

【判例】警察官が自動車のエンジンキーを切る行為（適法）

「交通違反取締中の警察官が、信号無視の自動車を現認しこれを停車させた際、下車した運転者が酒臭をさせており、酒気帯び運転の疑いが生じたため、酒気の検知をする旨告げたところ、同人が、警察官が提示を受けて持っていた運転免許証を奪い取り、自動車に乗り込んで発進させようとしたなどの判示の事実関係のもとでは、警察官が自動車の窓から手を差し入れエンジンキーを回転してスイッチを切り運転を制止した行為は、警察官職務執行法2条1項及び道路交通法及び道路交通法67条3項の規定に基づく職務の執行として適法である。」（最決昭和53・9・22刑集32・6・1774）

判例は、職務行為に違法があっても、軽微なものであれば、適法な職務行為とする。

[適法性の錯誤]

公務員の行為が適法な職務行為であるのに、違法であると誤信し、公務員に対して暴行又は脅迫をしてしまった場合はどのように扱われるか。すなわち、行為者の主観では違法であるけれども、客観的には適法であった場合の扱いである。事実の錯誤として故意を阻却するとすれば処罰されず、法律の錯誤とすれば故意は阻却されないとして処罰されることとなる。

【判例】公務員の職務行為を違法と思い抵抗した場合（不成立）

「被告人はAに対する傷害の準現行犯人として逮捕されることについて認識せず、何故かわからぬままに両巡査から車に乗せられようとしたために『何でいかなあかん』と乗車を拒んだところ、何の説明もなく、ただ強力に押し込み立ち向かってくるので両巡査の職務行為を違法と考え抵抗をつづけ最後まで違法な職務行為と認識していたものと認められる。（略）そしてAに対する傷害行為を行っておらず、Aの両巡査に対する指示も知っていないのであるから、被告人の認識事情のもとにおいては両巡査に対する指示も知っていないのであるから、被告人の認識事情のもとにおいては両巡査の逮捕行為は違法なものとなるから、本件におけるその職務行為の適法性についての錯誤は事実の錯誤があった場合にあたるというべきである。」（大阪地判昭和47・9・6判タ306・298）

[「職務の執行に当たり」の意義]

公務執行妨害罪が成立するのは、公務員が職務を執行している間だけである。職務執行中はどのように捉えるべきか。「公務員が職務を執行するに当たり」とはまさに職務中だけではなく、その直前や直後も含むのか。判例は含むとする。なぜなら職務が終わった直後や始まる直前は職務中と同様に公務の保護をする必要があるからである。まさに職務中の場合のみを保護するだけでは十分ではないので、時間的・場所的に近接した場合も含むとする（通説・判例）。

【判例】職務終了後の駅の助役に暴行（否定例）

「駅の助役が、その職務行為である点呼の執行を終了した直後に、その点呼を行なった場所およびその出入口付近で暴行を受けた場合には、同助役がその後同所か

ら数十米離れた助役室において事務引継という職務行為を執行することになっていると
きであっても、右暴行は刑法95条1項にいう『職務を執行するに当り』加えられたもの
とは認められない。」（反対意見あり）（最判昭和45・12・22刑集24・13・1812）

【判例】熊本県議会で昼休みの休憩宣言をし委員会室を退出しようとした県議
会委員長に暴行（肯定例）

「熊本県議会公害対策特別委員会委員長Aは、同委員会の議事を整理し、秩序を保持す
る職責を有するものであるが、昭和50年9月25日同委員会室で開催された委員会におい
て、水俣病認定申請患者協議会代表者から陳情を受け、その事項に関して同委員会の
回答文を取りまとめ、これを朗読したうえ、昼食のための休憩を宣するとともに、右陳
情に関する審議の打切りを告げて席を離れ同委員会室西側出入口に向かおうとしたとこ
ろ、同協議委員会構成員らが右打切りに抗議し、そのうちの1名が、同委員長を引きと
めるべく、その右腕などをつかんで引っ張る暴行を加え、同委員長がこれを振り切って
右の出入口から廊下に出ると、右構成員らの一部や室外で待機していた同協議会構成
員らも加わって合計約2,30名が、同委員長の退去を阻止すべく、同委員長を取り囲み、
同委員会室前廊下などにおいて、同委員長に対し、押す、引くなどしたばかりか、体当
たりし、足蹴りにするかどの暴行を加えたというのである。右の事実関係にもとにおい
ては、A委員長は、休憩宣言により職務の執行を終えたものではなく、休憩宣言後も、
前記職責に基づき、委員会の秩序を保持し、右紛議に対処するための職務を現に執行
していたものと認めるのが相当であるから、同委員長に対して加えられた前記暴行が公
務執行妨害罪を構成することは明らかであり、これと同旨の原判断は正当である。」（最
決平成元・3・10刑集43・3・188）

[間接暴行]

　公務員に対して暴行又は脅迫を加えると本罪が成立するが、公務員に直接暴行又は
脅迫をするのではなく、間接的に暴行を行ったとされる場合にも本罪は成立するか。判
例は大審院以来これを成立するとする。

【判例】押収物を投げ棄てた行為（肯定例）

「公務員の職務の執行に当りその執行を妨害するに足る暴行を加えるものであ
る以上、それが直接公務員の身体に対するものであると否とは問うところではない。本
件においては、原判示によれば、被告人はC事務官等が適法な令状（略）により押収

した煙草を、街路上に投げ捨ててその公務の執行を不能ならしめたというのであるから、その暴行は間接には同事務官等に対するものと謂い得る。」（最判昭和26・3・20刑集5・5・794）

【判例】公務員の補助者に対して暴行・脅迫が加えられた場合（肯定例）
「その暴行脅迫は、必ずしも直接に当該公務員自身に対して加えられることを要せず、当該公務員の指揮に従いその手足となり、その職務の執行に密接不可分の関係において関与する補助者に対してなされるものでもよい。」（最判昭和41・3・24刑集20・3・129）

第4節　職務強要罪

「公務員に、ある処分をさせ、若しくはさせないため、又はその職を辞させるために、暴行又は脅迫を加え」（95条2項）た場合も公務執行妨害罪と同様に処罰される。

　保護法益は公務の適正な執行である。目的犯であり、抽象的危険犯である。判例は、公務執行妨害罪の他に本罪の処罰規定がある理由につき、「公務員の正当な職務の執行を保護するばかりでなく、広くその職務上の地位の安全をも保護しようとするものであること明白であるからである。」（最判昭和28・1・22刑集7・1・8）とする。では、公務員にある処分をさせ、若しくはさせないとする処分の内容とは何か。また、公務員に正しい処分をさせることを強要するために、公務員を脅迫した場合であっても本罪は成立するだろうか。

【判例】公務員の処分とは
「刑法第95条第2項にいわゆる公務員の処分とは、その公務員の職務に関係ある処分であればたり、その職務権限内の処分であるかどうかを問わない。」（最判昭和28・1・22刑集7・1・8）

【判例】不当な課税方法を是正させるため税務署長を脅迫（肯定例）
「所謂水増し課税や徴税目標額に基く課税方法が不当なものであってもその課税方法並びに課税額等の変更をなさしめる為め税務係官を脅迫した場合は、職務強要罪にあたる。」（最判昭和25・3・28刑集4・3・425）

第5節 強制執行妨害等罪

　国が行う強制執行を妨害する罪である。**保護法益**は、①強制執行が適正に行われることを保護するとともに、債権者の債権の実現という利益を保護するとする（国家の利益を重視する）説と②債権者の債権の実現という利益を保護するとする（私人の利益を重視する）（判例）説に分かれる。債権者の債権を実現する点は共通するが、国家が強制執行を行うことが妨害されたことを保護法益として入れるかどうかが異なる。判例は、保護法益について、「およそ刑法96条の2の罪は、国家行為たる強制執行の適正に行われることを担保する趣意をもってもうけられたものであることは疑のないところであるけれども、強制執行は要するに債権の実行のための手段であって、同条は究極するところ債権者の債権保護をその主眼とする規定であると解すべきである。」（最判昭和35・6・24刑集14・8・1103）とする。

第6節 封印等破棄罪

　「公務員が施した封印若しくは差押えの表示を損壊し、又はその他の方法により其の封印若しくは差押えの表示に係る命令若しくは処分を無効にした」（96条）場合に成立する。

　公務員が施した封印等や差押えの表示を損壊するなどして封印や差押えの表示にある命令などを無効にする犯罪である。例えば、差押えの公示札を壊すなどの行為が本罪に当たる。判例では、執行官の占有に移り立入り禁止となった表示があるのに土地の中に入って耕作した場合に本罪の適用を認める（大判昭和7・2・18刑集11・42）。

第7節 公契約関係競売等妨害罪

　「偽計又は威力を用いて、公の競売又は入札で契約を締結するためのものの公正を害すべき行為をした」（96条の6第1項）場合に成立する。

　競売は、お互いがどのような値段をつけるかを知らないという公平な条件の下で、価格を競わせることによって初めて成り立つものであるから、その公正を害する行為があれば、競売自体が成り立たない。ここに本罪の処罰の意義がある。典型的には、「被告人が右敷札額を特定の入札予定者のみに内報し、同人をしてこれに基き入札させた所

為は、刑法第96条の３第１項（旧法—引用者注）にいわゆる『偽計を用い公の入札の公正を害すべき行為を為したる者』に該当する。」（最決昭和37・2・9刑集16・2・54）

【判例】偽計・威力とは
「不動産の競売における入札により最高価値買受申出人となった者に対し、威力を用いてその入札に基づく不動産の取得を断念するよう要求したときは、競売入札妨害罪が成立する。」（最決平成10・11・4刑集52・8・542）

第8節　談合罪

　「公正な価格を害し又は不正な利益を得る目的で、談合した」（96条の６第２項）場合に成立する。談合とは、競売・入札する前に、不正に落札価格を取り決めることである。例えば、ある者を競落させるために、他の者は口裏合わせをしてそれよりも高い価格をつけることを約束するのである。競売は、入札させて最も安い値段を付けた者に競落させるのであるから、裏で口裏合わせをしたら、競売の目的が達成できないことになる。単独では成立しない犯罪であるため、必要的共犯である。「公正な価格を害し又は不正な利益を得る目的で」談合した場合にのみ成立するので、目的犯である。また抽象的危険犯であるので、談合をしたことで価格が変わらなかったとしても、その公正価格を害する危険さえあれば成立する。**保護法益**は、競売・入札の公正である。

【判例】「談合」とは
「刑法第96条の３第２項所定の談合罪が成立するためには、公の競売または入札において『公正なる価格を害し又は不正の利益を得る目的』で競争者が互に通謀して或る特定の者をして契約者たらしめるため、他の者は一定の価格以下または以上に入札しないことを協定するだけで足るのであり、それ以上その協定に従って行動したことを必要とするものではない。」（最決昭和28・12・10刑集7・12・2418）

［ 公正な価格とは ］
①競売価格説（判例・通説）
　公正な価格とは、当該入札において公正な自由競争によって形成されたであろう落札価格をいうとする。「刑法第96条の３第２項にいわゆる『公正なる価格』とは、入札なる観念を離れて客観的に測定さるべき公正価格をいうのではなくて、当該入札において、

公正な自由競争によって形成されたであろう落札価格をいうのである。」（最決昭和28・12・10刑集7・12・2418）

②適正利潤価格説

実費に適正な利潤額を加えた額であるとする説である。

競争価格説は談合罪を競争制度を保護するものと捉え、適正利潤価格説は競売・入札の実施主体の経済的利益を保護するものと解する。

第9節　職権濫用罪

「公務員がその職権を濫用して、人に義務のないことを行わせ、又は権利の行使を妨害」（193条）すると成立する。

職権濫用罪には、公務員職権濫用罪（193条）、特別公務員職権濫用罪（194条）、特別公務員暴行陵虐罪（195条）、特別公務員職権濫用等致死傷罪（196条）がある。公務員でなければ犯せないので身分犯である。**保護法益**は、公務執行の適正と国民の信頼及び国民の自由・権利の双方とする二元説が通説である。

【判例】宮本身分帳事件（肯定例）

「刑法193条にいう『職権の濫用』とは、公務員が、その一般的職務権限に属する事項につき、職権の行使に仮託して実質的、具体的に違法、不当な行為をすることを指称するが、右一般的職務権限は、必ずしも法律上の強制力を伴うものであることを要せず、それが濫用された場合、職権行使の相手方をして事実上義務なきことを行わせ又は行うべき権利を妨害するに足りる権限であれば、これに含まれるものと解すべきである。（略）裁判官が、司法研究その他職務上の参考に資するための調査・研究という正当な目的ではなく、これとかかわりのない目的であるのに、正当な目的による調査行為であるかのように仮装して身分帳簿の閲覧、その写しの交付等を求め、刑務所長らをしてこれに応じさせた場合は、職権を濫用して義務なきことを行わせたことになるといわなければならない。」（最決昭和57・1・28刑集36・1・1）

【判例】神奈川県警による共産党幹部宅の盗聴事件（否定例）

「公務員の不法な行為が職務としてなされたとしても、職権を濫用して行われていないときは同罪が成立する余地はなく、その反面、公務員の不法な行為が職務とかかわりなくなされたとしても、職権を濫用しておこなわれたときには同罪が成立するこ

とがあるのである。（略）これを本件についてみると、被疑者らは盗聴行為の全般を通じて終始何人に対しても警察官による行為でないことを装う行動をとっていたというのであるから、そこに、警察官に認められている職権の濫用があったとみることはできない。」（最決平成元・3・14刑集43・3・283）

第10節　特別公務員暴行陵虐罪

「裁判、検察若しくは警察の職務を行う者又はこれらの職務を補助する者が、その職務を行うに当たり、被告人、被疑者その他の者に対して暴行又は陵虐若しくは加虐の行為をしたとき」（195条1項）に成立する。特定の公務員のみが行いうるので身分犯である。

【判例】少年補導員は特別公務員に当たらない
「大阪府警察本部通達に基づいて警察署長から委嘱を受け、非行少年等の早期発見・補導等を行う少年補導員（略）は、警察署長から私人としての協力を依頼され、警察官と連携しつつ少年の補導等を行うものであって、警察の職務を補助する職務権限を何ら有するものではなく、刑法195条1項にいう警察の職務を補助する者に当たらない。」（最決平成6・3・29刑集48・3・1）

【判例】暴行・陵虐とは
「警察官である被告人の銃砲刀剣類所持等取締法違反及び公務執行妨害の犯人に対する2回にわたる発砲行為は、右犯人を逮捕し、自己を防護するために行われたものではあるが、犯人の所持していたナイフが比較的小型である上、犯人の抵抗の態様も一貫して被告人の接近を阻もうとするにとどまり、被告人が接近しない限りは積極的加害行為に出たり、付近住民に危害を加えるなど他の犯罪行為に出ることをうかがわせるような客観的状況が全くなかったと認められるなど判示の事実関係の下においては、警察官職務執行法7条に定める『必要であると認める相当な理由のある場合』に当たらず、かつ、『その事態に応じ合理的に必要と判断される限度』を逸脱したものであって、違法である。」（最決平成11・2・17刑集53・2・64）

第11節　賄賂罪

「公務員が、その職務に関し、賄賂を収受し、又はその要求若しくは約束」（197条1項）すると収賄罪になる。賄賂とは、職務行為に対する違法な報酬である。

賄賂罪の種類は、公務員が、その職務に関し、賄賂を収受する**収賄罪（197条）**、賄賂の請託を受ける**受託収賄罪（197条）**、公務員になろうとする者が賄賂を収受等する**事前収賄罪（197条2項）**がある。更に、公務員が第三者に賄賂を供与等させる**第三者供与罪（197条の2）**、公務員が賄賂を受取り実際に不正な行為をした場合を処罰する**加重収賄罪（197条の31項、2項）**、元公務員が在職中に賄賂を受取り不正な職務行為をする**事後収賄罪（197条の3第3項）**、公務員が他の公務員に職務上不正な行為をさせる**あっせん収賄罪（197条の4）**、公務員に賄賂を贈る**贈賄罪（198条）**がある。このように、賄賂罪は、公務員が賄賂を受取る以外の行為も広く処罰する。

公務員になる前（事前収賄罪197条2項）＋公務員である時（収賄罪197条1項前文）＋公務員を辞めた後（事後収賄罪197条の3第3項）の全ての時期が処罰対象となる。また、賄賂を受け取る側も贈る側も処罰される。**保護法益**は、公務員の職務の公正とそれに対する社会の信頼とする信頼保護説（判例・通説）と職務の公正のみとする純粋性説とその両方とする折衷説がある。

【判例】保護法益とは「ロッキード事件（丸紅ルート）」

「賄賂罪は、公務員の職務の公正とこれに対する社会一般の信頼を保護法益とするものであるから、賄賂と対価関係に立つ行為は、法令上公務員の一般的職務権限に属する行為であれば足り、公務員が具体的事情の下においてその行為を適法に行うことができたかどうかは、問うところではない。」（最大判平成7・2・22刑集49・2・1）

［ 賄賂と職務行為は対価関係にあることが必要 ］

本罪の成立には、公務員の職務行為と賄賂が対価関係にあることが必要である。すなわち、「公務員が、その職務に関し」て受け取った場合にのみ本罪が成立するので、職務に関するものでなければ不成立となる。例えば、公務員である友人に誕生日プレゼントを渡しても、賄賂罪にはならない。職務と対価関係にないからである。

【判例】「その職務」とは

「刑法第197条にいう『其職務』とは、当該公務員の一般的な職務権限に属するものであれば足り、本人が具体的に担当している事務であることを要しない。」（最判昭和37・5・29刑集16・5・528）

【判例】「職務に関し」の意義①（大阪タクシー事件）政治献金との区別（肯定例）

「被告人は、タクシー等の燃料に用いる液化石油ガスに新たに課税する石油ガス税法案が、既に内閣から衆議院に提出され、当時衆議院大蔵委員会で審議中であったところ、Aほか5名と共謀の上、衆議院議員として法律案の発議、審議、表決等をなす職務に従事していたB、Cの両名に対し、単に被告人らの利益にかなう政治活動を一般的に期待するにとどまらず、右法案が廃案になるよう、あるいは、税率の軽減、課税実施時時期の延期等により被告人らハイヤータクシー業者に有利に修正されるよう、同法案の審議、表決に当って自らその旨の意思を表明するとともに、衆議院大蔵委員会委員を含む他の議員に対して説得勧誘することを依頼して、本件各金員を供与したというのであるから、B、Cがいずれも当時衆議院運輸委員会委員であって同大蔵委員会委員ではなかったとはいえ、右金員の供与は、衆議院議員たるB、Cの職務に関してなされた賄賂の供与というべきである。」（最決昭和63・4・11刑集42・4・419）

【判例】「職務に関し」の意義②「ロッキード事件（丸紅ルート）」（肯定例）

いわゆるロッキード事件で、当時の総理大臣が運輸大臣（当時）に対し民間の航空会社にロッキード社の航空機を購入するように働きかけたことで5億円を収受した事件「内閣総理大臣が、運輸大臣に対し、民間航空会社に特定機種の航空機の選定購入を勧奨するよう働き掛ける行為は、内閣総理大臣の運輸大臣に対する指示として、賄賂罪の職務行為に当たる。」（最大判平成7・2・22刑集49・2・1）

【判例】「職務に関し」の意義③他の警察署が捜査中の事件（肯定例）

「被告人は、（略）公正証書原本不実記載等の事件につき同庁B警察署長に対し告発状を提出していた者から、同事件について、告発状の検討、助言、捜査情報の提供、捜査関係者への働き掛けなどの有利かつ便宜な取り計らいを受けたいとの趣旨の下に供与されるものであることを知りながら、現金の供与を受けたというのである。警察法64条等の関係法令によれば、同庁警察官の犯罪捜査に関する職務権限は、同庁の管轄

区域である東京都の全域に及ぶと解されることなどに照らすと、被告人が、A警察署内の交番に勤務しており、B警察署刑事課の担当する上記事件の捜査に関与していなかったとしても、被告人の上記行為は、その職務に関し賄賂を収受したものであるというべきである。」（最決平成17・3・11刑集59・2・1）

【判例】「職務に関し」の意義④「リクルート事件（政界ルート）」（肯定例）
「国の行政機関が国家公務員の採用に関し民間企業における就職協定の趣旨に沿った適切な対応をするよう尽力することは、内閣官房長官の職務権限に属する。」（最決平成11・10・20刑集53・7・641）

【判例】賄賂となるものとは
「賄賂は財物のみに限らず又有形たると無形たるとを問わず苟も人の需要若くは欲望を充たすに足るべき一切の利益を包含するものとす」（大判明治44・5・19刑録17・879）

［賄賂と社交儀礼］

　お歳暮を送るなどの社交儀礼であっても、賄賂罪が成立するか。判例では、職務との対価関係があれば成立するとする。

【判例】社交儀礼と賄賂罪（否定例）
「被告人の教育指導が父兄からの特別の依頼要望にこたえて私生活上の時間を割き法令上の義務的時間の枠をはるかに超え、かつ、その内容の実質も学校教員に対して寄せられる社会一般の通常の期待以上のものがあったのではないかとも考えられる場合、右教育指導が、教諭としての職務に基づく公的な面を離れ、児童生徒に対するいわば私的な人間的情愛と教育に対する格別の情愛と教育に対する格別の熱情の発露の結果であるともみられるとするならば、かかる極めて特殊な場合についてまで右教育指導を被告人の当然の職務行為であると速断することは、教育公務員の地位身分とその本来の職務行為とを混同し、形式的な法解釈にとらわれて具体的事実の評価を誤るものではないかとの疑念を抱かせるものがあることもまた否むことができない。」（最判昭和50・4・24判タ321・66）

　また、賄賂を公務員の妻に渡しても賄賂罪は成立する。判例は、「公務員に直接賄賂

を提供せざるも之に提供すべき旨趣を以て其妻に差出したるときは刑法第198条の所謂賄賂を提供したるものに該当する」（大判明治43・12・19刑録16・2249）とする。また、受け取った賄賂は没収・追徴される（197条の5）。追徴とは、受け取った賄賂が飲食などの場合や金銭で受けた賄賂を費消してしまった場合など手元に残っていない場合には、その相当額を返させるということである。

［ 事後収賄罪 ］

公務員の地位にあった者が在職中に賄賂を受取って不正な職務行為をした場合である。

【判例】事後収賄罪（肯定例）

「防衛庁調達実施本部副本部長等の職にあった者が、在職中に私企業の幹部から請託を受けて職務上不正な行為をし、その後間もなく防衛庁を退職して上記私企業の関連会社の非常勤の顧問となり顧問料として金員の供与を受けたなどの本件事実関係の下においては、顧問としての実態が全くなかったとはいえないとしても、供与を受けた金員は不正な行為と対価関係があり、事後収賄罪が成立する。」（最決平成21・3・16刑集63・3・81）

第3部　国家的法益に関する罪

第9章

司法に対する罪

　司法に対する罪には、逃走罪（97〜102）、犯人蔵匿等罪（103〜105）、証拠隠滅等罪（104,105）、証人等威迫罪（105条の2）、偽証罪（169〜171）、虚偽告訴等罪（172,173条）がある。

第1節　逃走罪

　「裁判の執行により拘禁された既決又は未決の者が逃走した」（97条）場合である。**保護法益**は、国家の拘禁作用である。既決及び未決の者の両者が対象になる。未遂犯処罰がある。既決の者とは、裁判等で刑罰が確定した者のことを言う。刑が確定しているが、まだ拘置所等に収容されている者や刑務所に収容されている者である。未決の者とは、未だ裁判が確定しておらず、刑罰が確定していない者のことを言う。未だ拘置所に拘留されていて裁判中の者などである。現行犯逮捕や緊急逮捕された被疑者等もこれに当たる。

　逃走罪には、逃走する罪と逃走させる罪がある。自分が逃走しないことは期待可能性が低いため、法定刑は低くなっている。措置入院による入院は、福祉的な措置での拘禁のため、含まれない。少年院や少年鑑別所に収容されている少年は、刑事処分を受けているのではないので、本罪の対象とはならない。

●── 逃走行為とは ──●

　「未決の囚人が、逃走の目的をもって、拘禁場である木造舎房の房壁に設置された換気孔の周辺のモルタル部分を削り取り損壊したが、脱出可能な穴を見つけることができず、逃走の目的を遂げなかった場合（略）には、加重逃走罪の実行の着手があったといえる。」（最判昭和54・12・25刑集33・7・1105）

加重逃走罪

「前条に規定する者又は勾引状の執行を受けた者が拘禁場若しくは拘束のための器具を損壊し、暴行若しくは拘束のための器具を損壊し、暴行若しくは脅迫をし、又は2人以上通謀して、逃走したとき」（98条）に本罪となる。

逃走するため、鍵やドアなどを壊したり、看守者等に暴行や脅迫を加えた場合や逃走を2人以上で行われた場合である。逃走罪の加重類型である。

[逃走援助罪]

「法令により拘禁された者を逃走させる目的で、器具を提供し、その他逃走を容易にすべき行為をした」場合（100条1項）及び法令により拘禁された者を逃走させる目的で、「暴行又は脅迫をした」場合に成立する（100条2項）。看守等が主体となった場合は逃走援助罪となる（101条）。

第2節　犯人蔵匿罪

「罰金以上の刑に当たる罪を犯した者又は拘禁中に逃走した者を蔵匿し、又は隠避させた」（103条）場合に成立する。

【判例】「罰金以上の刑に当たる罪を犯した者」とは
「刑法第103条は司法に関する国権の作用を妨害するものを処罰しようとするものであって、同条にいわゆる『罪を犯したる者』は、犯罪の嫌疑によって捜査中の者をも含む。」（最判昭和24・8・9刑集3・9・1440）

【判例】「蔵匿」とは
「蔵匿行為即ち官の発見逮捕を妨ぐべき場所の供給以外の官の発見逮捕を妨ぐべき一切の行為なり」（大判昭和5・9・18刑集9・668）

【判例】「隠避」とは
「刑法103条の『隠避せしめ』るとは、『蔵匿』と同程度に官憲の発見逮捕を妨げる行為、つまり逃げかくれさせる行為または逃げかくれするのを直接的に容易にする

行為のみを指し、それ自体は隠避させることを直接の目的としたとはいい難い行為の結果間接的に安心して逃げかくれできるというようなものを含まない。」(大阪高判昭和59・7・27高刑集37・2・377)

例えば、逃走資金を与える行為も犯人隠避罪となる。犯人または逃走者の親族が犯人または逃走者の利益のためにこれらを蔵匿・隠避したときは、刑を免除できる(105条)。

【判例】身代わり自首は犯人隠避罪（肯定例）
刑法103条「にいう『罪ヲ犯シタル者』には、犯人として逮捕勾留されている者も含まれ、かかる者をして現になされている身柄の拘束を免れさせるような性質の行為も同条にいう『隠避』に当たると解すべきである。そうすると、犯人が殺人未遂事件で逮捕勾留された後、被告人が他の者を教唆して右事件の身代り犯人として警察署に出頭させ、自己が犯人である旨の虚偽の陳述をさせた行為を犯人隠避教唆罪に当たるとした原判断は、正当である。」(最決平成元・5・1刑集43・5・405)

第3節　証拠隠滅等罪

「他人の刑事事件に関する証拠を隠滅し、偽造し、若しくは変造し、又は偽造若しくは変造の証拠を使用した」(104条)場合に成立する。

本罪の成立は他人の場合に限定されており、自己の場合には処罰規定がない。自己の犯罪の証拠を隠滅しないことには期待可能性がないからである。証拠の隠滅とは、証拠を滅失するだけでなく、証拠を提出させる行為を妨げたり、証人を出廷させないことも含まれる。証拠の偽造とは偽物の証拠を造ることであり、変造とは本物の証拠を加工して偽物を造ることである。

●──　親族に関する特例　──●

103条または104条の行為をしても、「親族がこれらの者の利益のために犯したときは、その刑を免除することができる。」刑の免除は任意的規定となっている。刑が免除される理由は、親族が犯人を匿うなどしないことには期待可能性がないからである。

第4節　証人等威迫罪

「自己若しくは他人の刑事事件の捜査若しくは審判に必要な知識を有すると認められる者又はその親族に対し、当該事件に関して、正当な理由がないのに面会を強請し、又は強談威迫の行為をした」場合に成立する。

　典型的には、被害者や目撃者等が捜査機関に犯人のことを話したことによって逮捕されたような場合、暴力団等が逆恨みをして仕返しをするいわゆる「お礼参り」の処罰である。この「刑事事件」には、現在刑事事件になっておらず将来刑事事件になるものでも含まれる。「面会を強請し」とは、相手の意に反して面会を要求することを言う。

【判例】「面会を強請し」とは
　「故なく面会を強請しとは正当の理由なく相手方の意に反して面会を要求する」（大判大正12・11・30刑集2・884）ことである。

【判例】「威迫」とは
　「刑法105条の2にいう『威迫』には、不安、困惑の念を生じさせる文言を記載した文書を送付して相手にその内容を了知させる方法による場合が含まれ、直接相手と相対する場合に限られる者ではない」（最決平成19・11・13刑集61・8・743）

第5節　偽証罪

「法律により宣誓した証人が虚偽の陳述をした」（169条）場合に成立する。

　法廷で証人が虚偽の陳述をすると本罪が成立する。偽証罪となるのは、「法律により宣誓した証人」である。宣誓は証言の前であってもその後であっても構わない（刑訴154条、刑訴規118条1項、民訴201条1項）。

【判例】虚偽とは
　「刑法第172条にいう虚偽の申告とは、申告の内容をなすところの刑事、懲戒の処分の原因となる事実が、客観的事実に反することをいうと解するのを相当とする。」（最決昭和33・7・31刑集12・12・2805）

　問題は、証人が虚偽を述べているつもりが真実と合致していた場合や証人が真実を述べているつもりが真実とは合致していなかった場合の扱いである。この場合、学説は、客観的に真実と合致しているかどうかで偽証罪の成立を判断する**客観説**と主観的に偽証していると思って証言したかどうかで判断する**主観説**（通説・判例）が対立する。また、客観的には真実と合致していないことを証言することと主観的に偽証していることの両方が揃った場合に偽証であるとする**折衷説**がある。通説・判例は、主観説を採る。しかし、主観的には真実を述べていても客観的には真実に反する場合の方が国の審判作用を誤らせるおそれが生じるのであるからおかしいという批判がある。

第6節　虚偽告訴等罪

　「人に刑事又は懲戒の処分を受けさせる目的で、虚偽の告訴、告発その他の申告をした」（172条）場合に成立する。

　虚偽の告訴や告発等をすることによって、虚偽の処罰をさせようとする犯罪である。**保護法益**について、判例は、刑事司法作用を混乱させたことと個人に虚偽の罪を負わせてその者の自由などを保護することの両方と見る。虚偽告訴等罪には、自白による刑の任意的減免規定がある。判例は「誣告罪は一方所論の如く個人の権利を侵害すると同時に他の一方に於て公益上当該官憲の職務を誤らしむる危険あるか為め処罰するものなるか故に縦し本案は所論の如く被誣告者に於て承諾ありたる事実なりとするも本罪構成上何等影響を来すへき理由なし」（大判大正元・12・20刑録18・1566）とする。

【判例】「虚偽」とは
「刑法第172条にいう虚偽の申告とは、申告の内容をなすところの刑事、懲戒の処分の原因となる事実が、客観的事実に反することをいうと解するのを相当とする。」（最決昭和33・7・31刑集12・12・2805）

【判例】「申告」とは
「刑法第172条の誣告罪に於ける虚偽の申告たるには他人に関し特定せる犯罪行為若くは職務規律違背の行為ありとして具体的に虚偽の事実を当該捜査官若くは当該監督者に申告することを要し単純なる抽象的事実の申告あるを以て足れりとせず」（大判大正4・3・9刑録21・273）

参考文献

阿部純二編　　　『刑法Ⅰ（総論）』別冊法セミ（日本評論社、1987年）

井田　良　　　　『講義刑法学・総論』〔第2版〕（有斐閣、2018年）

伊東研祐　　　　『刑法講義総論』（日本評論社、2010年）

大越義久　　　　『刑法各論』有斐閣Sシリーズ〔第4版〕（有斐閣、2012年）

大谷　實　　　　『刑法講義総論』〔新版第4版〕（成文堂、2016年）

大塚　仁　　　　『刑法概説（総論）』〔第3版増補版〕（有斐閣、2005年）

川端　博　　　　『刑法総論講義』〔第3版〕（成文堂、2015年）

川端博ほか編　　『裁判例コンメンタール刑法〔第2巻〕』第2刷（立花書房、2008年）

川端博ほか編　　『裁判例コンメンタール刑法〔第3巻〕』第1刷（立花書房、2006年）

斎藤信治　　　　『刑法各論』〔第4版〕（有斐閣、2017年）

佐々木知子　　　『誰にでも分かる刑法各論』（立花書房、2012年）

佐藤　司　　　　『刑法講義〔総論〕』（信山社、1993年）

関　哲夫　　　　『講義　刑法各論』（成文堂、2017年）

髙橋則夫　　　　『刑法各論』〔第2版〕（成文堂、2017年）

西田典之　　　　『刑法各論』橋爪隆補訂〔第7版〕（弘文堂、2018年）

前田雅英　　　　『刑法総論講義』〔第7版〕（東京大学出版会、2019年）

前田雅英　　　　『刑法各論講義』〔第6版〕（東京大学出版会、2015年）

松原芳博　　　　『刑法総論』〔第2版〕（日本評論社、2017年）

山口　厚　　　　『刑法総論』〔第3版〕（有斐閣、2016年）

山口　厚　　　　『刑法各論』補訂版（有斐閣、2010年）

索 引

■ 著者紹介 ■

轉法輪 慎治（てぼり しんじ）［総論 第1章〜第10章］

1994年　亜細亜大学大学院法学研究科博士後期課程単位取得退学（法学修士）
現　在　日本文化大學法学部教授
　　　　日本刑法学会会員、犯罪と非行に関する全国協議会会員

〈主著・論文〉
『導入対話による医事法講義』（信山社、2001年、共著）
「窃盗犯の保護法益」『刑事法学の新展開』八木國之博士追悼論文集（酒井書店、
　2009年）
「死者の占有―規範論の立場から」柏樹論叢第6号（日本文化大學、2008年）

〈学生に向けたメッセージ〉
総論を担当しました。犯罪成立に必要な要件は何か。各要件にはどの様な要素が
含まれるか。これら要件と要素が結び付くことが重要です。あとの細かな理論や
学説は枝葉の問題で、まずは幹となるべく全体の構造を理解してください。また
犯罪は毎日起きています。日常の時事問題に関心を持って、刑法を学んでほしい
と思います。

菅原 由香（すがわら ゆか）［各論　第1章〜第9章］

2006年　國學院大學大学院法学研究科博士課程後期修了（法学博士）
現　在　日本文化大學法学部教授
　　　　日本刑法学会会員、日本法哲学会会員

〈主著・論文〉
『変革の刑法学と犯罪の研究―ホッブズ、ケルゼン法哲学からの考察』（白順社、
　2008年）
「判例研究　裁判員裁判初の年長少年に対する死刑判決」季刊教育法第169号（エ
　イデル研究所、2011年）
「少年法適用年齢を18歳に引下げるべきか」季刊教育法187号（エイデル研究所、
　2015年）
「少年事件における量刑」柏樹論叢14号（日本文化大學、2016年）
「少年法改正論再考」柏樹論叢16号（日本文化大學、2018年）

〈学生に向けたメッセージ〉
刑法各論の面白さは、どのような行為がどのような犯罪となるかを学ぶところに
あります。2017年には強制性交等罪等の大きな改正があり、このことは刑法が性
犯罪に対する非難を強めたことを意味します。刑法は規範の学でもあるため、ど
のような行為をどのように処罰すべきかというみなさんの感覚が大切になります。

わかりやすい刑法講義　総論・各論

2020 年 4 月 30 日　初刷発行

著　者■轉法輪　慎治・菅原　由香

発行者■大塚　孝喜

発行所■株式会社 エイデル研究所

　　　　　　〒 102-0073　東京都千代田区九段北 4-1-9

　　　　　　TEL.03-3234-4641／FAX.03-3234-4644

装丁・本文 DTP ■大倉　充博

印刷・製本■中央精版印刷株式会社